中国特色社会主义
法治理论与实践系列研究生教材 | 9

法律硕士专业学位研究生案例研究指导丛书

国际私法学案例研究指导

主编　霍政欣

副主编　徐书林

撰稿人　霍政欣　徐书林　荣　煜

陈锐达　秦硕营

中国政法大学出版社

2021·北京

图书在版编目（CIP）数据

国际私法学案例研究指导/霍政欣主编. —北京：中国政法大学出版社，2021.5
ISBN 978-7-5620-9983-3

Ⅰ.①国…　Ⅱ.①霍…　Ⅲ.①国际私法－研究　Ⅳ.①D997

中国版本图书馆CIP数据核字(2021)第091696号

出　版　者　　中国政法大学出版社

地　　　址　　北京市海淀区西土城路 25 号

邮　　　箱　　fadapress@163.com

网　　　址　　http://www.cuplpress.com (网络实名：中国政法大学出版社)

电　　　话　　010-58908435(第一编辑部) 58908334(邮购部)

承　　　印　　保定市中画美凯印刷有限公司

开　　　本　　720mm×960mm　1/16

印　　　张　　20.5

字　　　数　　325 千字

版　　　次　　2021 年 5 月第 1 版

印　　　次　　2021 年 5 月第 1 次印刷

印　　　数　　1～5000 册

定　　　价　　62.00 元

作者简介

霍政欣 中国政法大学钱端升讲座教授、博士生导师、教育部青年长江学者、教育部实验室建设与实验教学指导委员会委员。负责本书的结构安排、案例的最终确定以及文稿的修改、完善及定稿。

徐书林 中国政法大学国际法学院 2018 级博士研究生。撰写专题二、专题六至十、专题十六之案例一、专题十八、专题二十二至二十三、专题二十四之案例三。

荣　煜 中国政法大学国际法学院 2018 级博士研究生。撰写专题一、专题二十四之案例一、案例二。

陈锐达 中国政法大学国际法学院 2018 级硕士研究生。撰写专题十二至十五、专题十六之案例二、专题十七、专题二十。

秦硕营 中国政法大学国际法学院 2018 级硕士研究生。撰写专题三至五、专题十一、专题十九、专题二十一。

序　言

　　法学学科是实践性很强的学科。2017 年 5 月 3 日，习近平总书记考察中国政法大学时对法学教育和法治人才培养提出了明确要求。他指出："法学教育要处理好法学知识教学和实践教学的关系。学生要养成良好的法学素养，首先要打牢法学基础知识，同时要强化法学实践教学。"如何使学生学习法治理论的同时，能够深入了解中国法治实践，拥有解决实际问题的知识和能力，是法学教育必须解决的首要问题。

　　法律硕士专业学位研究生教育最注重实践教学，日益成为法学教育的主要形式。近十几年来，法律硕士专业学位研究生教育快速发展，无论是举办高校数量还是招生规模都一路高企，呈现出一派繁荣景象。随着应用型硕士与学术型硕士的分野，二者之间在培养模式、培养标准、教学方式、教材体系等方面有何区别等问题亟待研究。可以说，法律硕士与法学硕士最大的区别在于人才培养目标不同，法律硕士培养应当服务、服从于法治实践，为实务部门培养具有法律专业素养和职业精神的优秀人才。有鉴于此，构建有别于学术型硕士的培养模式、制定统一的培养标准、改革教育教学方法、编写高质量教材，成为法律硕士专业学位研究生教育的当务之急。

　　法律硕士培养规律和实践表明，案例教学是强化实践教学的重要方式，也是增强学生问题意识，提高解决问题能力的有效途径。案例教学不仅能够使学生深入了解法治工作实际，提高他们正确适用法律的能力，而且可以促进理论和实践的有机结合，提升他们的理论素养。

　　中国政法大学作为全国第一批法律硕士专业学位研究生培养单位和第一所设立法律硕士学院的高校，在法律硕士专业学位研究生培养方面积累了一定经验。为进一步推动法律硕士专业学位研究生教学改革，深化培养模式改革，打通知识教学与实践教学之间的壁垒，强化实践教学和案例教学，学校组织有较高理论素养和实践能力的教师编写了《中国特色社会主义法治理论与实践系列研究生教材之法律硕士专业学位研究生案例研究指导丛书》（以下简称"案例研究指导丛书"），帮助学生从案例研究入手，更好地学习法学知识，掌握专业技巧，提高实践能力，以适应日益增长的社会需求。

案例研究指导丛书坚持以中国特色社会主义法治理论为指导，坚持从中国国情和实际出发，融通世界先进经验与中国智慧，结合中国法治实践，在夯实学生法学专业基础的同时，注重培养学生的理想信念、家国情怀、人文精神和责任担当，提高学生发现问题、分析问题、解决问题的能力，形成运用法律思维和法治方法分析解决问题的自觉意识。

衷心希望这套教材能够在法律硕士专业学位研究生培养中发挥积极作用，成为广大法律硕士专业学位研究生的案头必读书。

是为序！

中国政法大学　马怀德
2019 年 4 月 12 日

在全球化进程不断加速和中国日益走进世界舞台中央的历史背景下，作为改革完善全球治理体系和推进国际法治建设的中国主张、中国方案和中国智慧——"一带一路"倡议和"人类命运共同体"理念被适时提出和阐扬，可谓意义重大、影响深远。推进实施"一带一路"倡议和加快构建"人类命运共同体"，必然要求有一流的国际法理论研究与一流的国际法人才队伍做支撑，中国国际法学的人才培养、科学研究和与学科发展由此获得巨大的内在驱动力，其受到的重视、牵动的注意力是以往任何一个时代无法比拟的。从这个意义上说，身处这个时代的中国国际法学者可谓适逢其时，大有可为。

不过，与中国国际法治理念与实践的飞速发展相比，中国国际私法的教学改革和教材建设似乎还未能完全跟得上节奏。一方面，中国国际私法教材的同质化现象一直较为突出。不少教材内容老套，千篇一律，多停留在对西方理论与实践的临摹和介绍，而对当代中国生动鲜活的国际私法理论与实践充耳不闻；另一方面，中国国际私法课堂教学普遍存在重理论、轻实践的问题。教师往往花费大量课时在经典国际私法法理构造的阐释与解读上，而对当代鲜活的中国涉外民商事实践关照不足。这不仅导致国际私法教学陷入难教与难学并存的困境，而且有将这门学科推入"纯学术游戏"的窠臼之虞。长此以往，势必形成制约国际私法学科能力建设与长远发展的基础性障碍。

有鉴于此，中国国际私法教学迫切需要进行一场"供给侧改革"，迫切需要有个性、有锐度和有创新的教材为改革提供源动力。为此，我已分别出版中英文国际私法教材各一本，[1]现又不揣浅陋推出《国际私法学案例研究

---

〔1〕 霍政欣：《国际私法学》（第二版），中国政法大学出版社 2020 年版；霍政欣：《国际私法（英文版）》（第三版），对外经贸大学出版社 2021 年版。

指导》。

需要指出，与前两本我独著的国际私法教材不同，本书并不是我一个人的智力结晶，而是我和一群热爱国际私法的年轻人数年来共同努力的结果。本书起源于 2018 年我主持承担的法大研究生院"法律硕士案例专业学位教育改革建设项目"——《当代中国国际私法案例研究》。课题立项之后，我旋即召集我指导的部分博士和硕士研究生一起讨论案例选取的来源和标准，并设计、拟定案例研究的编写体例与推进计划。之所以让研究生直接参与到项目的研究与推进，主要有以下考量：

第一，作为指导教学的案例书，其着眼点是学生，目的是促进学生对国际私法的理解、提高他们学习国际私法的热情，因此，让学生发挥积极作用，从"学"而非"教"的视角，选择案例并确定每个案例的焦点问题和应对思路，更契合本项目设立的初衷，亦有助于增强项目研究成果的可读性和针对性。

第二，指导研究生参与科研项目，经由此过程培养他们的学术嗅觉、提高其研究能力，是我一直在探索的研究生培养模式，并初见成效。青年学生具有强烈的知识探求欲、个性十足的问题回应力和远超上一代人的网络资源捕获与收集能力。因此，只要导师给予恰当的方向性引导，这些有灵气和锐气的年轻人一定能迸发出超预期的研究热情，展示出超预想的研究能力。鼓励并积极引导研究生参与科研项目，因而既有利于研究生的培养，亦有利于项目的推进。我想，这也是法大近年来大力提倡"科研育人"的主要原因。

当然，由于青年学生的学术研究水平、实践经验甚至是语言文字能力毕竟存在不足，所以，在研究项目的推进过程中，导师一定要全程参与，与学生展开深度对话和讨论，指导他们不断调整研究思路，提升语言表达能力，修改研究成果。只有这样，才能确保学生研究有收获、项目质量有保证。

基于上述考量，我组织我指导的部分研究生组成了课题组，根据他们各自的研究专长和兴趣确定分工，并指派 2018 级博士生徐书林作为本书副主编负责案例的初步遴选以及文本的汇编与初步修订。2019 年 8 月，本书初稿完成后，我用了一个月左右的时间对文本进行了逐字逐句的修改，提出了完善建议；2019 年 11 月，书林完成第二稿后，我再次进行了修改，并提出进一步提升文本写作和提升案例分析水平的建议。

　　2020 年春节前后至今，异常诡异而凶猛的新冠疫情席卷而至，世界似乎被按了暂停键。往日杂乱的生活突然变得安静下来，两个孩子也因为疫情而被迫留在老家交由爷爷、奶奶和姑姑看管，我因而得以有较充裕的时间和精力投入本书的再次修订。经过半年左右的努力，本书终于盛夏时节伴随着阵阵蝉鸣得以定稿。

　　本书初稿的写作分工如下：我负责本书的结构安排、案例的最终确定以及文稿的修改、完善及定稿；徐书林负责专题二、专题六至十、专题十六之案例一、专题十八、专题二十二至二十三及专题二十四之案例三的编写工作以及本书文稿的初步修改；2018 级博士生荣煜负责专题一、专题二十四之案例一、案例二的编写工作；2018 级硕士生陈锐达负责专题十二至十五、专题十六之案例二、专题十七、专题二十的编写工作；2018 级硕士生秦硕营负责专题三至五、专题十一、专题十九及专题二十一的编写工作。

　　最后，需要指出，限于本书作者群体的研究水平与能力，错漏之处，在所难免。我衷心希望借此求教于方家同仁，从而共同推动中国国际私法教材与教学的改革；同时，我也希望借此向广大法科生展现一本反映当代中国鲜活而有趣的国际私法实践的案例书，从而让更多的青年学子爱上这门伟大的学科。

霍政欣

庚子秋

于北京海淀

目 录

| 专题一 |

涉外因素的认定

📚 知识概要

国际私法是调整国际民事关系的法律部门。其调整对象的"涉外性"，使它同民法调整的国内民事关系区分开来；其"私法性"，又使它同其他具有涉外性的法律关系（如国际公法调整的国家之间的关系）区分开来。[1]

在判断民事关系是否具有"涉外性"的问题上，我国司法实践采纳了"三要素说"。依据"三要素说"，在民事关系的主体、客体和权利义务据以发生的法律事实中，至少有一个或一个以上的因素与外法域有联系，即为国际民事关系。

最高人民法院（以下简称"最高法院"）1998年颁布的《关于贯彻执行〈中华人民共和国民法通则〉若干问题的意见（试行）》（以下简称"《民通意见》"）第178条第1款规定："凡民事关系的一方或者双方当事人是外国人、无国籍人、外国法人的；民事关系的标的物在外国领域内的；产生、变更或者消灭民事权利义务关系的法律事实发生在外国的，均为涉外民事关系。"这条规定即是"三要素说"的忠实体现。不过，司法实践表明，该标准虽然客观，但过于僵硬，严格依之，在某些情况下可能导致不公平的结果。[2]

为回应司法实践中产生的问题，最高法院在2012年公布的《关于适用〈中华人民共和国涉外民事关系法律适用法〉若干问题的解释（一）》（以下简称"《〈法律适用法〉司法解释（一）》"）中，对"三要素说"进行了完

---

〔1〕 霍政欣：《国际私法学》，中国政法大学出版社2020年版，第5页。
〔2〕 霍政欣：《国际私法学》，中国政法大学出版社2020年版，第7页。

善。该司法解释第 1 条规定:"民事关系具有下列情形之一的,人民法院可以认定为涉外民事关系:①当事人一方或双方是外国公民、外国法人或者其他组织、无国籍人;②当事人一方或双方的经常居所地在中华人民共和国领域外;③标的物在中华人民共和国领域外;④产生、变更或者消灭民事关系的法律事实发生在中华人民共和国领域外;⑤可以认定为涉外民事关系的其他情形。"

需要指出,对民事纠纷是否具有涉外因素进行认定,意义重大。这是因为如果一个民事纠纷被认定为具有涉外性或国际性,其解决途径、法院的管辖权、法律适用等诸多方面都会与国内民事纠纷显著不同,并会最终影响到审理结果。试举两例:

第一,依据我国现行法律,只有具有涉外因素的商事纠纷才能向境外仲裁机构申请仲裁。涉外商事纠纷的当事人在获得境外仲裁机构作出的仲裁后,一方向我国法院申请承认与执行该仲裁裁决时,如满足《承认及执行外国仲裁裁决公约》(以下简称"《纽约公约》")的适用条件,法院将依据《纽约公约》进行审查。而根据该公约的规定,法院将不对仲裁裁决进行实体审查。与此不同,根据《中华人民共和国仲裁法》(以下简称"《仲裁法》"),纯国内商事纠纷只能提交中国的仲裁机构仲裁;同时,依据该法第 58 条,在这种情况下,当事人可因实体问题向法院申请撤销仲裁裁决。

第二,法院在审理国际民商事案件时,会依据法院地国冲突规范的指引确定适用的法律,从而既可能适用外国法,也可能适用本国法,还有可能适用国际条约。例如,一位日本商人与一位中国商人在泰国签订一份买卖合同,双方约定合同纠纷适用日本法律。后日本商人认为中国商人存在违约情形,向该中国商人经常居所地的人民法院起诉。中国法院受理此案后,依据《中华人民共和国涉外民事关系法律适用法》(以下简称"《法律适用法》")第41 条的指引,适用日本法律审理此案。此外,就该案而言,除中国法院享有管辖权外,原告国籍国(日本)、合同签订地(泰国)的法院均有可能对本案享有管辖权,从而给予原告以"挑选法院"的可能。与此不同,一个纯国内的合同纠纷,一般情况下,当事人只能将纠纷提交中国法院审理,中国法院通常只适用中国法进行审理。

📚 **经典案例**

"西门子国际贸易(上海)有限公司诉上海黄金置地
有限公司申请承认与执行外国仲裁裁决案"

1-1

一、基本案情

西门子国际贸易(上海)有限公司(以下简称"西门子公司")与上海黄金置地有限公司(以下简称"置地公司")均为在上海自由贸易试验区(以下简称"自贸试验区")注册的外商独资企业。2005年9月23日,两公司通过招标方式签订了"中国上海市浦东新区陆家嘴贸易区B2-5地块黄金置地大厦高(低)压配电系统供应工程"合同文件。整个工程的合同分为《货物供应合同》和《安装合同》,其中《货物供应合同》由置地公司与西门子公司签订,西门子公司负责提供相应设备;《安装合同》涉及的设备安装工程则由另一公司负责。《货物供应合同》中约定:西门子公司应于2006年2月15日之前将设备运至工地;合同争议须提交新加坡国际仲裁中心进行仲裁解决;实体争议应适用中国法律。

为履行《货物供应合同》,西门子公司从境外购买了合同项下的设备,货到自贸试验区后,西门子公司办理了报关备案手续。之后,西门子公司又向自贸试验区海关办理二次报关完税手续,货物遂从区内流转到区外,最终由西门子公司在黄金置地大厦工地履行了交货义务。

置地公司认为西门子公司提供的设备已严重损坏,不符合合同及技术规范的要求,向西门子公司发出了《解除合同通知》。同时,置地公司于2007年9月21日向新加坡国际仲裁中心申请仲裁,并主张西门子公司构成根本违约,请求裁决西门子公司支付违约赔偿金110万元人民币、赔偿各项损失共计约 2000 万元人民币等。西门子公司以本案不具有涉外因素，新加坡国际仲裁中心无权受理为由，对仲裁管辖权提出异议，仲裁庭审查后于 2009 年 3 月 30 日作出管辖权决定，驳回了西门子公司的管辖异议；同时确定仲裁语言为中文。

西门子公司在仲裁过程中答辩称，置地公司主张的违约行为均不存在，并提出仲裁反请求，要求置地公司支付尚欠的合同款 4 340 460 元人民币，赔偿相关仓储费损失、返还履约保函项下置地公司错误索赔而取得的金额计 1 720 480 元人民币，支付相应利息并承担律师费、仲裁费等。

2011 年 8 月 16 日，新加坡国际仲裁中心作出最终裁决，驳回了置地公司的全部仲裁请求，支持了西门子公司的各项仲裁反请求，裁决：置地公司解除合同的行为非正当合法；置地公司应当向西门子公司支付 9 415 120.49 元人民币及利息，承担仲裁费用。后置地公司分别于 2012 年 6 月、11 月履行了裁决项下的部分支付义务。

2013 年 6 月，西门子公司向上海市第一中级人民法院（以下简称"上海一中院"）申请承认与执行该仲裁裁决。

西门子公司认为，中国与新加坡都是《纽约公约》的成员国，本案仲裁裁决应按照公约的规定予以承认与执行。西门子公司为此向上海一中院提出请求如下：①承认并执行新加坡国际仲裁中心作出的裁决；②强制执行被申请人置地公司在裁决项下应当向西门子公司支付但尚未支付的款项；③被申请人置地公司应当加倍支付延迟履行期间上述款项的利息；④由置地公司承担本案诉讼费用。

置地公司辩称，西门子公司的申请应予驳回，案涉仲裁裁决应不予承认与执行，主要理由如下：①本案民事法律关系不具有涉外因素，双方约定将争议提交外国仲裁机构进行仲裁的仲裁协议应为无效，承认与执行该仲裁裁决也将有违我国公共政策。②案涉仲裁裁决的实体有误，若予以承认与执行将导致不公正的结果。③关于西门子公司在本案中请求的双倍利息，其所依据的《中华人民共和国民事诉讼法》（以下简称"《民事诉讼法》"）的相关规定只适用于我国法院作出的生效判决，并不能适用于外国仲裁裁决。

上海一中院认为，案涉仲裁裁决由新加坡国际仲裁中心在新加坡境内作出。鉴于中国和新加坡均为《纽约公约》成员国，根据《纽约公约》第 1 条的规定，申请人西门子公司申请承认与执行新加坡国际仲裁中心作出的仲裁裁决，应当适用《纽约公约》进行审查。

就置地公司提出的仲裁条款无效的主张，上海一中院认为这一问题有赖于双方当事人的合同关系是否具有涉外因素。上海一中院进一步分析道，西门子公司与置地公司均为在中国注册的公司法人，合同约定的交货地、作为合同标的物的设备目前所在地均在我国境内，该合同表面上看并不具有典型的涉外因素。但在综观本案合同所涉的主体、履行特征等方面的实际情况后，上海一中院认为，双方之间的合同当前存在与普通国内合同有明显差异的独特性，可以将双方形成的合同关系认定为涉外民事法律关系，故当事人协商将合同争议提交外国仲裁机构的约定应为有效。

就置地公司提出的该仲裁裁决与我国公共政策抵触的主张，上海一中院认为，仲裁庭审理的是双方当事人之间的合同争议，最终裁决置地公司应向西门子公司支付相应款项，该裁决内容没有与我国公共政策有相抵触之处。就置地公司提出的关于仲裁裁决的实体有误的主张，上海一中院认为，这不在本案的审查范围内。

综上，上海一中院认为案涉合同关系具有涉外因素，双方当事人约定将合同争议提交新加坡国际仲裁中心进行仲裁解决的条款有效，故裁定承认并执行该仲裁裁决。

二、法律问题

本案仲裁裁决为外国仲裁机构作出，故本案为申请承认与执行外国仲裁裁决案。置地公司与西门子公司在履行合同时发生纠纷，置地公司向新加坡国际仲裁中心申请仲裁，西门子公司提出仲裁反请求。仲裁庭作出裁决后，西门子公司向上海一中院申请承认与执行该仲裁裁决，置地公司提出多项抗辩，下列问题遂成为本案焦点：

（1）案涉合同中的仲裁条款是否有效？

（2）承认与执行该仲裁裁决是否有违我国公共政策？

（3）置地公司提出的仲裁庭实体认定错误的主张可否成立？

三、法理分析

1. 关于案涉仲裁条款的效力问题

置地公司主张案涉仲裁条款无效的依据在于其认为它与西门子公司之间

的纠纷无涉外因素。我国对于可提交外国仲裁机构进行仲裁的情形见于《民事诉讼法》第 271 条第 1 款和《中华人民共和国合同法》（以下简称"《合同法》"）第 128 条第 2 款。[1]依据上述条款，只有具有涉外因素的纠纷才能向外国仲裁机构申请仲裁。据此，确认案涉仲裁条款效力的落脚点在于判断双方纠纷是否含有涉外因素，若有，则仲裁条款有效，反之则无效。

判断民事关系是否具有涉外因素的依据在于《〈法律适用法〉司法解释（一）》第 1 条的规定，根据该条规定，只要民事关系中的"三要素"之一含有涉外因素，就可认定该民事关系为涉外民事关系。本案中，两当事人均为在中国注册的公司法人，合同约定的交货地、作为合同标的物的设备目前所在地均在我国境内，故从表面上看，该合同不具有涉外因素。但是，如果对该合同关系作更彻底的分析，会发现该合同关系事实上含有多个涉外因素：

第一，本案合同的主体均具有一定涉外因素。两公司虽然都是中国法人，但注册地均在自贸试验区内，且性质均为外商独资企业，由于此类公司的资本来源、最终利益归属、公司的经营决策一般均与其境外投资者关联密切，故此类主体与普通内资公司相比具有较为明显的涉外因素。

第二，本案合同的履行特征具有涉外因素。合同项下的标的物设备虽最终在境内工地完成交货，但从合同的签订和履行过程看，该设备系先从我国境外运至自贸试验区内进行保税监管，再根据合同履行需要适时办理清关完税手续、从区内流转到区外，至此货物进口手续方才完成，故合同标的物的流转过程也具有一定的国际货物买卖特征。因此，本案合同的履行因涉及自贸试验区的特殊海关监管措施的运用，与一般的国内买卖合同纠纷具有较为明显的区别。

综合以上情况，本案合同关系应符合《〈法律适用法〉司法解释（一）》第 1 条第 5 项所称"可以认定为涉外民事关系的其他情形"，故案涉合同关系具有涉外因素。据此，双方当事人约定将合同争议提交新加坡国际仲裁中心

---

[1] 《民事诉讼法》第 271 条第 1 款规定："涉外经济贸易、运输和海事中发生的纠纷，当事人在合同中订有仲裁条款或者事后达成书面仲裁协议，提交中华人民共和国涉外仲裁机构或者其他仲裁机构仲裁的，当事人不得向人民法院起诉。"《合同法》第 128 条第 2 款规定："涉外合同的当事人可以根据仲裁协议向中国仲裁机构或者其他仲裁机构申请仲裁。"2021 年 1 月 1 日，《中华人民共和国民法典》（以下简称"《民法典》"）正式生效，《合同法》同步废止，《民法典》中删除了《合同法》第 128 条的相关内容。

进行仲裁解决的条款有效。

2. 关于承认与执行该仲裁裁决是否有违我国公共政策的问题

本案中，仲裁庭审理的是双方当事人之间的合同争议，最终裁决置地公司应向西门子公司支付相应款项，该裁决内容的影响范围仅限于当事人之间，没有证据显示会延伸到我国的社会公众，更无从谈起会对我国的国家利益造成损害。当事人之间的合同内容亦为正常的商业行为，无我国立法上禁止之情形，对我国的法律制度、社会制度不会造成冲击。据此，我们认为，承认与执行该仲裁裁决不会与我国公共政策相抵触。关于公共政策，或公共秩序保留的议题，本书后续有专门的章节予以解析。

3. 置地公司提出的仲裁庭实体认识错误的主张可否成立

由于该仲裁裁决由新加坡国际仲裁中心在新加坡作出，我国与新加坡均是《纽约公约》缔约国，故应依《纽约公约》的规定确定是否承认与执行该仲裁裁决。仲裁裁决中的实体问题并不属于《纽约公约》第5条规定的可不予承认与执行仲裁裁决的情形，因此，置地公司的这一主张没有依据，法院亦无须对这一问题作出判断。

四、参考意见

国际私法的调整对象是具有"涉外因素"的民事关系。《〈法律适用法〉司法解释（一）》第1条对如何判断民事关系是否具有涉外因素作了规定。其中包含一个兜底条款，即"可以认定为涉外民事关系的其他情形"。依据这一规定，司法机关可就审理案件的具体情形作出判断。本案即为上海一中院运用这一规定对"涉外因素"作出灵活判断的典型案例。

另外，置地公司在本案中先依据合同中的仲裁条款向新加坡国际仲裁中心申请仲裁，在仲裁庭作出对其不利的仲裁裁决后，又在西门子公司向上海一中院申请承认与执行该仲裁裁决的过程中主张上述仲裁条款无效。我们认为，这一行为不符合禁止反言、诚实信用和公平合理等公认的法律原则。

2016年12月，最高法院发布《关于为自由贸易试验区建设提供司法保障的意见》[1]该文件第9点规定："自贸试验区内注册的外商独资企业相互之

---

〔1〕 法发〔2016〕34号。

间约定将商事争议提交域外仲裁的，不应仅以其争议不具有涉外因素为由认定相关仲裁协议无效；一方或者双方均为在自贸试验区内注册的外商投资企业，约定将商事争议提交域外仲裁，一方或者双方发生纠纷后，当事人将争议提交域外仲裁，相关裁决作出后，其又以仲裁协议无效为由主张拒绝承认、认可或执行的，人民法院不予支持；另一方当事人在仲裁程序中未对仲裁协议效力提出异议，相关裁决作出后，又以有关争议不具有涉外因素为由主张仲裁协议无效，并以此主张拒绝承认、认可或执行的，人民法院不予支持。"

自贸试验区作为我国改革开放的试验田，这一司法意见的颁布，保证了自贸试验区内多元纠纷解决机制的运行。在支持企业间选择符合各方期望的争端解决方式的问题上，最高法院迈出了重要一步，不再将是否具有涉外因素作为向外国仲裁机构申请仲裁的标准，更大程度地尊重了当事人之间的意思自治。同时，在自贸试验区相关的国际商事仲裁的承认与执行的案件中确定了"禁反言"的规则，有利于打造诚信的营商氛围，有利于构建稳定和可预期的法治化营商环境，吸引更多外国资本在自贸试验区内开展业务，让自贸试验区真正成为我国构建开放型经济新体制的重要窗口。

2019 年 11 月 2 日至 3 日，习近平主席在上海进行考察。考察期间，习主席强调，要深入学习贯彻党的十九届四中全会精神，坚持稳中求进工作总基调，全面贯彻新发展理念，加快改革开放步伐，加快建设现代化经济体系，加大推进三大攻坚战力度，扎实推进长三角一体化发展，妥善应对国内外各种风险挑战，勇挑最重担子、敢啃最难啃的骨头，着力提升城市能级和核心竞争力，不断提高社会主义现代化国际大都市治理能力和治理水平。

司法水平是城市竞争力、治理能力和治理水平的重要体现，特别是在自贸试验区的建设上，国际司法能力更具重要意义。因此，在当前国际格局深刻变革的背景下，我国司法机关，特别是位于改革开放前沿地区的司法机关，应坚持更广阔的国际化视野，培养更深刻的国际化思想，擦亮中国处理涉外纠纷的"金字招牌"，向世界展示中国有能力、有意愿妥善处理涉外纠纷，保障外国资本在华投资、开展涉外业务的合法权利，为中国的改革开放事业提供司法护航。

五、思考题

（1）本案中，西门子公司要求置地公司加倍支付延迟履行期间的款项利息的请求能否予以支持？为什么？

（2）在本案中，若上海一中院认为不应承认与执行案涉仲裁裁决，应在程序上做何种处理？我国法律针对这种情形是如何规定的？如何理解与评价该制度？

（3）结合 2016 年 12 月最高法院发布的《关于为自由贸易试验区建设提供司法保障的意见》，分析该意见对于《纽约公约》在我国司法实践中的适用所起到的作用。

拓展案例

"爱耳时代医疗科技（北京）股份有限公司与领先仿生
医疗器械（上海）有限公司买卖合同纠纷案"

1 – 2　　　　　　　　1 – 3

一、基本案情

2016 年 3 月，北京爱耳时代教育咨询有限公司（后改名爱耳时代医疗科技（北京）股份有限公司，以下简称"爱耳公司"）与领先仿生医疗器械（上海）有限公司（以下简称"领先公司"）签订《经销商协议》。该协议约定：因本协议引起的或与之有关的所有争议应根据国际商会仲裁规则在 3 名仲裁员组成的仲裁法庭中予以最终裁决。各方应指定一名仲裁员进行确认，而在确认第二位仲裁员后 30 日内，第三位仲裁员应由两名合作仲裁员共同指定。如果这两名仲裁员在该期限内未能指定第三位仲裁员，则第三位仲裁员应由国际商会仲裁院指定。仲裁地点应在中国上海，仲裁语言应为中文。在任何有管辖权的法院内，仲裁庭的裁决均被视为具有约束力和强制执行的最终裁决。

双方在履行合同的过程中发生纠纷。2017 年，爱耳公司向上海市黄浦区人民法院（以下简称"上海黄浦法院"）提起诉讼。上海黄浦法院认为双方之间约定有仲裁条款，遂依据《民事诉讼法》第 124 条第 2 项的规定，裁定驳回爱耳公司的起诉，告知其向约定的仲裁机构申请仲裁。

爱耳公司不服该裁定，遂上诉至上海市第二中级人民法院（以下简称"上海二中院"），并诉称双方之间的仲裁条款应属无效。经审理，上海二中院对本案是否具有涉外因素作了如下判断：

爱耳公司和领先公司都是依据我国法律设立并登记的企业，经营地均在中国境内。尽管领先公司的股东为外国公司，但是领先公司仍属于中国法人，因此本案在当事人主体上不存在涉外因素。按照《经销商协议》的约定以及双方陈述，爱耳公司在国内指定经销区域为领先公司销售相关产品，这些产品虽系进口产品，但是都由领先公司进口后再向爱耳公司提供，故爱耳公司与领先公司之间的交易标的物不具有涉外性，同时双方之间涉及的法律关系也无涉外因素。此外，虽然领先公司认为双方业务中存在交付产品是通过香港公司进口或者客户在香港安装产品的情形，而且爱耳公司起诉主张的销售利润中也包含了部分香港业务的收入，但是这些实际履行行为或者结算内容并没有改变双方之间原有的法律关系，故本案也不存在其他可以认定为涉外案件的因素。[1]

据此，上海二中院认定本案纠纷不具备涉外因素，双方当事人约定提请外国仲裁机构仲裁的条款无效，爱耳公司向人民法院提起诉讼，应予受理。上海二中院进而裁定，撤销一审裁定，指定上海黄浦法院审理。

领先公司不服二审裁定，向上海市高级人民法院（以下简称"上海高院"）申请再审。经审理，上海高院同样认为本案纠纷不具有涉外因素，双方之间约定由外国仲裁机构进行仲裁的条款应属无效，故裁定驳回领先公司的再审申请。

二、法律问题

（1）本案纠纷是否具有涉外因素？

（2）当事双方约定的仲裁条款是否有效？

---

[1] 参见上海市第二中级人民法院（2017）沪 02 民终 9941 号民事裁定书。

三、重点提示

《〈法律适用法〉司法解释（一）》第 1 条原则上采纳了"三要素"说认定民事关系是否具有涉外因素；同时，本条也赋予司法机关一定的自由裁量权。因此，可以通过考察本案合同的主体、客体、内容是否具有涉外因素以及是否存在可以认定为涉外民事关系的其他情形，综合确定双方的合同是否为涉外合同。

在确定案涉合同是否涉外的基础之上，可进一步判断当事人之间的仲裁条款是否有效。前已提及，我国现行立法只规定具有涉外因素的民商事纠纷可提交外国仲裁机构仲裁，且本案的情形不属于法发〔2016〕34 号司法意见中特别规定的情形。据此，如果当事人之间的合同关系具有涉外因素，则仲裁条款有效；反之，则无效。

外国法查明

知识概要

作为冲突法的一般问题之一，外国法的查明（Proof of Foreign Law）在实体和程序上均具重要意义。外国法的查明是指一国法院在审理涉外民商事案件时，如果依本国的冲突规范指向某外国法，如何查明该外国法关于这一特定问题的规定。[1]对于外国法性质的认识，主要包括英美等多数普通法系国家在传统上奉行的"事实说"、以大陆法系国家为代表的"法律说"以及随着法律与司法实践融合与发展而生的"折中说"三种观点。[2]外国法性质认定上的分歧引发了在外国法查明责任分配上的差异：传统上，英美法系国家认为应当由当事人举证证明，而大陆法系国家则认为应当由法官依职权查明。当代，越来越多的国家规定法官应依职权查明外国法，而当事人亦负有协助的义务。在实践中，由当事人或内外国法律专家提供外国法等查明方式得到了广泛的运用。当外国法无法查明时，各国立法与司法实践主要呈现出了以下几种处理方法：①直接适用内国法；②类推适用内国法；③驳回当事人的诉讼请求或抗辩；④适用同本应适用的外国法相近或类似的法律；⑤适用一般法理。

关于我国外国法查明的途径，1988年《民通意见》第193条规定："对于应当适用的外国法律，可通过下列途径查明：①由当事人提供；②由与我

---

[1] 参见霍政欣：《国际私法学》，中国政法大学出版社2020年版，第122页。
[2] "事实说"将外国法视为"事实"加以证明；"法律说"将外国法视为法律，将本国法与外国法置于平等地位；"折中说"不将外国法严格定性为法律或者事实，而在当事人和法官之间分配证明责任。

国订立司法协助协定的缔约对方的中央机关提供；③由我国驻该国使领馆提供；④由该国驻我国使馆提供；⑤由中外法律专家提供。通过以上途径仍不能查明的，适用中华人民共和国法律。""可"通过这五种途径查明，这意味着还可以通过其他途径对外国法进行查明，且无需穷尽这五种查明途径。从司法实践来看，使用频率较高的是当事人提供外国法与通过中外法律专家提供外国法的途径。[1]

2010年《法律适用法》首次以立法的形式对外国法的查明进行了规定，其第10条规定："涉外民事关系适用的外国法律，由人民法院、仲裁机构或者行政机关查明。当事人选择适用外国法律的，应当提供该国法律。不能查明外国法律或者该国法律没有规定的，适用中华人民共和国法律。"《〈法律适用法〉司法解释（一）》第15条规定："人民法院通过由当事人提供、已对中华人民共和国生效的国际条约规定的途径、中外法律专家提供等合理途径仍不能获得外国法律的，可以认定为不能查明外国法律。根据涉外民事关系法律适用法第10条第1款的规定，当事人应当提供外国法律，其在人民法院指定的合理期限内无正当理由未提供该外国法律的，可以认定为不能查明外国法律。"

由此可见，我国在外国法的查明上以职权主义为原则，以当事人查明为例外，且查明途径较为广泛和灵活，当外国法无法查明时则适用中国法。同时，《〈法律适用法〉司法解释（一）》第16条规定："人民法院应当听取各方当事人对应当适用的外国法律的内容及其理解与适用的意见，当事人对该外国法律的内容及其理解与适用均无异议的，人民法院可以予以确认；当事人有异议的，由人民法院审查认定。"在外国法适用错误方面，由于我国并无事实审与法律审的区别，根据"有错必纠"原则，无论是适用本国冲突规范的错误还是适用外国法本身的错误，当事人均可上诉。[2]

近年来，随着"一带一路"倡议的推进，为充分发挥人民法院审判职能作用，有效服务和保障"一带一路"建设的顺利实施，最高法院于2015年6月发布了《关于人民法院为"一带一路"建设提供司法服务和保障的若干意

---

〔1〕　万鄂湘主编：《〈中华人民共和国涉外民事关系法律适用法〉条文解释与适用》，中国法制出版社2011年版，第79页。

〔2〕　霍政欣：《国际私法学》，中国政法大学出版社2020年版，第130页。

见》,[1]其中特别强调,要依照《法律适用法》等冲突规范的规定,全面综合考虑法律关系的主体、客体、内容、法律事实等涉外因素,充分尊重当事人选择准据法的权利,积极查明和准确适用外国法,消除沿线各国中外当事人国际商事往来中的法律疑虑,增强裁判的国际公信力。由此可见,最高法院已从保障"一带一路"倡议顺利推进和提高我国司法国际公信力的高度来看待外国法的查明问题,并要求各级人民法院高度重视该问题,确保"一带一路"沿线国的法律能够得到积极查明和准确适用。但是,由于绝大多数沿线国为发展中国家,它们的法律制度、文化历史、宗教信仰和语言文字差异很大,查明外国法的难度亦在不断上升,建立健全必要的配套措施刻不容缓。

2018 年 6 月 29 日,最高法院第一国际商事法庭、第二国际商事法庭分别在深圳市和西安市揭牌。最高法院建立国际商事法庭,构建包含调解、仲裁、诉讼"三位一体"的融合式国际商事争端解决机制,不仅是我国改革涉外司法制度的有益探索,更是对国际商事争端解决机制的重要创新。为了给国际商事法庭的运行提供制度与规则依据,最高法院于 2018 年 6 月公布了配套司法解释——《关于设立国际商事法庭若干问题的规定》(以下简称"《规定》")。[2]《规定》在包括外国法查明的诸多事项上做出了创新性机制与规则构建。

依据《规定》,外国法查明的途径得到一定的拓展。具体而言,国际商事法庭审理案件应当适用域外法律时,可以通过下列途径查明:①由当事人提供;②由中外法律专家提供;③由法律查明服务机构提供;④由国际商事专家委员提供;⑤由与我国订立司法协助协定的缔约对方的中央机关提供;⑥由我国驻该国使领馆提供;⑦由该国驻我国使馆提供;⑧其他合理途径。[3]

国际商事法庭在外国法查明问题上提供了更加灵活的查明途径,在《民通意见》的基础上增加了由法律服务机构、国际商事专家委员提供外国法这

---

[1] 法发〔2015〕9 号。

[2] 法释〔2018〕11 号。

[3] 最高法院国际商事法庭:http://cicc.court.gov.cn/html/1/218/99/103,访问时间:2019 年 10 月 5 日。

两种方式，并且将其他合理途径纳入其中，为将来进一步拓展外国法查明渠道提供了依据。与此同时，最高法院在深圳前海合作区人民法院、深圳市蓝海现代法律服务发展中心、中国政法大学、西南政法大学建立了4家域外法律的研究基地和查明基地，使得通过法律服务机构查明外国法的这一途径得到落实。另外，国际商事专家委员会的组成人员来自不同法系、不同国家、不同地区，包括重要国际机构负责人、法学专家、知名学者、资深法官、资深律师等，能够基于自己的知识储备为外国法查明提供切实的帮助。

2019年11月29日上午，最高人民法院域外法查明平台在国际商事法庭网站（http://cicc. court. gov. cn）上线启动，标志着全国法院域外法查明统一平台的正式建立。这一平台的建立，有利于我国司法机关快速查询、了解外国法，并有望在一定程度上统一各地对于同一外国法的理解，减少实务中的分歧。

这一系列举措的实施，是最高法院进一步贯彻落实中央《关于建立"一带一路"国际商事争端解决机制和机构的意见》，有效破解制约涉外审判实践中域外法查明难的瓶颈问题、进一步优化法治化营商环境的重要举措，有利于我国司法机关拨开外国法的面纱，提升我国涉外法律服务水平，增加我国的司法公信力与国际声望。[1]

📖 经典案例

"大连正道船舶贸易有限公司与摩尔曼航运公司船舶修理合同纠纷案"

2－1

---

〔1〕　霍政欣：《国际私法学》，中国政法大学出版社2020年版，第131页。

一、基本案情

大连正道船舶贸易有限公司（以下简称"大连正道公司"）为中国公司，摩尔曼航运公司（以下简称"摩尔曼公司"）为俄罗斯公司。2018年2月1日，双方在中国辽宁省大连市订立一份合同，合同约定大连正道公司为摩尔曼公司名下一艘名为"彼得大帝（Petrvelikiy）"的轮船提供船舶修复服务，修复金额为387 598美元（后追加到639 883美元）。同时，合同第63条约定了仲裁条款，具体内容如下：

本合同适用英国法。所有本合同产生的或与合同相关的争议应提交伦敦仲裁。伦敦仲裁依据英国1996年仲裁法，以及其现行有效的变更和补充进行裁决。案件应按照启动仲裁程序时伦敦海事仲裁员协会现行有效的规则进行审理。

此外，该条款还对仲裁庭的组成方式做了约定。修复工作于2018年4月21日完成，但摩尔曼公司未付清大连正道公司修理费，且由于轮船一直停泊在港口，截至2018年11月10日已产生停泊费683 030美元。随后，大连正道公司向天津海事法院提起诉讼，提出以下诉请：①判令被告向原告支付船舶修理费639 883美元、船舶修理费违约金38 759.80美元、停泊费683 030美元（自2018年4月21日暂计至2018年11月10日）以及相应的利息；②依法确认原告就上述债权1 361 672.80美元及利息对被告所有的"彼得大帝"轮船享有船舶留置权，并有权从船舶拍卖价款中优先受偿；③判令被告承担本案的全部诉讼费用，包括但不限于保全费、案件受理费、保险费。天津海事法院于2019年1月29日立案。

天津海事法院经审理认为，本案为船舶修理合同纠纷，双方已经在合同中约定了将仲裁作为纠纷解决的方式，法院须审查仲裁条款的效力，这关系到法院对此案是否享有管辖权。本案中，双方仅约定合同适用英国法，发生纠纷后提交伦敦仲裁，但没有约定仲裁条款适用的法律。依照《法律适用法》第18条："当事人可以协议选择仲裁协议适用的法律。当事人没有选择的，适用仲裁机构所在地法律或者仲裁地法律。"另依《〈法律适用法〉司法解释（一）》（2013）第14条："当事人没有选择涉外仲裁协议适用的法律，也没有约定仲裁机构或者仲裁地，或者约定不明的，人民法院可以适用中华人民共和国法律认定该仲裁协议的效力。"结合案情，法院认为，案涉双方没有选择仲裁条款适用的法律，但双方约定的仲裁地在英国，本案应适用英国法认定案涉合同中仲裁条款的效力。天津海事法院随后依据《法律适用法》第 10 条第 1 款的规定依职权对英国法下认定仲裁协议效力相关问题进行了查明。

天津海事法院查明外国法涉及的材料包括：①1996 年英国仲裁法、1950 年英国仲裁法等法律相关条款；②《奇蒂论合同法（第 30 版）》《施米托夫论出口贸易（第 11 版)》等国外教科书或专著中关于英国仲裁法的相关论述；③《伦敦海事仲裁制度研究》《英国仲裁制度研究》《中英海事仲裁制度比较》等国内学者、实务人员关于英国仲裁法的相关论述；④山东省高级人民法院（以下简称"山东高院"）另案裁定载明的 The "Petr Shmidt"［1995］1 LLR 202 案例全文；⑤天津市高级人民法院（以下简称"天津高院"）作出的（2018）津民终 272 号民事裁定书。

根据 1950 年《英国仲裁法》第 32 条的规定："除非上下文另有需要，术语'仲裁协议'指就当前或未来争议提请仲裁的书面协议，无论是否在协议中指定或未指定仲裁员。"1996 年《英国仲裁法》第 6 条"仲裁协议的定义"规定，"仲裁协议"意为将现存的或将要产生的争议提交仲裁的协议（不论是否为契约性的）。协议中涉及一个书面形式的仲裁条款，或涉及一个含有仲裁条款的文件，只要这种涉及使该条款构成协议的一部分，即为仲裁协议。

英国学界及判例认为，协议不需要采用特定形式，甚至仲裁条款也采用最精简的形式，并列举了 4 个英国案例：①*Tritonia Shipping Inc v. South Nelson Products Corp*［1966］1Lloyd's Rep. 114，涉及条款"在伦敦裁决的仲裁"（Arbitration to be settled in London）；②*Transamerican Ocean Contractors Inc v. Transchemical Rotterdam BV*［1978］1Lloyd's Rep. 238，涉及条款"在伦敦仲裁……"（Arbitration…in London）；③*Mangistaumunaigaz Oil Production Association v. United World Trade Inc*［1995］1Lloyd's Rep. 617，涉及条款"若有，按国际商会仲裁院仲裁规则在伦敦裁决的仲裁"（Arbitration，if any，by ICC rules in London）④*Hobbes Padgett Co（Reinsurance）Ltd v. Kirkland Ltd*［1969］2Lloyd's Rep. 547，涉及条款"适当的仲裁条款"（Suitable Arbitration Clause）。

同时，天津海事法院还援引了山东高院在另案中查明的案例 The "Petr

Shmidt" ［1995］1 LLR 202。该案中，英国法院判决认定，措辞为"伦敦仲裁，适用英国法"（Arbitration in London-English law to apply）的仲裁条款是明确、可执行的。

最后，天津海事法院还参考了天津市高级人民法院（2018）津民终272号民事裁定书。该裁定书认为按照查明的英国法，并未规定"选定的仲裁机构"为仲裁协议的有效要件，仲裁条款虽仅约定在伦敦提交仲裁，而未约定仲裁机构，仍应认定为有效。

据此，天津海事法院按照所查明的英国法认定，大连正道公司与摩尔曼公司签订的合同中的仲裁条款系当事人的真实意思表示，合法成立并有效，内容具体明确可予执行，对双方均有约束力。本案纠纷系因合同履行产生的纠纷，包含在仲裁条款约定应予仲裁的纠纷之内。因此，法院裁定其对本案不享有管辖权，大连正道公司应将纠纷提交仲裁裁决。

二、法律问题

本案当事人一方为俄罗斯公司，因此本案为涉外合同纠纷。大连正道公司为摩尔曼公司提供船舶修复服务，后摩尔曼公司未付清修复款项，下列问题成为本案焦点：

（1）仲裁条款的效力应适用何国法律认定？

（2）本案中的仲裁条款仅约定在伦敦仲裁，未约定明确的仲裁机构，该仲裁条款是否有效？

（3）本案应如何处理？

三、法理分析

1. 仲裁条款的效力应适用何国法律

案涉合同第63条约定因该合同产生的纠纷适用英国法，但未明确约定仲裁条款的法律适用。那么，可否认为合同的法律适用可以及于仲裁条款的法律适用？针对此问题，最高法院通过司法解释已经给出明确的否定答案。

这一问题曾经造成了诸多困扰。2006年公布（2008年调整）的《最高人民法院关于适用〈中华人民共和国仲裁法〉若干问题的解释》（以下简称"《〈仲裁法〉司法解释》"）第16条规定："对涉外仲裁协议的效力审查，适用当事人约定的法律；当事人没有约定适用的法律但约定了仲裁地的，适用仲裁地法律；没有约定适用的法律也没有约定仲裁地或者仲裁地约定不明的，适用法院地法律。"这一规定没能说明"当事人约定的主合同的法律适用"是否能直接认定为"当事人约定的法律"。2010 年《法律适用法》第 18 条规定："当事人可以协议选择仲裁协议适用的法律。当事人没有选择的，适用仲裁机构所在地法律或者仲裁地法律。"《〈法律适用法〉司法解释（一）》(2013) 第 14 条进一步规定："当事人没有选择涉外仲裁协议适用的法律，也没有约定仲裁机构或者仲裁地，或者约定不明的，人民法院可以适用中华人民共和国法律认定该仲裁协议的效力。"从条文来看，这两条规定亦没有厘清这一问题。

2017 年公布的《最高人民法院关于审理仲裁司法审查案件若干问题的规定》（以下简称"《仲裁司法审查规定》"）终于对上述问题做出了明确回应。该规定第 13 条规定："当事人协议选择确认涉外仲裁协议效力适用的法律，应当作出明确的意思表示，仅约定合同适用的法律，不能作为确认合同中仲裁条款效力适用的法律。"

既然主合同的法律适用约定不能及于仲裁条款，那么，案涉合同中仲裁条款的效力应适用何国法律予以确定遂成为须解决的问题。根据《法律适用法》第 18 条，在当事人没有协议选择的情况下应适用仲裁机构所在地法律或者仲裁地法律。《仲裁司法审查规定》第 14 条进一步规定："人民法院根据《中华人民共和国涉外民事关系法律适用法》第 18 条的规定，确定确认涉外仲裁协议效力适用的法律时，当事人没有选择适用的法律，适用仲裁机构所在地的法律与适用仲裁地的法律将对仲裁协议的效力作出不同认定的，人民法院应当适用确认仲裁协议有效的法律。"本案中，当事人间仅对仲裁地进行了约定，故天津海事法院应适用仲裁地法律（英国法）确定仲裁条款的效力。

2. 仲裁条款的效力

本案中，仲裁条款约定在伦敦仲裁，对仲裁规则和仲裁庭的组成亦作出了规定。不过，由于伦敦知名的仲裁机构数量较多，包括伦敦国际仲裁院（London Court of International Arbitration，LCIA）、伦敦海事仲裁员协会（London Maritime Arbitrators Association，LMAA）等。在这种情况下，双方仅约定在伦敦仲裁，未指明具体的仲裁机构，这一瑕疵有可能会影响到仲裁条款的效力。例如，我国《仲裁法》第 16 条规定："仲裁协议包括合同中订立的仲裁条款和以其他书面方式在纠纷发生前或者纠纷发生后达成的请求仲裁的协议。仲裁协议应当具有下列内容：①请求仲裁的意思表示；②仲裁事项；③选定的仲裁委员会。"《〈仲裁法〉司法解释》第 6 条规定："仲裁协议约定由某地的仲裁机构仲裁且该地仅有一个仲裁机构的，该仲裁机构视为约定的仲裁机构。该地有两个以上仲裁机构的，当事人可以协议选择其中的一个仲裁机构申请仲裁；当事人不能就仲裁机构选择达成一致的，仲裁协议无效。"可见，依据我国法律及司法解释，当事人如未能就具体的仲裁机构达成一致，仲裁协议会被认定为无效。

需要指出的是，各国法律对仲裁协议的要求并不一致。前已论述，依据《仲裁司法审查》的相关规定，案涉仲裁协议的效力应适用英国法进行审查，故本案须考察英国法的相关规定。依照《法律适用法》第 10 条，本案属于法院依职权进行外国法查明的案件。根据法院查明的 1950 年《英国仲裁法》和 1996 年《英国仲裁法》及相关英国判例，天津海事法院认为，依据英国法，仲裁条款无需约定具体的仲裁机构，只约定在"伦敦仲裁"即为有效的仲裁条款。天津海事法院同时援引了山东高院和天津高院的各一个裁定作为佐证。

3. 本案如何处理

依据对相关英国法的查明结果，天津海事法院认定本案的仲裁条款是有效的。基于此，该法院根据我国《仲裁法》第 5 条的规定驳回了大连正道公司的诉讼请求。[1]

四、参考意见

随着我国对外开放水平的进一步提高，特别是"一带一路"倡议的不断推进，我国法院受理的涉外纠纷与日俱增。就外国法的查明而言，根据《法律适用法》第 10 条，我国基本采纳了"依职权主义"，即法院、仲裁机构或者行政机关原则上有查明外国法的义务；但作为例外，在当事人选择适用外

---

〔1〕《仲裁法》第 5 条规定："当事人达成仲裁协议，一方向人民法院起诉的，人民法院不予受理，但仲裁协议无效的除外。"

国法的情况下，当事人承担外国法的责任。[1]这对我国法官的业务能力提出了较高的要求。特别是作为深受大陆法影响的国家，我国的法官在适用英美普通法的涉外案件中需要对相关法律及判例予以查明及准确理解，这无疑是一项颇具挑战性的任务。

本案中，天津海事法院的法官通过娴熟的查询技巧，不仅详细查明了英国仲裁法的相关规定，还对相关判例进行了分析和引用。同时，参考普通法的思维，审理该案的法官还援引了我国两个法院的判例作为佐证，体现出较高的涉外案件处理能力，展现了我国法官的涉外司法水平，是一个值得借鉴和肯定的案例。

五、思考题

（1）如本案无法查明外国法，应如何认定仲裁条款的效力？

（2）"选定的仲裁委员会"是我国《仲裁法》对仲裁协议的一项要求，对此你有何认识？

（3）对于我国法律及司法解释关于外国法查明途径的规定，你有何完善建议？

◈ 拓展案例

"香港泉水有限公司与宏柏家电（深圳）
有限公司申请确认仲裁协议效力案"

2 - 2

---

〔1〕　霍政欣：《国际私法学》，中国政法大学出版社 2020 年版，第 129 页。

一、基本案情

香港泉水有限公司（以下简称"泉水公司"）与宏柏家电（深圳）有限公司（以下简称"宏柏公司"）于 2007 年签订一份《制造与供给协议》，约定协议适用美国加利福尼亚州（以下简称"美国加州"）法律，但在争议解决方式上既约定了仲裁又约定了诉讼，即既可以在加利福尼亚州洛杉矶由美国仲裁协会进行仲裁，又可以向该地的州法院或联邦法院提起诉讼。

在履行该协议的过程中，双方发生了纠纷。泉水公司先于 2014 年 11 月向美国仲裁协会提起仲裁，后又于 2015 年向深圳市中级人民法院（以下简称"深圳中院"）提起诉讼，诉请法院确认《制造与供给协议》中仲裁条款的效力。

深圳中院认为，本案系涉外合同纠纷，依据《法律适用法》第 41 条的规定，当事人可以协议选择合同适用的法律。本案双方当事人既然明示选择美国加州法律，故应依美国加州法律认定该争议仲裁条款的效力。为此，深圳中院于 2015 年 10 月 15 日委托深圳市蓝海现代法律服务中心对案涉相关美国法律进行查明。该中心聘请的法律专家完成了查明工作，并出具了《法律意见报告》。《法律意见报告》中查明的法律包括美国《联邦仲裁法》、美国加州《民事诉讼法》及 9 个相关判例。

根据查明结果，深圳中院认为，美国《联邦仲裁法》及加州《民事诉讼法》没有直接规定在争议解决条款中既约定法院诉讼又约定仲裁时如何认定仲裁条款的效力，但明确规定除非存在具有法定撤销契约的理由，否则仲裁协议是有效的、不可撤销的和强制性的。此外，在查明的判例中，有 8 例认为，在当事人既约定诉讼又约定仲裁的情况下，仲裁协议有效；仅有 1 例否定了该类型仲裁条款的效力，不过，深圳中院认为，该案例与本案中当事人约定的内容存在实质区别，不能以该案例否定本案仲裁条款的效力。据此，深圳中院作出裁定，确认泉水公司与宏柏公司签订的《制造与供给协议》中的仲裁条款有效。

二、法律问题

（1）本案应适用何地法律审查该仲裁条款的效力？

（2）本案当事人之间约定的仲裁条款是否有效？

三、重点提示

泉水公司与宏柏公司之间签订的协议中约定双方发生纠纷后既可以向法院起诉也可以向仲裁机构申请仲裁，这属于《〈仲裁法〉司法解释》第 7 条第 1 款规定的仲裁条款无效的情形，[1] 故依据我国司法解释的规定，如果本案是纯国内商事仲裁，双方之间的仲裁协议应属无效。不过，本案属于涉外商事仲裁，依据《法律适用法》第 18 条的规定，案涉仲裁协议的效力可能由他国法律予以认定。

本案当事人之间约定合同适用美国加州法律，没有约定仲裁条款的法律适用。由于本案发生于《仲裁司法审查规定》施行以前，故不能援引这一规定。我们认为，通过考察《〈法律适用法〉司法解释（一）》（2013）第 14 条的规定可知，虽然其没有厘清前述问题，但可以看出，这一规定未将主合同已约定法律适用作为考虑的情形，可见它间接说明了仲裁条款在法律适用上的独立性。进而可根据《法律适用法》第 18 条的规定，在当事人没有协议选择的情况下适用仲裁机构所在地法律或者仲裁地法律。本案中，双方约定在美国加州进行仲裁。据此，审理法院应适用美国法考察该仲裁协议的效力。需要说明的是，美国是多法域国家，除了联邦立法外，还有可能要考察相应的州法律；美国系普通法国家，在外国法查明的过程中需查明的内容包括成文法与判例法。

如果本案发生于《仲裁司法审查规定》生效以后，本案的法律适用问题又该如何解决？

---

〔1〕《〈仲裁法〉司法解释》第 7 条规定："当事人约定争议可以向仲裁机构申请仲裁也可以向人民法院起诉的，仲裁协议无效……"

| 专题三 |

法律规避

📖 知识概要

　　国际私法上的"法律规避"（Evasion of Law），又称"僭窃法律"或"欺诈设立连结点"，是指涉外民事法律关系中的当事人利用冲突规范，通过故意制造或改变某种连结点，以避免本应适用的法律，从而使对自己有利的法律得以适用的一种逃法或脱法行为。[1]从法律规避的概念中可归纳出其构成要件：①从主观上来看，当事人存在故意，具有逃避适用本应适用的法律的主观意图，因而做出了法律规避的行为；②从规避的对象上来看，被规避的法律是经冲突规范指引本应适用的法律，且为强制性或禁止性法律；③从行为表现上来看，当事人是通过人为地制造或改变一个或几个连结点来规避法律的，如改变国籍、住所地、物之所在地等；④从客观结果上来看，当事人的规避行为已完成，经冲突规范指引，将会适用对当事人有利的法律作为准据法。[2]关于国际私法上法律规避的效力问题，完全肯定法律规避效力的情况极少，各国立法、理论和司法实践一般或否认所有规避法律的效力，或否认规避法院地法的效力而承认规避外国法的效力，又或在否认规避法院地法效力的同时对规避外国法的效力不作明确规定。

　　我国在正式立法中并无关于法律规避的规定，仅在司法解释中有所规定。《民通意见》第 194 条规定："当事人规避我国强制性或者禁止性法律规范的行为，不发生适用外国法律的效力。"但随着 2021 年 1 月 1 日《民法典》的

---

〔1〕 韩德培：《国际私法新论》，武汉大学出版社 1997 年版，第 194 页。

〔2〕 霍政欣：《国际私法学》，中国政法大学出版社 2020 年版，第 118 页。

实施，上述司法解释不再有效。

《〈法律适用法〉司法解释（一）》第9条规定："一方当事人故意制造涉外民事关系的连结点，规避中华人民共和国法律、行政法规的强制性规定的，人民法院应认定为不发生适用外国法律的效力。"从上述司法解释中可以看出，我国在法律规避效力上的立场是：明确否认规避我国法律的行为的效力，对于规避外国法律的行为是否有效不作明确规定。与《民通意见》相比，《〈法律适用法〉司法解释（一）》强调法律规避的对象不仅包括法律中的强制性规定，也包括行政法规中的强制性规定，范围有所扩大；同时，它明确规定，法律规避的行为须出于故意。

经典案例

"吴某庆与希美克（广州）实业有限公司、美国比达利公司职务发明创造发明人报酬纠纷案"

3-1

一、基本案情

吴某庆在希美克（广州）实业有限公司（以下简称"希美克公司"）工作期间完成了"防止锁闭的防风门插芯锁"的职务发明创造。2003年12月5日，吴某庆签署了专利申请权转让书，向美国比达利公司（Betteli Limited）转让该发明在美国、美国领属地以及所有外国的与发明有关的一切权益。但比达利公司就该专利申请权转让未向吴某庆或希美克公司支付任何转让对价。

比达利公司于2003年12月9日将案涉职务发明创造在美国申请发明专利，发明人列明为吴某庆。希美克公司和比达利公司未将案涉职务发明创造在美国以外的国家申请过其他专利。其后，比达利公司委托希美克公司在中国境内制造使用案涉专利的产品，再由希美克公司将这些产品全部出口至美国，提供给比达利公司进行销售。比达利公司称，由于案涉专利对应技术在中国境内未申请专利，故无须就希美克公司的生产行为进行专利授权许可。鉴此，希美克公司和比达利公司之间采用订单方式完成委托生产以及出口。

吴某庆认为，根据《中华人民共和国专利法实施细则》等相关规定，希美克公司通过实施案涉发明生产了相关产品并获利，由此需要支付相关报酬给自己。他为此多次要求希美克公司支付职务发明的发明人报酬，希美克公司则以该专利属于美国专利而美国专利法无职务发明报酬规定为由拒绝支付。吴某庆因此于2016年诉至广东省广州知识产权法院（以下简称"广州知产法院"），要求希美克公司和比达利公司支付发明人报酬。另查明，希美克公司与比达利公司为关联公司。

对于吴某庆的起诉，希美克公司辩称，案涉专利为美国专利，应适用美国专利法而非中国专利法中关于职务发明创造奖励和报酬的规定。根据美国专利法，专利申请权属于发明人，因而没有职务发明创造的发明人报酬的相关规定；比达利公司与吴某庆已签订了专利申请权转让书，吴某庆再主张职务发明报酬没有依据。比达利公司辩称，首先，吴某庆不是其员工，不能主张职务发明报酬；其次，每个国家的专利制度相互独立，案涉专利为美国专利，应适用美国专利法而非中国专利法。

本案的首要争议焦点在于应适用中国法律还是美国法律进行审理。广州知产法院认为，两被告援引美国专利法的规定拒绝向原告支付职务发明人报酬，属于国际私法上的法律规避，不发生适用美国法的效力。基于此，广州知产法院认为应适用中国法认定当事人之间在支付报酬上的权利义务。故法院根据《中华人民共和国专利法》（2008年修正，以下简称"《专利法》"）的相关规定判决被告希美克公司向吴某庆支付发明人报酬30万元人民币。

希美克公司和比达利公司不服该判决，向广东省高级人民法院（以下简称"广东高院"）提起上诉。广东高院经审理认为，"中国境内不仅是吴某庆的工作地，也是案涉职务发明创造的产生地与完成地。这种在中国境内完成的发明创造活动，依法受到中国专利法的调整。一审法院综合考虑希美克公司制造销售包含案涉专利零件的产品数量、经济效益、案涉专利有效期、吴某庆主张的是一次性报酬等案件实际情况，酌定希美克公司支付职务发明创造的发明人报酬30万元，并无不当。"据此，广东高院裁定驳回上诉，维持原判。

二、法律问题

本案被告之一是美国公司，案涉专利为在美国申请的专利，故本案为涉外知识产权纠纷。吴某庆在希美克公司工作期间完成了一项发明创造，并签署了专利申请权转让书，将该专利转让给了美国比达利公司。比达利公司在美申请了专利且未支付吴某庆任何费用。下列问题遂成为本案焦点问题：

（1）本案实体问题应适用何国法律？

（2）比达利公司在美国申请专利之后，吴某庆是否可以在国内申请专利？

（3）若应支付职务发明人报酬，依据我国法律，本案负有支付义务的主体是谁？

三、法理分析

1. 本案应适用的法律

《专利法》（2008）第6条第1款规定："执行本单位的任务或者主要是利用本单位的物质技术条件所完成的发明创造为职务发明创造。职务发明创造申请专利的权利属于该单位；申请被批准后，该单位为专利权人。"第16条规定："被授予专利权的单位应当对职务发明创造的发明人或者设计人给予奖励；发明创造专利实施后，根据其推广应用的范围和取得的经济效益，对发明人或者设计人给予合理的报酬。"本案中，吴某庆的发明创造属于职务发明创造，按照中国法上的规定，其应获得合理报酬。美国专利成文法没有职务发明报酬制度的规定。美国判例法倾向认为，职务发明是基于劳动合同关系在职务发明人履行职务过程中产生的，雇员根据被雇佣的目的从事特定发明任务或解决特殊技术问题的发明成果归属于雇主。雇主已经付出了工资，职务发明人不应该享有另外的报酬。[1]因此，对于希美克公司而言，适用美国法律比适用中国法律更为有利。

适用中国法和适用美国法显然会导致不同的结果，但比达利公司通过签署专利权申请转让书的方式获得专利申请权后再在美国申请专利，并在此之

---

〔1〕　刘鑫："美国职务发明预先转让协议的考察与启示"，载《科学管理研究》2018年第2期。

后委托职务发明人所在企业希美克公司进行生产，最后再将产品出口至美国的这一做法明显与国际通行惯例不一致，这让人有理由怀疑它在美国申请专利的主观动机。鉴此，本案的关键在于希美克公司这一反常态的做法是否构成国际私法上的法律规避。

《〈法律适用法〉司法解释（一）》（2013）第11条规定："一方当事人故意制造涉外民事关系的连结点，规避中华人民共和国法律、行政法规的强制性规定的，人民法院应认定为不发生适用外国法律的效力。"从主观上来看，希美克公司没有采取直接在中国申请专利，继而在中国国内进行生产再出口这一符合常理的方式，而是通过要求原告签署转让书的方式使专利申请权转让至其位于美国的关联公司，再根据美国公司的委托在国内生产并出口，这种行为明显具有制造涉外民事关系连结点的主观故意。根据《法律适用法》第50条的规定："知识产权的侵权责任，适用被请求保护地法律，当事人也可以在侵权行为发生后协议选择适用法院地法律。"据此，若希美克公司直接在中国申请专利，进而在国内进行生产再出口且未向原告支付报酬，则该发明创造获得中国专利，被请求保护地自然为中国，应适用中国法。但是，希美克公司要求原告签署转让书，将专利申请权转让至其位于美国的关联公司，使案涉专利成为美国专利，在这种情况下，对原告是否具有职务发明创造报酬获得权的问题应适用美国法。两被告的行为使案涉专利成为美国专利，经我国冲突规范指引，将导致适用对被告有利的美国法作为准据法的结果，规避了本应适用的中国《专利法》中关于职务发明创造报酬的强制性支付义务，明显损害原告利益。因此，本案被告方的行为属于法律规避，依据《〈法律适用法〉司法解释（一）》（2013）第11条的规定应认定不发生适用美国法的效力，应转而适用我国法律。

2. 吴某庆是否能在国内申请专利

案涉专利未在我国申请专利，吴某庆作为发明人是否可以在我国申请专利，进而对希美克公司以及比达利公司在中国的行为进行某种限制呢？《专利法》（2008）第22条规定："授予专利权的发明和实用新型，应当具备新颖性、创造性和实用性。新颖性，是指该发明或者实用新型不属于现有技术；也没有任何单位或者个人就同样的发明或者实用新型在申请日以前向国务院专利行政部门提出过申请，并记载在申请日以后公布的专利申请文件或者公告的专利文件中。创造性，是指与现有技术相比，该发明具有突出的实质性特点和显著的进步，该实用新型具有实质性特点和进步。实用性，是指该发明或者实用新型能够制造或者使用，并且能够产生积极效果。本法所称现有技术，是指申请日以前在国内外为公众所知的技术。"

据此，职务发明创造的发明人获得报酬的基本要件应当是发明人在中国境内的用人单位完成职务发明创造，并且用人单位通过实施该职务发明创造而获利。本案被告在专利申请权转让之后于美国申请专利，已令案涉职务发明创造在美国先行获得专利权并在中国进行了生产，故已属于现有技术，已不具备新颖性，不能在我国申请专利。此外，《专利法》（2008）第 6 条第 1 款规定："执行本单位的任务或者主要是利用本单位的物质技术条件所完成的发明创造为职务发明创造。职务发明创造申请专利的权利属于该单位；申请被批准后，该单位为专利权人。"可见，职务发明创造的专利申请权并不属于发明人，从这一角度而言，原告也不能在中国申请专利。

3. 本案支付职务发明报酬的主体

《专利法》（2008）第 16 条规定："被授予专利权的单位应当对职务发明创造的发明人或者设计人给予奖励；发明创造专利实施后，根据其推广应用的范围和取得的经济效益，对发明人或者设计人给予合理的报酬。"

一般来说，在司法实践中，被授予专利权的单位即为用人单位，但如果用人单位并未申请专利，而是将专利申请权转让给他人进行申请并由其获得专利权时，我国法律并未明确规定在此种情形下支付职务发明报酬的义务主体。若严格按照我国法律，希美克公司作为用人单位，并非被授予专利权的单位，无须支付职务发明报酬；比达利公司虽为被授予专利权的单位，但并非用人单位，与原告无劳动关系，最终将导致发明人得不到报酬。这显然不符合我国职务发明创造报酬制度的立法宗旨。我国法律关于职务发明的相关条文，其立足点在于用人单位既已通过实施发明创造获得实际利益，就应保护发明人作为劳动者的相关合法权益，因此应由与发明人具有劳动关系的希美克公司支付报酬。此外，若被告没有实施法律规避的行为，按照正常程序直接在中国申请专利，也本应由希美克公司支付职务发明报酬。因此，在职务发明创造发明人报酬的法律关系中承担支付发明人报酬的责任主体应当是用人单位，而非受让专利申请权或专利权的第三人。

四、参考意见

本案涉及国际私法上的法律规避问题。在这一问题上，本案审理法院认为，被告规避我国法律关于职务发明报酬的强制性规定，构成法律规避，因而不发生适用外国法的效力。

由此可以引发一些对我国法律规避制度的思考。首先，我国虽然通过司法解释弥补了这一制度在立法上的缺失，但其作为一项与强制性规范、公共秩序保留并列存在的重要制度，其并未如后两者一样在立法中予以规定，法律规避制度应有的权威性因而被削弱。我们认为，未来有必要在立法中对法律规避制度予以规定。其次，我国司法解释中只明确否认规避我国法律的行为的效力，对于规避外国法律的行为是否有效未作明确规定。这确是一种比较灵活的态度和立场，但由于没有统一指导标准，具体交由法官视案情予以判定，这种过大的自由裁量权可能导致同案不同判的现象。最后，《〈法律适用法〉司法解释（一）》第9条规定了"一方当事人"故意制造连结点规避我国的强制性规定的行为无效。那么，如果是双方当事人合意规避我国的强制性规定，此时是否满足《〈法律适用法〉司法解释（一）》中关于法律规避的要求呢?[1]

此外，认定某一行为属于法律规避，法官须从主观意图、规避对象、行为表现及客观结果等方面判断其是否满足法律规避的构成要件。这4项中，规避对象、行为表现及客观结果在认定上相对容易，但当事人规避法律的主观意图通常较难判定，而这又是法律规避区别于公共秩序保留和强制性规范的最突出特点。本案中，被告规避我国法律中强制性规定的意图较为明显，但并非所有案件都能够轻易查明当事人确有规避的主观目的。因此，我们认为，在司法实践中，法院应谨慎判断，注重说理的充分性，合理运用法律规避制度，才能实现该制度设立的目的。

五、思考题

（1）假设并非当事人一方而是双方通过约定，故意制造涉外民事关系的

---

[1] 霍政欣：《国际私法学》，中国政法大学出版社2020年版，第122页。

连结点，规避我国法律、行政法规的强制性规定，其效力如何？

（2）归纳国际私法上法律规避、强制性规范与公共秩序保留的异同（如构成要件、保护对象、行为性质、后果等方面）。

拓展案例

"中国银行（香港）有限公司诉广西壮族
自治区商务厅等担保纠纷案"

3－2

一、基本案情

1995年1月11日，广西壮族自治区商业厅（以下简称"商业厅"）为华桂有限公司（以下简称"华桂公司"）向金某银行香港分行所借的2000万元港币贷款及利息和其他应付款项提供担保并出具了《不可撤销担保函》（以下简称"95年担保函"），并承诺该担保函是不可撤销的、无附带条件的。后商业厅变更为广西壮族自治区贸易厅（以下简称"贸易厅"），贸易厅于1998年4月27日再次作为华桂公司的保证人与金某银行香港分行签订《不可撤销保证合同》（以下简称"98年保证合同"），合同内容与1995年担保函大体一致，保证期间更改为从该合同签订之日（1998年4月27日）至所有担保债务已经清偿或贷款人书面要求保证人清还担保债务当日起计6年止（以较后者为准）。

截至1999年3月31日，华桂公司尚欠部分贷款，已累计向金某银行香港分行透支港币1 277 437.71元。2001年10月1日，金某银行香港分行通过重组并入中国银行（香港）有限公司（以下简称"中银香港公司"），金某银行香港分行的权利义务由中银香港公司继受。

中银香港公司于2002年4月12日就华桂公司所欠金某银行香港分行的债

务向香港特别行政区高等法院提起诉讼，香港特别行政区高等法院于 2002 年 5 月 16 日作出判决，判令华桂公司向中银香港公司支付港币 29 440 873.79 元。该判决载明，该 29 440 873.79 元包括 3 笔款项及其至判决之日的利息。但因华桂公司资产不足，在公司清盘过程中没有向任何债权人偿还债务，该公司于 2005 年 2 月 22 日被香港特别行政区高等法院解散。

后中银香港公司委托律师寄函至贸易厅，要求贸易厅清还本金 19 922 637.78 元港币及其至实际清偿日依贷款协议应付的利息、相关费用等。2004 年 5 月 9 日，广西壮族自治区贸易行业管理办公室（以下简称"贸易行业办"）发函至中银香港公司，称因商业厅、贸易厅撤销，机构变更为贸易行业办，失去支付能力，请求按华桂公司 2000 万元贷款本金的 10% 即 200 万元人民币向该行清偿。此函加盖了贸易行业办公章，刘某纶亦在该函件上签了名。

2005 年 6 月 23 日，刘某纶、贸易行业办与中银香港公司签订一份《还款协议书》，其主要内容为：①三方确认截至 2004 年 12 月 15 日，华桂公司尚欠中银香港公司贷款本息及相关费用合计港币 34 000 505.39 元。②刘某纶、贸易行业办确认应对借款人的上述债务承担偿还义务，但考虑到实际情况，中银香港公司同意刘某纶、贸易行业办按如下期限及金额履行还款义务：协议签署当日偿还人民币 50 万元；2005 年 1 月 1 日至 2005 年 12 月 31 日偿还人民币 150 万元。③刘某纶、贸易行业办对以上款项承担连带清偿责任；履行以上还款责任后，即免除刘某纶、贸易行业办为华桂公司向中银香港公司借款的全部法律责任；如刘某纶、贸易行业办未能依照确定的还款时间支付任何一期欠款，则协议自动解除，各方的权利义务恢复到协议签署前的状态，刘某纶、贸易行业办根据该协议已支付的款项不予退回，但在借款人欠款总额中扣除，中银香港公司有权依照确认的全部金额向刘某纶、贸易行业办及姜某平主张权益。中银香港公司及贸易行业办在该协议上加盖了公章，刘某纶作为合同的一方当事人以及贸易行业办的代表在该协议上签了名。

该协议签订后，中银香港公司因只收到还款人民币 50 万元，故向广西壮族自治区高级人民法院（以下简称"广西高院"）提起诉讼，主张《还款协议书》自动解除，请求判令贸易行业办、刘某纶等共同对华桂公司拖欠的 19 922 637.78 元港币的贷款本金及其利息承担连带清偿责任并承担本案诉讼费、律师费等。

　　该案主要涉及担保合同的效力问题。对此，广西高院首先需要判断本案适用何地法律作为准据法。广西高院对该问题的论述如下：

　　中银香港公司主张依据98年保证合同第13条"本合同根据香港特别行政区法律解释，香港特别行政区法院对本合同拥有非专属管辖权，唯本合同任何一方可在内地法院提出诉讼"的约定，本案应适用香港特别行政区法律认定98年保证合同有效，并提供了香港律师行出具的关于本案如何适用香港法律的意见书，其他各方当事人则主张适用内地法律。本案为担保中的保证纠纷，《中华人民共和国担保法》（以下简称"《担保法》"）第8条规定，国家机关不得为保证人；《最高人民法院关于适用〈中华人民共和国担保法〉若干问题的解释》（以下简称"《〈担保法〉司法解释》"）第3条规定，国家机关违反法律规定提供担保的，担保合同无效；第6条第1项规定，未经国家有关主管部门批准或者登记对外担保的，担保合同无效。以上规定均属法律强制性规定。根据《法律适用法》第4条，"中华人民共和国法律对涉外民事关系有强制性规定的，直接适用该强制性规定"和最高人民法院《关于审理涉外民事或商事合同纠纷案件法律适用若干问题的规定》第6条，[1]"当事人规避中华人民共和国法律、行政法规的强制性规定的行为，不发生适用外国法律的效力，该合同争议应当适用中华人民共和国法律"，第11条，"涉及香港特别行政区、澳门特别行政区的民事或商事合同的法律适用，参照本规定"的规定，本案应适用我国内地法律审理。

　　广西高院遂依照我国《担保法》第8条和《〈担保法〉司法解释》第3条、第6条第1项、第32条第2款的规定，判决驳回中银香港公司的诉讼请求。中银香港公司不服该判决，向最高法院提起上诉。经审理，最高法院维持了一审的法律适用与裁判逻辑，判决维持原判。

二、法律问题

　　（1）本案应适用何地法律审查本案各担保合同或保函的效力？

　　（2）本案是否存在国际私法上所规定的强制性规范或法律规避的情形？

---

　　〔1〕　因与《法律适用法》相冲突，该司法解释已于2013年4月8日被最高法院废止。

（3）贸易行业办是否应承担担保责任？

三、重点提示

由于机构变更，商业厅先后变更为贸易厅、贸易行业办，其是否需要承担担保责任的关键在于担保合同的效力。从两审法院判决书的论述可知，广西高院认为，本案同时符合强制性规范与法律规避的构成要件，故同时适用了内地法律中关于强制性规范和法律规避的规定，适用内地法律审理本案。最高法院在上诉审中也认可了这一裁判逻辑。不过，从学理上分析，在涉外案件的处理上，法院是否应同时适用强制性规范和法律规避，是一个值得商榷的问题。由此，解答本案的法律问题，应考虑本案是否存在适用强制性规范的情形以及是否构成法律规避，法院是否应同时适用这两种制度。

公共秩序保留

📖 知识概要

"公共秩序保留"（Reservation of Public Order），在英美法国家又称"公共政策"（Public Policy），是指一国法院依其冲突规范本应适用外国法时，或者依法应该承认与执行外国法院判决或外国仲裁机构仲裁裁决时，或者依法应该提供司法协助时，因这种适用、承认与执行或者提供司法协助会与法院地国的重大利益、基本政策、道德的基本观念或法律的基本原则相抵触而有权排除和拒绝的保留制度。[1]不同国家的学者对公共秩序的含义、作用和地位持不同的观点。大陆法系的学者一般从法律分类的角度揭示公共秩序保留制度，英美法系学者则习惯于探讨法院适用公共秩序保留制度的条件。而关于公共秩序保留的实际司法标准，即究竟何为违反公共秩序，又分为"主观说"与"客观说"两种观点："主观说"认为只要某一外国法规定本身与法院地的公共秩序相抵触，就可以排除该外国法的适用；"客观说"不注重外国法本身而注重个案是否违反法院地的秩序。在本专题中，我们着重讨论公共秩序保留在法律适用领域的运用，其在国际司法协助领域的运用，留待该专题再行讨论。

我国1986年颁布的《中华人民共和国民法通则》（以下简称"《民法通则》"）第150条规定："依照本章规定适用外国法律或者国际惯例的，不得违背中华人民共和国的社会公共利益。"[2]这是我国立法第一次在国际私法领域

---

〔1〕 霍政欣：《国际私法学》，中国政法大学出版社2020年版，第132页。

〔2〕 《民法通则》于2021年1月1日随着《民法典》的生效同步废止，《民法典》中删除了该条规定的相关内容。

对公共秩序保留作出规定。此后，我国在《中华人民共和国海商法》（以下简称"《海商法》"）、《中华人民共和国民用航空法》（以下简称"《民用航空法》"）等单行法规中也规定了公共秩序保留。

2010 年《法律适用法》第 5 条规定："外国法律的适用将损害中华人民共和国社会公共利益的，适用中华人民共和国法律。"这一条款与前述条款相比，首先将国际惯例排除在公共秩序保留的范围之外，其次明确采用了"客观说"，即当外国法适用的结果与我国公共秩序相违背时，该外国法才能被排除适用，从而减少了法官在司法实践中滥用公共秩序保留制度的可能。事实上，2010 年以前的司法实践证明，我国法院对公共秩序保留的援引主要见于地方审理的案件。法院在这类案件中，既不探究外国法的内容，也不关注外国法的适用后果，存在滥用这一制度的倾向。[1]《法律适用法》关于公共秩序保留的规定显示了立法的进步。

📚 经典案例

"徐某与胡某生确认合同效力纠纷案"

4－1

一、基本案情

徐某与胡某生均为我国内地居民。2012 年 1 月，二人在我国澳门特别行政区签订合作协议，共同投资港币 20 000 000 元用于澳门特区博彩业转码经营服务。协议中约定："①甲（胡某生）、乙（徐某）双方各出资港币 10 000 000 元，合同签订 3 日内，乙方的资金汇入甲方指定的账户。②该出资用于甲方指定的澳门特别行政区贵宾厅转码，所获取码粮（注：即码佣），除

---

〔1〕 肖永平、龙威狄："论中国国际私法中的强制性规范"，载《中国社会科学》2012 年第 10 期。

费用外各占 50%，每月分红……④资金放置于贵宾厅个人账户上，随时可以各自收回，甲乙双方需提前 5 天告知……以上协议双方共同遵守，如任何一方违约，需承担违约责任，并赔偿对方损失，支付合作协议总额 50% 的违约金给对方。"合同签订后，徐某于 2012 年 1 月 21 日汇款 8 181 000 元给胡某生。随后，二人共赴澳门特别行政区参与经营活动。徐某在协议签订后收到了胡某生给付的分红款人民币 500 000 元。后徐某认为，其在经营中被拒绝参与管理经营、了解经营情况和按约定获得分红，故诉至贵州省贵阳市中级人民法院（以下简称"贵阳中院"），提出以下诉请：①解除双方签订的合作协议；②胡某生返还徐某投资款，并支付违约金；③诉讼费由胡某生承担。

贵阳中院认为，原被告之间的合同系在澳门特别行政区签订，合同的主要经营活动也发生在澳门特区，根据《〈法律适用法〉司法解释（一）》(2013) 第 19 条的规定，本案应参照适用《法律适用法》的规定。根据双方当事人的陈述，贵阳中院认为二人在澳门特别行政区进行的经营活动，其实质是为赌客提供资金（筹码），并帮助赌客将筹码兑换为现金的赌博中介活动。贵阳中院进一步认为，依据我国内地法律的规定，这种行为属于非法行为。然而，澳门特别行政区《民法典》则规定赌债为债务之渊源，澳门特别行政区《娱乐场幸运博彩经营法律制度》第 23 条亦规定，"从事博彩中介活动须领取准照且须受政府之监督"，故原被告的行为于澳门特别行政区应属合法。

关于本案法律适用的问题，贵阳中院认为，根据《民法通则》第 145 条和《合同法》第 126 条的规定，[1]本案应适用与案涉合同具有最密切联系地法律。同时，贵阳中院判断，与本案合同具有最密切联系的应为我国澳门特区。但是，贵阳中院认为，如果本案适用澳门特别行政区法律，会明显违背

---

[1]《民法通则》第 145 条规定："涉外合同的当事人可以选择处理合同争议所适用的法律，法律另有规定的除外。涉外合同的当事人没有选择的，适用与合同有最密切联系的国家的法律。"《民法典》于 2021 年 1 月 1 日生效，《民法通则》同步废止。《民法典》中删除了《民法通则》第 145 条的相关规定。《合同法》第 126 条规定："涉外合同的当事人可以选择处理合同争议所适用的法律，但法律另有规定的除外。涉外合同的当事人没有选择的，适用与合同有最密切联系的国家的法律。在中华人民共和国境内履行的中外合资经营企业合同、中外合作经营企业合同、中外合作勘探开发自然资源合同，适用中华人民共和国法律。"《合同法》随《民法典》的生效同步废止，《合同法》第 126 条的规定由《民法典》第 467 条规定取代。

我国内地的社会公共利益。故贵阳中院根据《民法通则》第 150 条关于公共秩序保留制度的规定，认为本案应适用内地法律。据此，贵阳中院认为原告诉求不属于合法的民事权利，根据《民法通则》第 5 条之规定，[1]不受法律保护，应予驳回。

法院宣判后，徐某不服，向贵州省高级人民法院（以下简称"贵州高院"）提起上诉。贵州高院认为，本案确应适用我国内地法律，但一审法院适用的法律逻辑有误。贵州高院进一步指出：首先，应优先适用《法律适用法》第 41 条的规定确定本案本应适用的法律为澳门特别行政区法律；其次，在适用澳门特别行政区法律会造成违背内地社会公共秩序和善良风俗的情况下，应根据《法律适用法》第 5 条的规定适用内地法律。在确定适用内地法律的基础上，贵州高院认为一审法院适用法律错误，贵州高院认为本案适用《民法通则》第 5 条将导致显失公平，应根据《合同法》第 52 条第 4 项、第 58 条及《民法通则》第 92 条的规定作出裁判。[2]贵州高院遂根据上述法律规定判决：撤销一审判决，胡某生返还徐某扣除分红后的剩余投资款 7 681 000 元及相应利息，诉讼费用由二人共同承担。

二、法律问题

本案的合同签订地、履行地为澳门特别行政区，故本案为涉澳合同纠纷，应参照我国有关涉外民事案件的程序和法律进行审理。徐某与胡某生共同出资在澳门特别行政区为博彩业消费者提供转码经营服务，后双方合作出现问题，徐某要求解除合同。下列问题为本案焦点：

---

〔1〕《民法典》生效后，《民法通则》第 5 条规定由《民法典》第 3 条取代。

〔2〕《合同法》第 52 条规定："有下列情形之一的，合同无效：①一方以欺诈、胁迫的手段订立合同，损害国家利益；②恶意串通，损害国家、集体或者第三人利益；③以合法形式掩盖非法目的；④损害社会公共利益；⑤违反法律、行政法规的强制性规定。"《合同法》该条规定已由 2017 年 10 月 1 日生效的《民法总则》第 148、150、153、154 条所取代；2021 年 1 月 1 日，再被生效的《民法典》第 148、150、153、154 条取代。《合同法》第 58 条规定："合同无效或者被撤销后，因该合同取得的财产，应当予以返还；不能返还或者没有必要返还的，应当折价补偿。有过错的一方应当赔偿对方因此所受到的损失，双方都有过错的，应当各自承担相应的责任。"《合同法》该条规定已由 2017 年 10 月 1 日生效《民法总则》第 157 条所取代；2021 年 1 月 1 日，再被生效的《民法典》第 157 条取代。《民法通则》第 92 条规定："没有合法根据，取得不当利益，造成他人损失的，应当将取得的不当利益返还受损失的人。"《民法典》已于 2021 年 1 月 1 日生效，《民法通则》同步废止，《民法典》中删除了该条规定的相关内容。

（1）在援用公共秩序保留制度之前，本案应适用何地法律？贵阳中院确定本案法律适用的过程是否正确？

（2）试分析排除澳门特区法律适用的理由。

（3）胡某生是否应返还徐某投资款？

三、法理分析

1. 本案应适用的法律

《〈法律适用法〉司法解释（一）》第1条规定："民事关系具有下列情形之一的，人民法院可以认定为涉外民事关系：①当事人一方或双方是外国公民、外国法人或者其他组织、无国籍人；②当事人一方或双方的经常居所地在中华人民共和国领域外；③标的物在中华人民共和国领域外；④产生、变更或者消灭民事关系的法律事实发生在中华人民共和国领域外；⑤可以认定为涉外民事关系的其他情形。"第19条规定："涉及香港特别行政区、澳门特别行政区的民事关系的法律适用问题，参照适用本规定"。据此，本案所涉合同系在澳门特别行政区签订，合同的主要履行地也在澳门特别行政区，属于产生、变更或者消灭民事关系的法律事实涉及澳门特别行政区的情形，法院应参照内地法律关于涉外民事法律关系的法律审理这一案件。

在本案的法律适用问题上，贵阳中院认为，应当依据《民法通则》第145条以及《合同法》第126条的规定予以确定。但《法律适用法》第41条规定："当事人可以协议选择合同适用的法律。当事人没有选择的，适用履行义务最能体现该合同特征的一方当事人经常居所地法律或者其他与该合同有最密切联系的法律。"《法律适用法》的这一条规定显然也适用于本案的情形，那么，究竟应根据何部法律确定本案的准据法呢？

针对这一问题，《法律适用法》第2条第1款规定："涉外民事关系适用的法律，依照本法确定。其他法律对涉外民事关系法律适用另有特别规定的，依照其规定。"《〈法律适用法〉司法解释（一）》第3条第1款规定，"涉外民事关系法律适用法与其他法律对同一涉外民事关系法律适用规定不一致的，适用涉外民事关系法律适用法的规定，但《中华人民共和国票据法》《中华人民共和国海商法》《中华人民共和国民用航空法》等商事领域法律的特别规定以及知识产权领域法律的特别规定除外"。据此，在不同法律对如何确定准据法规定不一致的情况下，应根据"特别法优于普通法"的原则确定法律适用的依据。就本案而言，相较于《民法通则》《合同法》，《法律适用法》系特别法，应予优先适用。由此可见，一审法院在确定本案准据法时适用法律不当，应根据《法律适用法》确定本案的准据法。

根据《法律适用法》第 41 条，本案应适用最密切联系地法律。本案中，双方当事人对合同适用的法律并无约定，而案涉合同的签订地，尤其是营业活动发生地（即合同的实际履行地）在澳门特别行政区，所以，与该合同有最密切联系的法律应为澳门特别行政区法律。

2. 排除澳门特区法律适用的理由

本案双方当事人签订协议所从事的经营行为实质是为赌客提供资金（筹码），并帮助赌客将筹码兑换为现金的赌博中介活动，这种行为在澳门特别行政区属于博彩中介服务的一种，而在内地则属于为赌博提供直接帮助的行为。《法律适用法》第 5 条规定："外国法律的适用将损害中华人民共和国社会公共利益的，适用中华人民共和国法律。"如果我国内地法院承认这样的"经营行为"合法有效，会产生鼓励赌博行为的司法效果，这显然与内地的社会公共秩序和善良风俗相违背。因此，本案排除澳门特别行政区法律的适用，转而适用内地法律。

贵阳中院根据《民法通则》第 150 条关于公共秩序保留制度的规定，排除澳门特区法律，适用内地法。虽然援用公共秩序保留排除澳门特别行政区法律本身并无问题，但我们认为，在《法律适用法》已经实施的情况下，应优先适用该法的相关规定。

3. 胡某生是否应返还徐某投资款

在确定本案应适用内地法律而非澳门特别行政区法律之后，法院需要进一步确定徐某与胡某生之间的合同法律关系。《合同法》第 52 条第 4 项规定，损害社会公共利益的合同无效。本案中，双方当事人签订的合同违背社会公共利益，应为无效。当存在专门调整合同之债法律关系的法律规定时，应优先适用此规定审理合同纠纷。因此，二审法院贵州高院认为，贵阳中院根据《民法通则》第 5 条的规定判定徐某与合同有关的权利不应受到保护，是不合理的；同时，以此种方式否认当事人的胜诉权，将使不诚信的相对方不正当地获得巨大利益，这显失公平。故贵州高院认为，双方签订的合作协议为无效的合同，徐某提出解除合同的诉讼请求不应当支持。

《合同法》第58条规定："合同无效或者被撤销后，因该合同取得的财产，应当予以返还；不能返还或者没有必要返还的，应当折价补偿。有过错的一方应当赔偿对方因此所受到的损失，双方都有过错的，应当各自承担相应的责任。"在本案中，因案涉合同无效，胡某生合法取得该笔款项的原因已不复存在，理应按照前述法律规定予以返还。但是，徐某作为具有完全民事行为能力的内地公民，理应了解商业活动所应遵循的规范和所具备的风险，更应认识到其与胡某生相约从事的行为不仅与内地公共秩序和善良风俗相悖，更有可能违反法律规定。因此，徐某本身对合同无效具有过错，应自行承担相应的责任，不得因合同无效而要求胡某生支付违约金。鉴此，贵州高院判令胡某生返还徐某扣除分红后的剩余投资款7 681 000元及相应利息。

四、参考意见

本案涉及公共秩序保留问题。在这一问题上，贵阳中院和贵州高院均认为，当事人双方合同中的"经营行为"在我国内地被视为为赌博提供直接帮助的行为，如适用澳门特别行政区法律承认该合同合法有效，会损害内地的社会公共秩序，对社会倡导的价值观造成冲击，违背公序良俗，因此，援用公共秩序保留制度排除澳门特区法律的适用，转而适用内地的法律。

需要说明，尽管相对于《民法通则》第150条，《法律适用法》关于公共秩序保留的规定有所进步，但仍然存在不足。该法第5条规定："外国法律的适用将损害中华人民共和国社会公共利益的，适用中华人民共和国法律。"在措辞上，该条使用的是"社会公共利益"这一非正式的表述，而非法律术语——"公共秩序"。从语义上看，"公共秩序"与"社会公共利益"的具体含义并不相同，前者包括法律的基本原则、道德的基本观念，因此涵盖的内容比后者更加广泛。公共秩序保留制度的最大特点就在于其定义的不确定性，这固然有利于在司法实践中增加其适用上的灵活性，但同时也意味着存在被滥用的风险。我国立法关于公共秩序保留的这种非正式的表述，更加重了其含义的不确定性，不利于这一制度在司法实践中得到恰当的运用。[1]

---

〔1〕　霍政欣：《国际私法学》，中国政法大学出版社2020年版，第141页。

此外，《法律适用法》规定，在适用公共秩序保留制度排除外国法的适用之后，一律适用我国法律。这一规定容易导致法官为适用自己更为熟悉的本国法，而援用公共秩序保留制度将本应得到适用的、未明显损害我国公共秩序的外国法加以排除，从而导致公共秩序保留制度的滥用。在我国法律对"公共秩序"含义的规定并不明确的现状下，这种滥用对于法院来说更加容易。因此，我们认为，在根据公共秩序保留排除外国法的适用之后，适用最密切联系地法律更为合适，这有利于防止公共秩序制度被滥用，发挥这一制度作为适用外国法例外的功用。

还须强调，国内公共秩序与国际私法上的公共秩序的含义也不相同，只有对法院地国具有重大影响的国内公共秩序，才可能成为国际私法意义上的公共秩序。因此，在国际私法案件中运用公共秩序保留制度排除外国法的适用，应当对公共秩序适用的条件和范围进行严格限制，否则将会阻碍已成立的国际民商事法律关系在另一国的继续有效，不利于国际民商事的交往。

五、思考题

（1）如果我国法律规定，法院援引公共秩序保留排除外国法后应适用最密切联系地的法律，那么，本案应如何适用法律？判决结果是否不同？

（2）你认为国际惯例是否有必要作为公共秩序保留的对象？

🗂 拓展案例

"谭某诉易某华遗嘱纠纷案"

4 - 2   4 - 3

一、基本案情

李某演与吴某快育有李某兴等三子女，李某演于 1959 年 4 月 6 日死亡，吴某快于 2012 年 11 月 12 日死亡。李某兴持有美国护照，但在我国台湾地区亦登记有户籍记录。

李某兴与首任妻子洪某华生育有两女；与第二任妻子张某瑜未育有子女，二人于 1996 年 2 月 8 日在美国离婚。谭某与李某兴于 2000 年 11 月 14 日生育一子李某，并于李某出生次日在上海市民政局登记结婚。2002 年 12 月 13 日，李某兴又与易某华（新加坡籍）在新加坡登记结婚，婚后未生育子女。

李某兴因病于 2009 年 6 月 6 日在台北市死亡，他曾于该年 5 月 29 日在当地立有代笔遗嘱一份，该遗嘱载明："立遗嘱人李某兴与易某华于新加坡结婚，今因本人罹患疾病，为求慎重，邀游某铿先生、罗某娟小姐、徐某小丽女士到场见证，并由游某铿先生代笔，依本人意思规划身后事如下：①于中国大陆上海市长宁区天山路的 3 套房系与妻子易某华共有，本人持份将全数留给易某华。②本人在中国大陆各银行存款户头遗留金钱均亦全数留给妻子易某华。以上意旨由立遗嘱人阐述游某铿先生笔记，宣读，讲解，罗某娟、徐某小丽见证，符合民法代笔遗嘱之规定，于台北市荣民总医院××病房××病床作成。"

据悉，天山路的这 3 套房屋均登记为李某兴、易某华共同共有。李某兴去世后，易某华实际偿还 3 套房屋购房的贷款共计 457 679.09 元。

天山路的其中一套房屋曾出租给美国迪尔吉斯有限公司上海代表处，出租方为易某华，约定租金 11 661 元，租赁期限为 2011 年 10 月 16 日至 2014 年 10 月 15 日。2012 年 1 月 18 日，易某华依据上海市东方公证处出具的公证书将该套房屋申请变更登记为其所有。次年 4 月 12 日，易某华与毕某签订房屋买卖合同，将此房屋以 225 万元价格出售，并约定于当月 15 日交接房屋。

天山路另两套房屋曾由李某兴与上海海奔实业公司签订租赁合同，约定租赁期限为 2008 年 3 月 1 日至 2011 年 2 月 28 日，每月租金 13 350 元。2010 年 12 月 15 日该套房屋由他人用李某兴的印章签约续租，约定租金 14 418 元每月，约定租赁期限为 2011 年 3 月 1 日至 2013 年 2 月 28 日，后又续约至 2015 年 2 月 28 日，约定租金为 14 952 元每月。

2016 年，谭某及其子李某以易某华为被告向上海市长宁区人民法院（以下简称"长宁法院"）提起诉讼，提出如下诉请：①2002 年李某兴与易某华在新加坡注册登记结婚，已共同构成重婚，应属无效婚姻；②天山路 3 套房屋系用谭某与李某兴的共同财产购买，故一半产权份额应归谭某所有；③李庆兴的遗嘱侵害了其子李某未成年人的继承权，且违反大陆法律，未对缺乏劳动能力又没有生活来源的继承人保留必要的遗产份额，且该遗嘱违背公序良俗应属无效，李某兴的遗产应依据大陆的继承法按法定继承处理；④天山路3套房屋自李某兴去世后的租金实际由易某华收取，应作为遗产一并分割。

经审理，长宁法院认为李某兴与谭某的婚姻有效，但因未能查明易某华与李某兴共同经常居住地或婚姻缔结地法律规定两人于新加坡结婚登记的效力，故没有对后一段婚姻的效力作出认定。关于案涉遗嘱效力，长宁法院依据《法律适用法》第33条和《最高人民法院关于审理涉台民商事案件法律适用问题的规定》第1条的规定认为案涉遗嘱的效力应适用台湾地区法律认定。长宁法院进一步认为，该遗嘱符合台湾地区法律规定，且不违反大陆法律基本原则及社会公共利益，应属有效。

关于3处房屋的归属问题，长宁法院认为，天山路3套房屋系易某华与李某兴共同签订合同购买，产权登记为两人共同共有，李某兴去世后易某华负责偿还了剩余贷款，故认定天山路3套房屋为易某华与李某兴共同共有，李某兴去世后上述房屋中1/2的产权份额应析归易某华所有；鉴于本案中确认谭某与李某兴婚姻登记合法有效，上述房屋中1/4的产权份额应析归谭某所有，综上确认天山路3套房屋中1/4产权份额为被继承人李某兴的遗产，根据李某兴有效遗嘱所作意思表示，归易某华继承所有。关于3套房屋租金的问题，长宁法院认为，天山路3套房屋出租所得租金收益，并非房屋自身所有权价值的孳息，故李某兴去世后的租金收益并非遗产，不属于继承纠纷处理范围，不宜与本案一并处理。据此，长宁法院判决3套房屋由易某华所有及继承所有，并在15日内支付谭某折价款1 920 500元。

谭某与李某不服该判决，向上海一中院提起上诉。上海一中院认为，认可李某兴与易某华的婚姻效力与大陆法律相悖。上海一中院遂依据《法律适用法》第5条的规定，认定这段婚姻不受大陆法律保护。关于案涉遗嘱的效力问题，上海一中院认为应依据《法律适用法》第33条适用李某兴经常居所地法律。上海一中院进一步认为，李某兴死亡时经常居所地为上海，因此，对遗嘱效力按《中华人民共和国继承法》（以下简称"《继承法》"）相关规定审查，[1]

---

〔1〕《民法典》于2021年1月1日生效，《继承法》同步废止。

进而认定该遗嘱有效。在其他问题上，上海一中院维持了一审法院的裁判。据此，上海一中院判决驳回上诉，维持原判。

二、法律问题

本案被继承人为我国台湾地区居民，立遗嘱地亦在台湾地区，当事人之一的易某华为新加坡籍居民，故本案为涉台涉外遗嘱纠纷，应参照我国有关涉外民事案件的程序和法律进行审理。李某兴先后与谭某、易某华登记结婚，李某兴去世后立下遗嘱将天山路 3 处房屋交由易某华继承。下列问题为本案焦点：

（1）李某兴与谭某、易某华的婚姻效力如何？

（2）李某兴的遗嘱效力如何？

（3）案涉房屋及相关问题如何处理？

（4）李某兴与首任妻子生育的两女以及李某兴的兄弟姐妹是否可以主张继承李某兴的财产？

三、重点提示

李某兴生前同时处于两段婚姻当中，长宁法院对后一段婚姻的效力没有作出认定；上海一中院则认为承认该段婚姻的效力违背了大陆一夫一妻制的基本法律原则和道德观念，故依据《法律适用法》第 5 条的规定，不予保护李某兴与易某华之间的婚姻关系。据此，在考虑李某兴与易某华的婚姻效力时不仅要考虑依据《法律适用法》第 21、22 条的规定适用相关国家或地区的法律审查结婚条件与结婚手续，还应考虑承认这段婚姻是否会对大陆的公序良俗造成冲击。

至于遗嘱的效力，应依据《法律适用法》第 33 条确定应适用的法律后再行审查。在确定了李某兴的这两段婚姻是否受大陆法律保护以及遗嘱的效力的基础上，可再进一步分析 3 处房屋的归属。

| 专题五 |

强制性规范

🏛 知识概要

国际私法上的"强制性规范"（Mandatory Law），又称"直接适用的法"（Law of Direct Application），是指为了维护一国在政治、社会、经济与文化等领域的重大公共利益，无须冲突规范指引，直接适用于国际民事案件的实体法强制性规范。[1]以弗朗茨·卡恩为代表的国际私法学者曾将公共秩序保留分为"积极的公共秩序保留"（即直接适用的国内强制性规范）和"消极的公共秩序保留"（即排除外国法的适用），[2]直到 20 世纪 80 年代，强制性规范才从公共秩序保留中独立出来，成为一项与公共秩序保留互补的不同制度。例如，1980 年欧共体《欧洲共同体关于合同债务的法律适用公约》第 7 条第 2 款规定："本公约将不得限制法院地法的强制性规则的适用，不管原应适用于合同的其他法律如何规定。"1987 年《瑞士联邦国际私法》第 18 条规定："本法不影响瑞士强制性规定的适用，该强制性规定由于有它们的特别目的，无论本法指定的法律如何，都必须予以适用。"

强制性规范制度在我国《法律适用法》第 4 条中得以体现："中华人民共和国法律对涉外民事关系有强制性规定的，直接适用该强制性规定。"该条为给司法实践提供更加明确的指引，《〈法律适用法〉司法解释（一）》第 8 条以不完全列举和附兜底条款的方式对强制性规范作了进一步规定："有下列情

---

〔1〕 肖永平、龙威狄："论中国国际私法中的强制性规范"，载《中国社会科学》2012 年第 10 期。

〔2〕 Franz Kahn, "Die Lehre vom ordre public（Prohibitivgesetze）", in Abhandlungen ous dem internationalen Privatrecht, Bd, I, *Müchen: Duncker & Humblot*, 1928, S. pp. 161 – 246.

形之一，涉及中华人民共和国社会公共利益、当事人不能通过约定排除适用、无需通过冲突规范指引而直接适用于涉外民事关系的法律、行政法规的规定，人民法院应当认定为涉外民事关系法律适用法第 4 条规定的强制性规定：①涉及劳动者权益保护的；②涉及食品或公共卫生安全的；③涉及环境安全的；④涉及外汇管制等金融安全的；⑤涉及反垄断、反倾销的；⑥应当认定为强制性规定的其他情形。"

📚 经典案例

"达波尔物业投资管理集团有限公司与香港忠联集团有限公司股权转让纠纷案"

5 – 1　　　　　　　　　　5 – 2

一、基本案情

美国达波尔物业投资管理集团有限公司（以下简称"美国达波尔集团"）成立于美国加州，3 名董事分别为张某涛、宋某港和 CoCo Zhang。该公司章程第 5 条规定，公司董事会可以代表公司（包括子公司）执行所有变更、转让、出售股权事宜，但必须取得董事会成员的一致同意。达波尔酒店物业管理（大连）有限公司（以下简称"大连达波尔公司"）于 2002 年 12 月 5 日在大连成立，股东为美国达波尔集团，法定代表人为宋某港，为外商独资企业。香港忠联集团有限公司（以下简称"忠联公司"）成立于香港，杜某华为唯一董事。

2011 年 3 月 7 日，美国达波尔集团（甲方）、香港艾斯汀投资控股有限公司（乙方）以及忠联公司（丙方）共同签订《股权转让协议》。协议约定，甲方将其在中国境内拥有的大连达波尔公司 70% 股权中的 40% 转让给乙方，30% 转让给丙方；甲乙丙三方同意甲方转让之股权价格为 31.5 万美元。协议第 3 条进一步规定，该协议生效之日，乙方和丙方应按照协议的约定，一次性足额支付给甲方约定的转让款。协议第 4 条还规定：该协议经甲乙丙三方共同签署后，委托公司董事会或执行董事办理股份转让登记。协议第 8 条约定：协议适用中华人民共和国法律。此外，协议第 9 条规定，该协议经三方签字盖章后生效。上述公司的法定代表人均在协议上签字。

后各方就该《股权转让协议》产生纠纷，美国达波尔集团于 2013 年 1 月将忠联公司诉至我国大连市中级人民法院（以下简称"大连中院"），请求法院判决解除《股权转让协议》。大连中院于 2013 年 11 月 28 日作出判决。忠联公司不服该判决，向辽宁省高级人民法院（以下简称"辽宁高院"）提起上诉。辽宁高院将此案发回大连中院重审。

重审时，美国达波尔集团指出：①按照约定，各方在《股权转让协议》上签字后，协议还需美国达波尔集团按程序取得其董事会和大连达波尔公司董事会的批准和加盖公章；②协议的正式生效还有待获得审批机关的批准；③忠联公司为催促各方履行股权转让的报批手续实施了一系列严重损害他人利益的行为，包括恶意诉讼，谎称已支付转让费，对大连达波尔公司实施打砸抢等行为，忠联公司的上述行为也已表明其不再履行《股权转让协议》的主要义务，符合法定解除合同要件。

就本案的法律适用问题，大连中院认为，根据《法律适用法》第 41 条，原告美国达波尔集团与被告忠联公司、大连达波尔公司之间的纠纷是因履行《股权转让协议》而产生，而《股权转让协议》明确约定"本协议适用中华人民共和国的法律"，故该股权转让纠纷应适用中国法。

就案涉《股权转让协议》的效力问题，大连中院认为：首先，《中华人民共和国外资企业法实施细则》（以下简称"《外资企业法实施细则》"）第 17 条规定："外资企业的分立、合并或者由于其他原因导致资本发生重大变动，须经审批机关批准，并应当聘请中国的注册会计师验证和出具验资报告；经审批机关批准后，向工商行政管理机关办理变更登记手续。"[1]大连中院进一步认为，股权转让属于导致公司资本发生重大变动的事项，所以案涉《股权转让协议》须经审批机关批准。其次，《合同法》第 44 条第 2 款规定："法

---

[1]《中华人民共和国外商投资法实施条例》（以下简称"《外商投资法实施条例》"）于 2020 年 1 月 1 日生效，《外资企业法实施细则》同步废止，《外商投资法实施条例》删除了《外资企业法实施细则》第 17 条的规定。

律、行政法规规定应当办理批准、登记等手续生效的，依照其规定。"[1]《〈合同法〉司法解释（一）》第9条第1款规定："依照合同法第44条第2款的规定，法律、行政法规规定合同应当办理批准手续，或者办理批准、登记等手续才生效，在一审法庭辩论终结前当事人仍未办理批准手续的，或者仍未办理批准、登记等手续的，人民法院应当认定该合同未生效……"[2]最高法院《关于审理外商投资企业纠纷案件若干问题的规定（一）》（以下简称"《外商投资企业纠纷若干问题（一）》"）第1条第1款规定："当事人在外商投资企业设立、变更等过程中订立的合同，依法律、行政法规的规定应当经外商投资企业审批机关批准后才生效的，自批准之日起生效；未经批准的，人民法院应当认定该合同未生效。当事人请求确认该合同无效的，人民法院不予支持。"大连中院认为，根据上述规定，由于案涉《股权转让协议》尚未经审批机关批准，该《股权转让协议》还未生效。但由于《股权转让协议》的各项条款是各方当事人真实意思表示，也不违反法律、行政法规的强制性规定，故大连中院进一步认为该《股权转让协议》属于成立而未生效的合同。

就该协议是否可以解除的问题，大连中院认为，虽然忠联公司称其已付清股份转让款，但大连中院结合查明的事实、商业交易习惯以及日常生活的经验，认定忠联公司的该项主张证据不足，不予确认。同时，大连中院认为忠联公司在本案中的情形已属于《合同法》第94条第2项规定的"以自己的行为表明不履行主要债务"，[3]故判决解除原被告于2011年3月7日签订的《股权转让协议》。

法院宣判后，忠联公司不服该判决，向辽宁高院提起上诉。

就本案的法律适用问题，辽宁高院认为，我国有关外资企业的审批制度属于我国法律强制适用的范畴，符合《〈法律适用法〉司法解释（一）》（2013）第10条规定的情形，因此本案应根据《法律适用法》第4条的规定直接适用我国法律。另外，辽宁高院认为，根据《合同法》第126条第2

---

[1]《民法典》于2021年1月1日生效，《合同法》同步废止。《合同法》第44条第2款的规定由《民法典》第502条第2款取代。

[2] 该司法解释随《民法典》的生效而废止。

[3]《民法典》于2021年1月1日生效，《合同法》同步废止。《合同法》第94条的规定由《民法典》第563条取代。

款，[1]在中国境内履行的外资企业合同纠纷也应适用中国法律。据此，辽宁高院认为本案纠纷应适用中国法。

就本案的实体问题，辽宁高院认为：首先，该《股权转让协议》因未经审批机关批准而未生效；其次，忠联公司提出的已经支付转让款的相关证据存在诸多矛盾，不予采纳；最后，种种事迹表明当事人之间的矛盾已激化，各方合作的信任基础已不存在，《股权转让协议》在事实上无法继续履行，根据《合同法》第110条，[2]"法律上或事实上不能履行"的合同不能要求继续履行，且忠联公司未付股权转让款却称已付款的行为符合《合同法》第94条第2项的合同解除情形。据此，辽宁高院支持了美国达波尔集团解除该《股权转让协议》的主张，驳回忠联公司的上诉请求，维持原判。

二、法律问题

本案当事人中包含有美国公司、香港特别行政区公司、内地公司，故本案为涉外涉港股权转让纠纷。美国达波尔集团、忠联公司等之间签署了一份《股权转让协议》，对位于内地的公司的股权进行了部分转让，后各方发生纠纷。下列问题为本案焦点：

（1）本案中判断股权是否转让应适用哪个国家的法律？为什么？

（2）《股权转让协议》处于何种效力状态？

（3）美国达波尔集团提出解除《股权转让协议》的主张，我国法院是否应予支持？

三、法理分析

1. 判断股权是否转让应适用的法律

本案中，原告美国达波尔集团系在美国注册的公司，被告忠联公司系在中国香港特别行政区注册的公司，因此，本案属于涉外涉港股权转让合同纠

---

[1]《合同法》第126条第2款规定："在中华人民共和国境内履行的中外合资经营企业合同、中外合作经营企业合同、中外合作勘探开发自然资源合同，适用中华人民共和国法律。"《民法典》生效后，该条规定由《民法典》第467条第2款取代。

[2]《合同法》第110条规定："当事人一方不履行非金钱债务或者履行非金钱债务不符合约定的，对方可以要求履行，但有下列情形之一的除外：①法律上或者事实上不能履行；②债务的标的不适于强制履行或者履行费用过高；③债权人在合理期限内未要求履行。"《民法典》生效后，该条规定由《民法典》第580条取代。

纷，法院应适用国际私法规范确定本案的法律适用。

大连中院认为，根据《法律适用法》第 41 条，"当事人可以协议选择合同适用的法律。当事人没有选择的，适用履行义务最能体现该合同特征的一方当事人经常居所地法律或者其他与该合同有最密切联系的法律。"本案《股权转让协议》约定适用中国法律，故应适用中国法律。

我们认为，大连中院的法律适用存在瑕疵，还需要考虑强制性规范的问题。《法律适用法》第 4 条规定："中华人民共和国法律对涉外民事关系有强制性规定的，直接适用该强制性规定。"《〈法律适用法〉司法解释（一）》（2013）第 10 条规定："有下列情形之一，涉及中华人民共和国社会公共利益、当事人不能通过约定排除适用、无需通过冲突规范指引而直接适用于涉外民事关系的法律、行政法规的规定，人民法院应当认定为涉外民事关系法律适用法第 4 条规定的强制性规定：①涉及劳动者权益保护的；②涉及食品或公共卫生安全的；③涉及环境安全的；④涉及外汇管制等金融安全的；⑤涉及反垄断、反倾销的；⑥应当认定为强制性规定的其他情形。"

那么，本案的股权转让问题是否涉及强制性规范呢？《中华人民共和国外资企业法》（以下简称"《外资企业法》"）第 10 条规定："外资企业分立、合并或者其他重要事项变更，应当报审查批准机关批准，并向工商行政管理机关办理变更登记手续。"[1]《外资企业法实施细则》第 17 条规定："外资企业的分立、合并或者由于其他原因导致资本发生重大变动，须经审批机关批准，并应当聘请中国的注册会计师验证和出具验资报告；经审批机关批准后，向工商行政管理机关办理变更登记手续。"[2]此外，根据《外资企业法》第 4 条及《外资企业法实施细则》第 2 条，外资企业受中国法律的管辖和保护，须遵守中国的法律、法规，不得损害中国的社会公共利益。《外商投资企业纠纷若干问题（一）》第 1 条规定，当事人在外商投资企业设立、变更等过程中订立的合同，应当经审批的，自批准之日起生效。

从上述规定来看，本案所涉的涉外股权转让合同纠纷并不属于《〈法律适用

---

〔1〕《中华人民共和国外商投资法》于 2020 年 1 月 1 日生效，《外资企业法》同步废止。《外商投资法》删除了《外资企业法》第 10 条的规定。

〔2〕《外商投资法实施条例》于 2020 年 1 月 1 日生效，《外资企业法实施细则》同步废止。《外商投资法实施条例》删除了《外资企业法实施细则》第 17 条的规定。

法〉司法解释（一）》（2013）第 10 条列举的具体情形。但需指出的是，该条司法解释并非穷尽性列举，且其第 6 款为兜底性条款，因此，不能以本案不涉及第 10 条列举的劳动者权益保护、外汇管制、反垄断等，就可以认定其与强制性规范无关。从前述我国有关外资企业审批制度的立法目的来看，我们认为，应认定这些规定为强制适用于外资企业的规范。因此，上述有关外资企业的法律规范须径直适用于本案中的股权转让问题，而无须经过冲突规范的指引。

2.《股权转让协议》的效力

如前文所述，根据我国关于外资企业的强制性规范，本案中的外资企业股权转让须符合我国法律规定。《外商投资企业纠纷若干问题（一）》第 1 条规定："当事人在外商投资企业设立、变更等过程中订立的合同，依法律、行政法规的规定应当经外商投资企业审批机关批准后才生效的，自批准之日起生效；未经批准的，人民法院应当认定该合同未生效。当事人请求确认该合同无效的，人民法院不予支持。前款所述合同因未经批准而被认定未生效的，不影响合同中当事人履行报批义务条款及因该报批义务而设定的相关条款的效力。"本案所涉的《股权转让协议》未经审批机关批准，因而尚未生效。但是，该协议在各主体经真实意思表示一致并签订之时已经成立，根据《合同法》第 8 条第 1 款的规定，"依法成立的合同，对当事人具有法律约束力。当事人应当按照约定履行自己的义务，不得擅自变更或者解除合同"。[1]

此外，《股权转让协议》第 9 条约定："本协议经三方签字盖章后生效。"外商投资企业股权转让协议必须经过审批机关批准才能生效，不能因当事人约定而在三方签字盖章后即生效，该条款关于"生效"的约定违反法律的强制性规定，因而属于无效条款。

3. 原告主张能否得到支持

根据前文论述，本案应适用中国法律，依据我国《合同法》第 8 条，"依法成立的合同，对当事人具有法律约束力。当事人应当按照约定履行自己的义务，不得擅自变更或者解除合同。依法成立的合同，受法律保护"。[2]因

---

[1]《民法典》2021 年 1 月 1 日生效，《合同法》同步废止。《合同法》第 8 条第 1 款的规定由《民法典》第 119 条取代。

[2]《合同法》随《民法典》的生效而同步废止。《合同法》第 8 条的规定由《民法典》第 119 条、第 465 条取代。

此，对于依法成立而未生效的合同，若确实履行不能或符合解除条件的，可以解除。《合同法》第 94 条规定："有下列情形之一的，当事人可以解除合同：①因不可抗力致使不能实现合同目的；②在履行期限届满之前，当事人一方明确表示或者以自己的行为表明不履行主要债务；③当事人一方迟延履行主要债务，经催告后在合理期限内仍未履行；④当事人一方迟延履行债务或者有其他违约行为致使不能实现合同目的；⑤法律规定的其他情形。"在本案中，忠联公司虽声称已经支付股权转让款，实则尚未履行，该行为表明其不再有意愿履行《股权转让协议》之义务；本案当事人之间的矛盾已激化，各方合作的信任基础已不存在，《股权转让协议》在事实上无法继续履行。[1]综上，我们认为，本案符合解除合同的条件，原告的诉求应得到支持。

四、理论探讨

本案涉及国际私法上的强制性规范。一审法院忽视了强制性规范的存在，而根据双边冲突规范的指引适用我国法律。虽然适用法律的结果正确，但法律适用的逻辑推理过程明显存在问题。在这一问题上，辽宁高院意识到本案涉及国际私法上的强制性规范，因而未经冲突规范的指引直接适用中国法律，判定股权未转让，这一法律适用的逻辑推理才是正确的。

关于强制性规范制度，我国的规定见于《法律适用法》第 4 条与《〈法律适用法〉司法解释（一）》第 8 条。最高法院公布司法解释时，通过记者专访对该条规定做了更进一步的说明：强制性法律一定包含了本国社会公共利益的考量；第 8 条是以不完全列举的方式解决可操作性问题，列举排序是根据法律与民生的相关程度进行的；强制性规定的直接适用是能够达到排除外国法适用目的的制度，对其理解应当严格、谨慎，如果滥用，将会大大折损国际私法的积极作用，甚至带来消极后果。[2]

上述司法解释第 8 条中的兜底性条款使得列举之外的情况也存在被认定为强制性规范的可能。正如最高法院在记者专访中所述，对国际私法中的强制性规范（即国际强制性规范）应进行严格、谨慎的限制性解释而非扩张性

---

〔1〕　辽宁省高级人民法院（2015）辽民三终字第 00344 号民事判决书。
〔2〕　张先明："正确审理涉外民事案件　切实维护社会公共利益——最高人民法院民四庭负责人答记者问"，载《人民法院报》2013 年 1 月 7 日，第 6 版。

解释，通常只有与一国国家安全、社会稳定和经济利益有重大关系的实体性法律，才应被纳入国际强制性规范的范畴，如国家颁布的文物贸易限制规范、进出口限制规范等。本案涉及外资企业审批制度，是与我国经济利益具有重大相关性的实体性法律制度，因此，可被认定为国际强制性规范。国内民法上的强制性规范并非均为国际私法上的强制性规范，国内民法中不属于国际强制性规范的那部分强制性规范依旧受冲突规范的限制，若经冲突规范指引应适用外国法时，国内强制性规范应让位于外国法。在司法实践中，存在法院在自由裁量中扩大强制性规范范围，而将国内强制性规范直接适用于国际私法案件的情况，这不符合强制性规范制度的内涵。

此外，也要注意区分强制性规范与公共秩序保留制度，二者实际上存在诸多不同之处。简单来说，在适用公共秩序保留之前，法院地国的冲突规范已经发挥了作用，只是因为冲突规范指向的外国法违背法院地法的公共秩序，才被排除适用；而在强制性规范制度中，冲突规范并未发挥作用，没有指向外国法再排除适用的这一过程，强制性规范是直接适用的。

五、思考题

（1）二审法院认为《合同法》第 126 条第 2 款是本案应适用我国法律的依据之一，是否恰当？其是否为强制性规范？

（2）简述单边冲突规范与强制性规范的异同。

📑 拓展案例

"日立金融（香港）有限公司诉鑫宇投资股份
有限公司等融资租赁合同纠纷案"

5-3

一、基本案情

2013 年 8 月 2 日，日立金融（香港）有限公司（以下简称"日立金融公司"）以融资租赁方式将一批设备出租给鑫宇投资股份有限公司（以下简称"鑫宇投资公司"）。同时，东莞市鑫宇五金制品有限公司（以下简称"东莞鑫宇公司"）向日立金融公司出具一份担保书，同意为鑫宇投资公司的《融资租赁协议》项下的债务承担连带清偿责任。《融资租赁协议》与担保书中均约定适用香港特别行政区法律。后鑫宇投资公司拒付租金，亦无意交还设备，而东莞鑫宇公司拒绝承担连带担保的责任，日立金融公司遂于 2015 年 7 月向广东省东莞市第三人民法院（以下简称"东莞三院"）提起诉讼。东莞三院认为，依据《合同法》第 126 条的规定，日立金融公司与鑫宇投资公司之间的融资租赁合同纠纷应适用香港特别行政区法律，而在担保的法律适用问题上的论述如下：

虽然原告与被告东莞鑫宇公司对解决因《担保书》产生的纠纷所适用的法律约定为香港特别行政区法律，但由于我国内地实行外汇管制制度，作为内地企业的被告东莞鑫宇公司在为香港企业即被告鑫宇投资公司向境外金融机构即原告承诺履行担保义务时，必须经外汇管理部门的批准、登记。被告东莞鑫宇公司签署的《担保书》约定适用香港特别行政区法律，规避了内地对外担保的审批、登记制度，根据《法律适用法》第 5 条关于"外国法律的适用将损害中华人民共和国社会公共利益的，适用中华人民共和国法律"的规定，审理被告东莞鑫宇公司为被告鑫宇投资公司提供的担保问题时应当适用内地法律。

东莞三院进一步认为，东莞鑫宇公司签署《担保书》，为鑫宇投资公司提供担保，上述担保属于对外担保。根据《中华人民共和国外汇管理条例》第 19 条的规定，[1] 提供对外担保，必须经外汇管理机关批准、登记。东莞三院

---

[1]《中华人民共和国外汇管理条例》第 19 条第 1 款规定："提供对外担保，应当向外汇管理机关提出申请，由外汇管理机关根据申请人的资产负债等情况作出批准或者不批准的决定；国家规定其经营范围需经有关主管部门批准的，应当在向外汇管理机关提出申请前办理批准手续。申请人签订对外担保合同后，应当到外汇管理机关办理对外担保登记。"

同时指出，根据国家外汇管理局自 2014 年 6 月 1 日施行的《跨境担保外汇管理规定》第 29 条规定，[1]外汇管理部门对涉外担保是否核准、登记、备案并不影响保证合同的效力。据此，东莞三院认定案涉担保书应为有效合同。

最终，东莞三院依据内地《〈担保法〉司法解释》第 6、7 条的规定，判决解除《融资租赁协议》，鑫宇投资公司向原告日立金融公司返还租赁设备，并支付租金人民币 1 978 579.2 元及损失赔偿费用，东莞鑫宇公司就上述债务承担赔偿责任。

二、法律问题

（1）本案应适用何处法律？
（2）东莞鑫宇公司向日立金融公司出具的担保书是否有效？
（3）日立金融公司的诉讼请求能否得到支持？

三、重点提示

本案原告为我国香港特别行政区企业，故本案为涉港纠纷，应参照我国有关涉外民事案件的程序和法律进行审理。本案中，鑫宇投资公司与日立金融公司之间订立的《融资租赁协议》以及东莞鑫宇公司向日立金融公司出具的《担保书》中均约定适用香港特别行政区法律。需要特别强调的是，就法律适用事项而言，《法律适用法》相较于《合同法》属于特别法，应优先适用。东莞三院依据《合同法》第 126 条而非《法律适用法》第 41 条作出本案纠纷适用香港特别行政区法律的裁判，其裁判逻辑存在明显缺陷。东莞三院应依据《法律适用法》第 41 条，确定本案纠纷适用香港特别行政区法律。

就东莞鑫宇公司与日立金融公司之间的担保合同的法律适用问题，东莞三院认为适用香港特别行政区法律将会损害内地的公共秩序，故依据《法律适用法》第 5 条的规定适用内地法律进行审理。我们认为，这一裁判逻辑亦

---

〔1〕《跨境担保外汇管理规定》第 29 条规定："外汇局对跨境担保合同的核准、登记或备案情况以及本规定明确的其他管理事项与管理要求，不构成跨境担保合同的生效要件。"根据该规定，外汇管理部门对涉外担保是否核准、登记、备案并不影响保证合同的效力。

有问题，纵使内地实行外汇管制制度，内地企业在为香港企业向境外金融机构承诺履行担保义务时，必须经外汇管理部门的批准、登记，未经批准即进行担保违反的是我国的强制性规范，这一情形也符合《〈法律适用法〉司法解释（一）》（2013）第10条中规定的第4种情形，故该担保合同纠纷应依据《法律适用法》第4条的规定适用内地法律。

| 专题六 |

不动产物权的法律适用

📚 知识概要

物权分为不动产物权和动产物权。在国际私法中，不动产物权适用物之所在地法是一项为各国普遍接受的法律适用规则。物之所在地法历史悠久，可追溯到意大利法则区别说时代。[1]当时，就意大利城邦间物权的法律冲突问题，巴托鲁斯提出，不动产适用物之所在地法，动产则采用"动产随人"原则，适用动产所有人的住所地法。该理论对国际私法产生了持久、深远的影响，直到19世纪，欧洲各国普遍因循不动产适用不动产所在地法，动产适用其所有人住所地法的做法。后来，萨维尼用"法律关系本座说"理论解释了物之所在地法原则适用于不动产和动产的合理性。

不动产物权适用不动产所在地法的这一原则也在我国立法中得到确立，早在《民法通则》中就有所规定，该法第144条规定："不动产的所有权，适用不动产所在地法律。"[2]2010年《法律适用法》再次重申了这一原则，其第36条规定："不动产物权，适用不动产所在地法律。"

---

〔1〕 霍政欣：《国际私法学》，中国政法大学出版社2020年版，第172页。

〔2〕《民法典》于2021年1月1日生效，《民法通则》同步废止。《民法典》中删除了《民法通则》第144条的相关内容。

经典案例

"胡某敏与铂隆凯特有限公司所有权确认纠纷案"

6 - 1　　　　　　　　6 - 2

一、基本案情

胡某敏（甲方）为荷兰籍公民，其与上海裕荣置业有限公司（乙方，以下简称"裕荣公司"）于 2005 年 4 月 18 日签订一份《协议》。《协议》约定双方共同进行一项地产项目开发，甲方在这一地产项目中享有 55% 的权益，包括：投资、产权所有，对其名下的权益进行抵押，就其名下的房屋有权出租、出售、转让，以及其他相应的处置权。

后来，胡某敏与裕荣公司及裕荣公司更名后的铂隆凯特有限公司（以下简称"铂隆凯特公司"）先后签订了包括《备忘录》《双方协议》《情况说明书》及《协议书》等在内的一系列文件，内容均为确认胡某敏对该项目享有 55% 权益。

案涉项目建成后，胡某敏多次要求铂隆凯特公司对其 55% 的权益予以确认，并办理相应房屋的产权登记，但铂隆凯特公司一直拖延，不予办理。胡某敏遂于 2015 年 4 月向上海高院提起诉讼。

2015 年 12 月 29 日，铂隆凯特公司向胡某敏发出《关于解除合作开发中山公园项目合同的函》，指出根据《关于规范房地产市场外资准入和管理的意见》，胡某敏作为境外个人不符合取得非自用、非自住商品房的资格。由于合同已经无法继续履行，铂隆凯特公司要求解除双方之间案涉项目的合同。

胡某敏向上海高院诉称，根据他与裕荣公司签署的《协议》，他对案涉项目享有 55% 的权益，他与铂隆凯特公司多次对上述约定进行确认；案涉项目建成后，他多次要求铂隆凯特公司对其权益予以确认，并办理相应房屋的产权登记，但铂隆凯特公司未予办理。据此，胡某敏请求法院确认他对案涉项目享有 55% 的所有权。

上海高院于 2016 年 6 月 21 日公开审理了此案。法院审理后认为，房地产登记簿登记的案涉项目权利人为铂隆凯特公司，胡某敏主张其是案涉项目 55% 的所有权人，缺乏事实依据，对该主张不予支持。法院认为，胡某敏与铂隆凯特公司之间的一系列协议就案涉项目所达成的意思表示，是双方之间就案涉项目进行的一种处分行为，胡某敏可以就该协议主张相应的权利，该种权利基于双方之间的合同约定，是合同之上的权利，故胡某敏以双方约定为由主张案涉项目的物权权利不符合法律规定。法院还指出，胡某敏作为外籍个人，不具备成为房地产开发主体的资格，亦当然无法成为房地产开发标的物的原始取得人。

胡某敏不服该判决，向最高法院提起上诉，并在二审期间主张其提出的诉讼请求是请求确认合同权益，而非请求确认房产所有权。最高法院认为，本案为不动产物权确权纠纷，准据法的确定应适用《法律适用法》第 36 条的规定："不动产物权，适用不动产所在地法律。"本案房产位于上海市，故应适用中国法律审理此案。关于胡某敏是否享有案涉项目 55% 所有权的问题，最高法院认为，取得建设用地使用权及房屋所有权的均是铂隆凯特公司，案涉房屋所有权也已经登记在铂隆凯特公司名下；胡某敏与铂隆凯特公司（裕荣公司）之间的《协议》等证据仅能证明双方一致同意胡某敏享有该项目 55% 的权益，尚不足以证明胡某敏也是该房产的建造人之一，由此可因建造的事实行为取得部分所有权。最高法院进一步指出，胡某敏有权依据其与铂隆凯特公司（包括裕荣公司）之间的协议，向铂隆凯特公司主张其应得的权益，包括从该公司取得相应的房产所有权份额，但这不属于其所提诉讼请求。

据此，最高法院认为，胡某敏在二审期间主张的诉讼请求是请求确认合同权益而非请求确认房产所有权，应视为其提出了新的诉讼请求。最高法院试图进行调解，但调解不成功，遂告知胡某敏可就其所主张的合同债权另行起诉。

二、法律问题

本案当事人一方胡某敏为荷兰籍，因此本案为涉外纠纷。胡某敏与裕荣公司（后改名铂隆凯特公司）签订了一系列协议，协议内容均为确认胡某敏对案涉项目享有55%的权益，包含了所有权等内容。后因所有权的确认问题，双方产生分歧，以下问题遂成为本案焦点：

（1）本案属于何种性质的纠纷？

（2）本案的实体问题应适用何国法律？依据是什么？

（3）依据我国法律，胡某敏是否可享有案涉项目55%的权益（包括房屋所有权）？

三、法理分析

1. 本案的纠纷性质

本案中，胡某敏不满铂隆凯特公司向其发出的《关于解除合作开发中山公园项目合同的函》，向法院提起诉讼。其诉讼请求具体为："确认胡某敏对案涉项目拥有55%的权益（包括房屋所有权），并要求铂隆凯特公司将相应房屋产权登记到胡某敏名下。"另外，在一审过程中，应法官的询问，胡某敏一方称诉讼请求中的55%权益是指房屋所有权和租赁、转让收益等其他权益。在一审法院法官要求其明确收益的具体金额时，胡某敏明确表示"我方的诉请是请求法院确认对案涉房屋有55%的所有权"，胡某敏及其委托代理人均在笔录上签字确认。在一审庭审过程中，应铂隆凯特公司的要求，胡某敏的委托代理人再次明确表示其诉讼请求是主张"55%的房屋的所有权"。又因本案的标的物为不动产，故本案的纠纷性质为涉外不动产所有权确权纠纷。

2. 本案的法律适用问题

本案已定性为涉外不动产所有权确权纠纷，由于胡某敏为荷兰籍，故本案应适用《法律适用法》确定准据法。《法律适用法》第36条规定："不动产物权，适用不动产所在地法律。"本案中，案涉项目位于上海，故本案应适用中国法律进行审理。

需要指出的是，本案的一审法院对法律适用问题未作说明，径直适用《中华人民共和国物权法》（以下简称"《物权法》"）的规定进行了审理。这一做法虽然不影响案件的最终结果，但足见审理法院缺乏区分涉外案件与纯国内案件的敏感度，涉外司法水平有待提高。最高法院在二审中弥补了该缺憾，其首先将本案识别为具有涉外因素的所有权确认纠纷案件，进而依据

《法律适用法》的规定确定本案应适用中国法，这一裁判逻辑才是正确的。

3. 依据我国法律，胡某敏的诉讼请求可否得到支持

胡某敏的诉讼请求为确认其对案涉房屋享有55%的所有权。《物权法》第30条规定："因合法建造、拆除房屋等事实行为设立或者消灭物权的，自事实行为成就时发生效力。"[1]在本案中，案涉房屋所有权因建造的事实行为而设立，从诉争房产的产生过程来看，通过招投标从政府取得建设用地使用权的是铂隆凯特公司，通过建造事实行为取得房屋所有权的也是铂隆凯特公司，案涉房屋的所有权也已经登记在铂隆凯特公司名下。

那么，胡某敏与铂隆凯特公司（包括裕荣公司）之间的《协议》等文件能证明双方一致同意胡某敏享有该项目55%的权益，这些文件证据是否能使胡某敏获得案涉房屋的部分所有权呢？我们认为，答案是否定的。我国《物权法》第5条规定："物权的种类和内容，由法律规定。"[2]《物权法》第6条规定："不动产物权的设立、变更、转让和消灭，应当依照法律规定登记……"[3]因此，不动产物权的设立或变更需经登记方可生效，胡某敏无法通过协议的方式直接获得案涉房屋的部分物权。

4. 胡某敏二审中提出的新的诉讼请求应如何处理

该案中，胡某敏的确权诉讼未得到一审法院的支持。在二审中，胡某敏变更了诉讼请求，请求确认合同权益，而非请求确认房产所有权。《最高人民法院关于适用〈中华人民共和国民事诉讼法〉的解释》（以下简称"《〈民事诉讼法〉司法解释》"）第328条第1款规定："在第二审程序中，原审原告增加独立的诉讼请求或者原审被告提出反诉的，第二审人民法院可以根据当事人自愿的原则就新增加的诉讼请求或者反诉进行调解；调解不成的，告知当事人另行起诉。"据此，胡某敏在二审中变更诉讼请求，这属于新的诉讼请求。二审法院依据该条规定就新的诉讼请求进行了调解，在调解不成后，遂告知胡某敏另行起诉。我们认为，上述做法符合法律规定。

---

〔1〕《民法典》于2021年1月1日生效，《物权法》同步废止。《物权法》第30条的规定由《民法典》第231条取代。

〔2〕《民法典》生效后，该条规定由《民法典》第116条取代。

〔3〕《民法典》生效后，该条规定由《民法典》第208条取代。

四、参考意见

不动产物权适用不动产所在地法律的原则已为各国所普遍接受，但是，各国在不动产和动产的区分上存在着不同的标准，同一事物可能会出现不同的定性，从而影响到法律适用。譬如，不动产的抵押权在英国属于不动产，但在德国与法国属于动产；再如，在法国，为不动产的便益与利用而在其上安置的动物与物件，依其"用途"为不动产；[1]德国法则在若干方面将它们作为动产处理，在其他方面又作不动产处理。[2]而在普通法上，有一类特殊的物，这类物构成不动产的一个组成部分，如拆除或移动该物会对不动产造成损害。[3]即不动产附着物，这种类别的物即使与不动产相剥离，仍受不动产的法律支配。[4]

因此，虽然各国对不动产物权纠纷适用不动产所在地法的规则不持异议，但在对动产与不动产的划分上仍有分别，故不能简单地看待这一问题。在国际民事纠纷中，当要确定某物为动产还是不动产时，各国实践一般主张依物之所在地法进行识别，这一做法主要是为了使法院的判决能够在物之所在地国家得以承认与执行，也构成识别适用法院地法的例外。[5]

五、思考题

（1）胡某敏通过一系列协议一再确认的权益应如何得到保障？其在诉讼策略上犯了什么错误？

（2）在本案中，一审法院在审理案件时有无可改进之处？对你有何启示？

---

〔1〕 参见《法国民法典》第 524 条。

〔2〕 参见《德国民法典》第 926、1031、1062、1093、1096、1120、1314、1551 以及《德国民事诉讼法》第 865 条。

〔3〕 薛波主编：《元照英美法词典》，法律出版社 2003 年版，第 560 页。

〔4〕 依据英国判例，这类物包括建筑物的门与门框、雕像、壁炉、石雕花园座椅以及固定在墙上百余年的挂毯等。*D'Eyncourt v. Gregory*，(1866) LR 3 Eq382；*Phillips v. Lamdin*，(1949) 2 K. B. 33；*Norton v. Dashwood* (1895) 2 Ch. 500.

〔5〕 参见霍政欣：《国际私法学》，中国政法大学出版社 2020 年版，第 176 页。

拓展案例

"陈某霞与唐某鸿返还原物纠纷案"

6 – 3

一、基本案情

陈甲与陈乙两兄弟均在我国台湾地区居住，且现均已去世。陈甲与唐某鸿系夫妻关系。周某仙与陈乙原系夫妻关系，陈某霞是陈乙与周某仙的女儿的儿媳妇。

1992 年 11 月 25 日，原江西省临川县人民政府（现为临川区）向我国台湾地区居民唐某鸿颁发了一处房屋的《土地使用权证》，载明的土地长度为 21.5m，宽度为 17m，土地面积为 365.5m²。次年 11 月 22 日，唐某鸿以登记方式取得了上述房屋的《房屋所有权证》。1995 年 4 月 13 日，唐某鸿与周某仙曾因该房屋的侵权纠纷在原临川县人民法院签订了（95）临法民字第 59 号《民事调解书》，确定：讼争房屋归唐某鸿所有，周某仙从该房屋搬迁到唐某鸿为其另行租赁的房屋内居住，租金由唐某鸿支付；唐某鸿支付给周某仙经济扶助金 6000 元人民币。后该房屋被大陆居民陈某霞占用。2010 年 2 月 26 日，唐某鸿、陈甲曾委托他人向当地政府要求处理该房屋被侵权的事宜。2013 年 9 月 1 日，临川区教育局向"金阳光幼儿园"颁发了《民办学校办学许可证》。后该房屋由陈某霞占用以开办"金阳光幼儿园"。

唐某鸿讨要房屋无果后，于 2015 年 7 月 1 日向江西省抚州市中级人民法院（以下简称"抚州中院"）提起诉讼要求陈某霞归还房屋。抚州中院经审理，依据《物权法》等法律法规判决陈某霞将案涉房屋恢复原状并返还给唐某鸿。陈某霞不服该判决，向江西省高级人民法院（以下简称"江西高院"）提起上诉。关于本案法律适用的问题，江西高院依据《法律适用法》第 36 条的规定，确定本案应适用我国大陆法律。最终，法院依据我国大陆法律支持了唐某鸿要求返还房屋的请求，驳回了陈某霞的上诉。

二、法律问题

（1）本案应适用何处法律？

（2）唐某鸿的诉讼请求可否得到支持？

三、重点提示

本案系不动产返还纠纷，由于本案当事人之一唐某鸿系我国台湾地区居民，故应参照我国有关涉外民事案件的程序和法律进行审理。依据《法律适用法》第36条的规定，本案应适用不动产所在地法律，即大陆法律。在此基础上，再依据大陆相关法律判断是否应该支持唐某鸿的诉讼请求。

动产物权适用动产所在地法

知识概要

　　物权适用物之所在地法是各国普遍适用的冲突规范，随之而来的问题便是应当如何确定物之所在地。不动产由于其不可移动的特性，其所在地较容易确定。但是，动产可以移动，其所在地往往具有短暂性与偶然性，对于那些处于运输中的动产而言，情况尤为明显。鉴此，为确定动产的所在地，各国通常在冲突规范中对动产的所在地加以时间上的限定。但是，各国的标准并不统一。例如，以英国为代表的普通法国家将物之所在地法解释为"转让时动产所在地的法律"，以法国为代表的少数国家将物之所在地法解释为"受诉讼时动产所在地法"。显然，由于各国采用不同的标准确定物之所在地法，即便各国均适用物之所在地法，法律适用的实际后果也不一致，从而影响到最终的判决结果。[1]

　　我国《法律适用法》第 37 条规定："当事人可以协议选择动产物权适用的法律。当事人没有选择的，适用法律事实发生时动产所在地法律。"可见，我国立法在当事人无合意的情况下遵从了世界上大多数国家的做法，将法律事实发生时动产所在地作为物之所在地。不过，该条将无限制的意思自治引入了动产物权的法律适用，这在全世界立法中极为罕见。[2]

---

〔1〕　参见霍政欣：《国际私法学》，中国政法大学出版社 2020 年版，第 175 页。
〔2〕　霍政欣：《国际私法学》，中国政法大学出版社 2020 年版，第 182 页。

📚 **经典案例**

案例一："戴某平与洪某利、陈某中返还原物纠纷案"

7 - 1

一、基本案情

戴某平为我国台湾地区居民，其名下拥有一辆车牌号为"闽 D××××"的大众速腾车辆。2013 年 12 月 15 日，戴某平从台湾地区返回大陆时发现上述车辆丢失，遂向厦门市公安局何厝边防派出所报案。经公安机关调查，该车辆现由洪某利使用。戴某平随即向其讨要车辆。洪某利称是陈某中将该车交予他使用，拒绝返还。追讨无果后，戴某平于 2014 年以洪某利和陈某中为共同被告向厦门市海沧区人民法院（以下简称"海沧法院"）提起诉讼，要求二人返还车辆并支付使用费。

洪某利在庭审中陈述："听陈某中说该车辆系由戴某平与陈某中共同出资购买，每人出资 50 000 元，车辆登记在戴某平名下，因戴某平与陈某中之间在台湾地区有多起诉讼，陈某中说要回台湾地区，就把这辆车交给我保管使用了一年多。"海沧法院认为，原告戴某平、被告陈某中系我国台湾地区居民，本案为涉台返还原物纠纷，应当参照涉外案件处理。该法院遂根据《法律适用法》第 37 条的规定，在各方对法律适用没有选择的情况下，确定本案适用法律事实发生时动产所在地法（即大陆法律）。

经审理，海沧法院根据《物权法》第 34 条的规定，[1] 判令洪某利返还案涉车辆，而对于戴某平提出的赔偿请求因举证不明不予支持。洪某利不服该

---

[1]《民法典》于 2021 年 1 月 1 日生效，《物权法》同步废止。《物权法》第 34 条的规定由《民法典》第 235 条取代。

判决，向厦门市中级人民法院（以下简称"厦门中院"）提起上诉。厦门中院经审理，裁定驳回上诉，维持原判。

二、法律问题

该案原告戴某平与被告之一陈某中为我国台湾地区居民，因此，本案为涉台原物返还纠纷，应参照我国有关涉外民事案件的程序和法律进行审理。戴某平在厦门丢失了一辆车辆，后发现这辆车被洪某利占有使用，但后者称是陈某中交予他使用的，拒绝返还。下列问题为本案焦点：

（1）应怎样确定本案的法律适用？

（2）戴某平是否有权要求洪某利返还案涉车辆？

三、法理分析

1. 本案的法律适用问题

本案为涉台原物返还纠纷，案涉标的物为一辆汽车。根据《法律适用法》第37条的规定："当事人可以协议选择动产物权适用的法律。当事人没有选择的，适用法律事实发生时动产所在地法律。"该案中，当事各方没有就法律适用的问题达成协议，故应适用法律事实发生时动产所在地法律。根据案情，案涉车辆是在厦门丢失的，故本案应适用我国大陆的法律进行审理。

2. 洪某利拒绝返还的主张是否能得到支持

案涉车辆登记在戴某平名下，在没有相反证据证明的情况下应认定为归戴某平所有，洪某利辩称讼争车辆系戴某平与陈某中共同出资购买，属二人共有，但未提交相关证据证明，法院不应采信。根据《物权法》第34条的规定："无权占有不动产或者动产的，权利人可以请求返还原物。"因此，戴某平有权要求洪某利返还案涉车辆，洪某利应予以配合。

四、参考意见

随着"动产随人"原则的弊端逐渐显现，越来越多的国家选择适用物之所在地法原则。但是，由于动产的可移动性，动产所在地的确定在某些情况下并非易事，不同的国家可能采取不同的标准。因此，即便是各国广泛采用物之所在地法，同一件动产物权纠纷在不同的国家审理，依然有可能适用不同的法律，从而影响到案件的最终判决结果。

此外，物之所在地法也并不是解决动产物权关系的唯一法则。在提倡物之所在地法统一支配动产与不动产时，萨维尼就注意到，该规则适用于某些类别的物，其效果不佳，因而得排除适用。[1] 从实践上来看，某些动产由于其特性或所处的特殊状态，在动产物权关系上适用物之所在地法效果不佳，故须另寻他法。这些不适用于物之所在地法的动产主要包括：①运输中的物品；②运输工具；③外国法人终止或解散时有关物权关系；④与人身关系密切的财产；⑤文化财产。[2]

五、思考题

（1）当代，"动产随人"原则不再是动产物权法律适用的基本原则，但其在哪些情况下仍有可适用的空间？

（2）在追索流失境外文物的诉讼中，为确定标的物的所有权，各国目前大都适用物之所在地法，这会导致什么样的结果？如何在法律适用上进行改革，以避免这种结果？

案例二："福建省大田县吴山乡阳春村民委员会等和奥斯卡等物权保护纠纷案"[3]

一、基本案情

章公祖师俗名章七三，北宋年间圆寂后被塑成金身佛像，被供奉在福建省三明市大田县吴山乡阳春村和东埔村共同拥有的普照堂内。1995年12月，当地村民发现"章公祖师"肉身坐佛像被盗，遂向公安机关报案，但佛像一直下落不明。2015年3月，匈牙利自然科学博物馆展出一尊肉身佛像，引起阳春村和东埔村村民关注，村民认为该尊佛像即为章公祖师肉身像。随后，福建省文物部门称，已初步确认展出的"肉身坐佛"即为被盗的章公祖师肉

---

〔1〕 ［美］弗里德里希·K. 荣格：《法律选择与涉外司法（特别版）》，霍政欣、徐妮娜译，北京大学出版社2007年版，第87~88页。

〔2〕 参见霍政欣：《国际私法学》，中国政法大学出版社2020年版，第176~180页。

〔3〕 本案为真实案例，但案件判决书未在裁判文书网上公开。

身佛像。村民们向展出该尊佛像的荷兰藏家提出返还要求，该藏家随即撤展。

2015年12月，阳春村民委员会（以下简称"阳春村委会"）和东埔村民委员会（以下简称"东埔村委会"）向福建省三明市中级人民法院（以下简称"三明中院"）提起诉讼，要求这尊佛像的现持有人奥斯卡·凡·奥沃雷姆（Oscar van Overeem，以下简称"奥斯卡"）及两家奥斯卡的关联公司返还章公祖师肉身像、停止侵害。此外，两村委会向法院出具了多项当地村民祭拜、歌颂、怀念章公祖师的证据，主张村民与章公祖师之间已形成相当于法律上的"拟制血亲关系"，并据此要求三被告支付精神损害赔偿金20万元。

三明中院立案后通过国际司法协助程序，向位于荷兰的被告方送达了应诉材料。三明中院于2018年7月26日、10月12日两次公开开庭审理此案。三被告共同委托诉讼代理人到庭参加诉讼。

三被告共同提出以下抗辩：①本案为涉外纠纷，奥斯卡于荷兰阿姆斯特丹购得该佛像，根据《法律适用法》第37条的规定，本案应适用《荷兰民法典》；②原告未提供对这尊佛像拥有所有权的证据，即便原告描述了历史上村民们对章公祖师肉身佛像的供奉、看护情况，但法律上并不能据此认定原告当然拥有该佛像的所有权；③原告无实质证据证明其主张返还的标的物与被告所称的章公祖师肉身佛像为同一物，原告主张应予驳回；④被告奥斯卡于1996年在荷兰阿姆斯特丹依法买受取得该佛像，系合法取得该佛像的所有权，即便原告能够证明其主张返还的标的物和被告所称的章公祖师肉身佛像为同一物，奥斯卡也将因《荷兰民法典》上关于善意取得以及占有取得的法律规定而获得诉争标的物的所有权；⑤三被告都不是适格被告。被告奥斯卡目前已通过以物易物的方式将该佛像交易给第三方，不再占有该佛像，不存在返还基础；同时，另两家公司未参与购买过程，也未参与案涉标的物的保管、持有、交易等任何环节，与被告奥斯卡是相互独立的关系。

另外，2016年5月，中国国家文物局出具《关于章公祖师肉身佛像有关问题的说明》，认定这尊曾于荷兰和匈牙利展出的佛像即为被盗的章公祖师肉身佛像，同时认定这尊佛像是在未经中国政府许可的情况下非法出口到国外的。2018年11月，福建省文物鉴定中心出具《专家意见书》，认为被告奥斯卡持有的肉身坐佛像正是阳春村1995年被盗的章公祖师肉身佛像。

经审理，三明中院认为：①综合形象对比、文字研究、遗物核查、年代研究、专家意见、报案记录的情况，诉争标的物与普照堂1995年被盗的章公祖师肉身佛像可以认定为同一物，被告提出的反驳意见不足以推翻同一性的认定；②本案的法律适用问题应当参照《法律适用法》第37条的规定适用"法律事实发生时动产所在地法律"，本案"法律事实发生时动产所在地法律"应为"偷盗事实发生时佛像所在地法律"；③阳春村委会与东埔村委会享有章公祖师肉身佛像的所有权，奥斯卡的买受行为不能构成善意取得，他所提出的已将该尊佛像交于他人的主张缺乏证据，不予支持，故应依法承担返还章公祖师肉身佛像的责任；④原告要求与奥斯卡关联的两公司承担法律责任，缺乏事实和法律依据；⑤无法认定章公祖师肉身佛像与当地村民之间形成了"拟制血亲关系"，故对原告要求被告支付精神损害赔偿金的诉请，不予支持。

据此，三明中院作出判决，被告奥斯卡应当在判决生效之日起30日内向原告返还案涉章公祖师肉身佛像，驳回原告其他诉讼请求。

二、法律问题

本案被告为外国公民及法人，案涉标的现处国外，因此，本案为涉外原物返还纠纷。阳春村与东埔村村民供奉的章公祖师肉身佛像于1995年被盗，后村民怀疑一尊在匈牙利展出的肉身坐佛像为被盗佛像，遂向该尊佛像的现持有人奥斯卡提出返还请求，但遭该持有人拒绝。下列问题为本案焦点：

（1）三明中院对本案是否享有管辖权？

（2）案涉标的物是否为原告所称的于1995年被盗的章公祖师肉身佛像？

（3）应怎样确定本案的法律适用问题？

（4）被告是否应该返还案涉标的物？

（5）原告是否有权请求被告赔偿精神损害？

三、法理分析

1. 三明中院是否享有管辖权

管辖权属于诉讼程序问题，应适用法院地法进行考察，即中国法。对于因财产权益纠纷提起的诉讼，被告在中国境内没有住所的，我国法院应依照《民事诉讼法》第265条有关合同纠纷或其他财产权益纠纷的管辖权规则来确定案件审理法院。依之，在非合同纠纷中，符合下列情形时中国法院享有管辖权：诉讼标的物位于中国境内；被告在中国境内有可供扣押的财产；被告在中国境内设有代表机构；侵权行为发生在中国。但是，本案的上述连结点均不在我国境内，第265条并不适用。据此，三明中院无法依据第265条获得本案管辖权。

但是，三明中院立案后，通过国际司法协助程序向荷兰的被告方送达了应诉材料，三被告均委托诉讼代理人应诉答辩。依据《民事诉讼法》第127条第2款的规定："当事人未提出管辖异议，并应诉答辩的，视为受诉人民法院有管辖权，但违反级别管辖和专属管辖规定的除外。"据此，由于三被告应诉答辩，三明中院获得本案的管辖权。

2. 案涉标的物是否为原告所称被盗的章公祖师肉身佛像

本案被告提出的一项抗辩是案涉标的物不是原告1995年被盗的章公祖师肉身佛像。事实上，本案确实没有对诉争标的物的实物进行鉴定，三明中院在综合形象对比、文字研究、遗物核查、年代研究、专家意见、报案记录的情况下，推定案涉标的物与被盗章公祖师肉身佛像具有同一性。

针对被告提出的反驳证据，三明中院认为不足以推翻同一性的认定。法院进而根据《〈民事诉讼法〉司法解释》第108条第1款的规定，[1]认定案涉标的物与被盗章公祖师肉身佛像具有同一性。

3. 本案的法律适用问题

本案为原物返还纠纷，案涉标的物为一尊肉身佛像，属于动产。这尊肉身佛像被盗后跨境流转至奥斯卡处的一系列事实均发生在《法律适用法》实施以前，故应适用当时有效的《民法通则》来处理本案的法律适用问题。《民法通则》第8章是专门规定涉外民事关系的法律适用的，但其中没有关于动产物权的法律适用规则，故无法适用于本案。这种情况下，根据《〈法律适用法〉司法解释（一）》（2013）第2条的规定，[2]本案可以参考适用《法律适用法》的相关规定。

---

〔1〕《〈民事诉讼法〉司法解释》第108条第1款规定："对负有举证证明责任的当事人提供的证据，人民法院经审查并结合相关事实，确信待证事实的存在具有高度可能性的，应当认定该事实存在。"

〔2〕《〈法律适用法〉司法解释（一）》（2013）第2条规定："涉外民事关系法律适用法实施以前发生的涉外民事关系，人民法院应当根据该涉外民事关系发生时的有关法律规定确定应当适用的法律；当时法律没有规定的，可以参照涉外民事关系法律适用法的规定确定。"

根据《法律适用法》第 37 条的规定,[1]本案应当适用法律事实发生时动产所在地法律。随之面临的问题是，应该将何地认定为本案"法律事实发生时动产所在地"。必须强调的是，这尊佛像系具有重大历史和宗教价值的文化财产，有别于普通动产，其在跨国流转过程中涉及多个法律事实，从而形成多个所在地，包括文物被盗地、出口地、首次买卖地、最后交易地、展出地、诉讼时物之所在地等。三明中院认为，适用不同的法律事实发生时动产所在地法律，将形成不同的物权认定规则，故有必要对何为"法律事实发生时动产所在地法律"进行解释。

三明中院基于以下两点考量，认为本案中"法律事实发生时动产所在地"的含义指的是章公祖师肉身佛像被盗时的佛像所在地，而非奥斯卡主张的交易时该尊佛像所处的地方：

（1）物权返还请求权的产生原因。法院认为，本案系物权保护纠纷，原所有权人因被盗而丧失动产的占有，即产生物权返还请求权，因此盗窃事实是产生物权返还关系的法律事实。[2]

（2）文化财产国际的宗旨和目的。法院认为，中国分别于 1989 年和 1997 年加入《关于禁止和防止非法进出口文化财产和非法转让其所有权的方法的公约》（以下简称"《1989 年公约》"）和《国际统一私法协会关于被盗或者非法出口文物的公约》（以下简称"《1997 年公约》"），在厘定《法律适用法》第 37 条的含义时，我国法院应作与国际条约宗旨和目的相符的解释，而不能与之相背离。

从这两部公约的内容来看，它们的宗旨和目的在于保护文化财产、促进文物返还。法院进而指出，适用偷盗事实发生时物之所在地法，有利于原所有权人合理预见其权利受保护的法律，也会对文化财产盗赃物的购买者施加"溯源"查明准据法的义务，从而有助于遏制文化财产的非法跨境流转，促进文化财产市场更加透明、合法化和持续发展。法院同时指出，如果解释为交易时物之所在地法律，则客观上会助长文化财产跨境非法交易，即盗窃者以及中间交易链条的销赃者将文化财产偷运出境后，可以通过挑选冲突规范，

―――――――――――

〔1〕《法律适用法》第 37 条规定："当事人可以协议选择动产物权适用的法律。当事人没有选择的，适用法律事实发生时动产所在地法律。"

〔2〕参见福建省三明市中级人民法院（2015）三民初字第 626 号民事判决书。

寻找在文化财产交易管理最为宽松的国家交易，进而适用交易时物之所在地法使盗赃文化财产的交易"合法化"，此种解释结果将背离国际条约保护文化财产、便利文物返还的宗旨和目的。[1]

综上，三明中院认为本案应该适用佛像被盗时所在地法律，即中国法律。

4. 被告是否应该返还案涉标的物

这一问题实则涉及三个子问题：一是两原告是否享有对供奉的章公祖师肉身佛像的所有权；二是奥斯卡是否因为买受行为而取得案涉佛像的所有权；三是被告奥斯卡是否负有返还义务。以下遂逐一进行分析：

（1）两原告对章公祖师肉身佛像是否享有所有权。章公祖师肉身佛像于1995年被盗流失，根据当时有效的《中华人民共和国文物保护法》（1991年修正，以下简称"1991年《文物保护法》"）第4条和第5条的规定，[2]中国文物的所有权分为国家所有、集体所有和私人所有，其中集体所有的文物中包括传世文物，即由历代先人祖传下来的文物。这就又牵扯到阳春村委会和东埔村委会是否享有章公祖师肉身佛像的集体所有权的问题，这关系到它们的诉讼主体资格。

针对两村委会的集体所有权问题，三明中院也作出了说明。法院认为，根据《中华人民共和国村民委员会组织法》（以下简称"《村民委员会组织法》"）第2条和《〈民事诉讼法〉司法解释》第68条的规定，[3]阳春村委会和东埔村委会是本案的适格当事人。同时，法院认为，2017年10月1日开始

〔1〕 参见福建省三明市中级人民法院（2015）三民初字第626号民事判决书。

〔2〕 我国《文物保护法》制定于1982年，并于1991年进行第一次修正，后于2002年修订，再于2007年、2013年、2015年、2017年进行了第三、四、五、六次修正。1991年《文物保护法》第4条规定："中华人民共和国境内地下、内水和领海中遗存的一切文物，属于国家所有。古文化遗址、古墓葬、石窟寺属于国家所有。国家指定保护的纪念建筑物、古建筑、石刻等，除国家另有规定的以外，属于国家所有。国家机关、部队、全民所有制企业、事业组织收藏的文物，属于国家所有。"1991年《文物保护法》第5条规定："属于集体所有和私人所有的纪念建筑物、古建筑和传世文物，其所有权受国家法律的保护……"

〔3〕《村民委员会组织法》第2条规定："村民委员会是村民自我管理、自我教育、自我服务的基层群众性自治组织，实行民主选举、民主决策、民主管理、民主监督。村民委员会办理本村的公共事务和公益事业，调解民间纠纷，协助维护社会治安，向人民政府反映村民的意见、要求和提出建议。村民委员会向村民会议、村民代表会议负责并报告工作。"《〈民事诉讼法〉司法解释》第68条规定："村民委员会或者村民小组与他人发生民事纠纷的，村民委员会或者有独立财产的村民小组为当事人。"

施行的《民法总则》第101条第1款进一步明确了村民委员会属于中国法特别法人中的基层群众性自治组织法人，[1]且这不意味着该法实施前两原告不具备诉讼主体资格。

（2）奥斯卡是否因为买受行为而取得案涉佛像的所有权。这一问题的解答取决于奥斯卡的买受行为是否适用我国《物权法》上的善意取得制度，三明中院对此持反对意见，理由如下：

第一，偷盗后贩卖的文物不应适用善意取得制度。法院认为，我国《物权法》第107条规定了善意取得制度，[2]但该条没有规定包括盗赃文物在内的盗赃物是否可以适用善意取得制度，故需结合相关法条进行系统解释。依据《物权法》114条的规定，[3]法院认为《物权法》对于拾得遗失物或者漂流物、发现埋藏物或者隐藏物，均规定原则上不适用善意取得制度，且《文物保护法》等法律有特别规定的，从特别规定。法院进一步指出，由于偷盗文物违背文物原始所有权人的意思表示，导致原始所有权人丧失对文物的占有，相较遗失物、埋藏物、隐藏物、漂流物等脱离原始所有人占有的情形而言，该种情形对原始所有权人的损害更大，保护买受人法益的必要性相应更低。根据"举轻以明重"的法理，法院认为，盗赃文物亦不应适用善意取得制度。

第二，案涉佛像属于禁止出售给外国人、禁止出境的文物。根据1991年《文物保护法》第24条、第25条的规定，[4]文物被分为博物馆、图书馆等收藏的馆藏文物和民间收藏的私人文物，对后者法律明确禁止私自出售给外国

---

〔1〕《民法总则》第101条第1款规定："居民委员会、村民委员会具有基层群众性自治组织法人资格，可以从事为履行职能所需要的民事活动。"《民法典》于2021年1月1日生效，《民法总则》同步废止。《民法总则》第101条的规定由《民法典》第101条取代。

〔2〕《物权法》第107条规定："所有权人或者其他权利人有权追回遗失物。该遗失物通过转让被他人占有的，权利人有权向无处分权人请求损害赔偿，或者自知道或者应当知道受让人之日起二年内向受让人请求返还原物，但受让人通过拍卖或者向具有经营资格的经营者购得该遗失物的，权利人请求返还原物时应当支付受让人所付的费用。权利人向受让人支付所付费用后，有权向无处分权人追偿。"《民法典》生效后，《物权法》同步废止，《物权法》第107条由《民法典》第312条取代。

〔3〕《物权法》第114条规定："拾得漂流物、发现埋藏物或者隐藏物的，参照拾得遗失物的有关规定。文物保护法等法律另有规定的，依照其规定。"《民法典》于2021年1月1日生效，《物权法》同步废止。《物权法》第114条的规定由《民法典》第319条取代。

〔4〕1991年《文物保护法》第24条规定："私人收藏的文物可以由文化行政管理部门指定的单位收购，其他任何单位或者个人不得经营文物收购业务。"第25条规定："私人收藏的文物，严禁倒卖牟利，严禁私自卖给外国人。"

人。同时，依据该法第 27 条规定，[1] 文物出口或个人携带文物出境，须事先向海关申报，在获发许可出口凭证后才能从指定口岸运出。此外，依据中国文化部《关于文物出口鉴定标准的几点意见》（1960 年 7 月 12 日起施行）的规定，凡 1795 年以前的文物一律不准出口。

结合案情，案涉章公祖师肉身佛像形成于北宋，属于 1795 年之前的文物；本案亦无证据显示曾有经营文物拍卖资质的企业在中国境内公开拍卖过该尊佛像；该尊佛像亦从未被允许出境，也从未获得过相关出境许可。据此，三明中院认为奥斯卡作为外国公民，非法买受没有合法出境证明的涉案佛像的交易行为，系 1991 年《文物保护法》的规定所禁止，属于非法交易，不应适用善意取得制度。

第三，章公祖师肉身佛像属于人类遗骸之文化财产，不适用善意取得制度，亦有其道德伦理基础。三明中院认为，章公祖师肉身佛像内部的肉身是特殊的人类遗骸，并非普通的有形财产，这尊佛像由当地村民长期供奉，具有重要的历史意义及特殊的宗教价值，承载了当地村民集体的永久记忆。法院进一步指出，作为人类遗骸的文化财产，对于收藏者而言，固然有一定的经济和审美价值，但是对于历代供奉它的原始所有权人以及所属社群却有着特殊的情感、文化、宗教和历史价值。据此，法院认为在解释《物权法》上的善意取得制度是否适用于人类遗骸时，必须考虑这一文化财产对于原始所有权人以及原属社群的精神信仰和文化价值。如果适用普通财产的善意取得制度来调整人类遗骸之特殊文化财产，则此种法律解释的结果则会割裂人类遗骸与原属地的紧密联系，亦与道德伦理相悖。

在此基础上，三明中院结合本案具体情况，认为祖师信仰是中国闽南地区宗教信仰的重要组成部分，章公祖师坐化后受到当地民众供奉，从阳春村和东埔村诸多祭祀活动、当地流传的歌谣等来看，当地村民对于在世时造福乡亲的章公祖师有坚定的崇拜信仰，他们在章公祖师肉身佛像被盗后日夜祈祷，像期盼亲人回归故土一般，祈福流失海外的章公祖师肉身佛像能够早日回到当地。因此，法院认为对章公祖师肉身佛像这一人类遗骸的交易不适用

---

[1] 1991 年《文物保护法》第 27 条规定："文物出口和个人携带文物出境，都必须事先向海关申报，经国家文化行政管理部门指定的省、自治区、直辖市文化行政管理部门进行鉴定，并发给许可出口凭证。文物出境必须从指定口岸运出。经鉴定不能出境的文物，国家可以征购。"

善意取得制度，使其尽快回归与其具有紧密联系的原属社群和文化环境，亦具有道德伦理上的正当性。

　　基于以上三个理由，三明中院认为奥斯卡不能依据善意取得制度取得案涉佛像的所有权。

　　（3）奥斯卡是否负有返还义务。依据《物权法》第34条的规定，[1]阳春村委会和东埔村委会有权要求无权占有人返还原物。奥斯卡在本案中声称已将案涉佛像交于第三人，但他拒不向法院说明转让的具体情况，三明中院遂依据《最高人民法院关于民事诉讼证据的若干规定》第95条的规定，[2]推定章公祖师肉身佛像仍为奥斯卡占有，故奥斯卡应当依法承担返还章公祖师肉身佛像的责任。

　　5. 原告是否可要求三被告支付精神损害赔偿金

　　本案中，两原告认为村民已与章公祖师肉身佛像之间形成了法律上的"拟制血亲关系"，要求三被告支付精神损害赔偿金20万元。根据《最高人民法院关于确定民事侵权精神损害赔偿责任若干问题的解释》第3至第5条的规定，[3]精神损害赔偿仅适用于自然人死亡后近亲属遭受精神痛苦的情形，而不保护近亲属之外的其他人，也未承认法人或其他组织具有获得精神损害赔偿救济的权利。而拟制血亲是指因收养关系或抚养关系而在法律上拟制形成的与自然血亲具有同等法律地位的血亲关系。自然血亲仅为三代以内，拟制血亲亦同。

　　虽然章公祖师肉身佛像作为历史悠久的人类遗骸，亦承载着当地村民的精神寄托，但村委会作为法人，无法与佛像形成拟制血亲；佛像形成于宋代，到现在早已超过三代的范围。故章公祖师肉身佛像无法与当地村民之间形成所谓的"拟制血亲关系"。据此，原告要求三被告承担精神损害赔偿金的请求不能得到法院的支持。

――――――――――

〔1〕《物权法》第34条规定："无权占有不动产或者动产的，权利人可以请求返还原物。"《民法典》于2021年1月1日生效，《物权法》同步废止。《物权法》第34条的规定由《民法典》第235条取代。

〔2〕《最高人民法院关于民事诉讼证据的若干规定》第95条规定："一方当事人控制证据无正当理由拒不提交，对待证事实负有举证责任的当事人主张该证据的内容不利于控制人的，人民法院可以认定该主张成立。"

〔3〕法释〔2001〕7号。该司法解释于2020年修正。

四、参考意见

就动产物权纠纷而言，由于当事人很少能够达成法律适用的合意，动产所在地法律在事实上起着关键的作用。[1]但是，对于如何解释"法律事实发生时动产所在地"，并没有形成统一的标准。例如，英国适用的是"上一次交易地"法律，[2]法国则适用"诉讼时动产所在地"法律。[3]就我国而言，在本案之前，人民法院从未解释过《法律适用法》第 37 条所称的"法律事实发生时动产所在地"的含义。此次三明中院针对文物返还案件首次提出，对"法律事实发生时动产所在地"的解释须符合我国加入的国际条约的宗旨和目的。法院进而根据我国加入的《1989 年公约》和《1997 年公约》的内容，认为两公约的宗旨和目的在于保护文化财产、便利文物返还，这对之后我国法院可能审理的追索海外流失文物的案件具有重大影响。

值得一提的是，虽然三明中院对本案作出了判决，但由于奥斯卡以及案涉佛像都在国外，奥斯卡自愿归还佛像的可能性较低。因此，要执行这一判决，很可能需要向荷兰法院申请承认与执行。事实上，阳春村委会和东埔村委会在向三明中院提起诉讼之前，就已经向奥斯卡经常居所地法院荷兰阿姆斯特丹法院提起诉讼，要求对方归还佛像，但该法院以两原告未能证明其是荷兰法上的适格诉讼主体为由驳回了它们的诉讼请求。[4]换言之，阿姆斯特丹法院否定了村民委员会的诉讼资格。在此背景下，荷兰法院承认与执行三明中院的判决存在较大的不确定性。

就荷兰承认与执行外国法院判决的态度与标准而言，《荷兰民事诉讼法》第 431 条规定："除本法第 985 条至 994 条的规定外，外国法院的判决不能在荷兰得到执行，有关案件可以在荷兰法院审理和重新起诉。"但是，在 1924

---

〔1〕 Huo zhengxin: "The Chinese villages win a lawsuit in China to repatriate a Mummified Buddha Statue hold by a Dutch Collector—What Role has Private International Law Played?", 载 https://conflictoflaws. net/2020/the-chinese-villages-win-a-lawsuit-in-china-to-repatriate-a-mummified-buddha-statue-hold-by-a-dutch-collector-what-role-has-private-international-law-played, 最后访问日期: 2020 年 12 月 17 日。

〔2〕 E. g., Winkworth v. Christie's Ltd. 〔1980〕1 Ch. 496.

〔3〕 Stroganoff Scerbatoff v. Bensimon, 56 Rev. crit. De dr. int. privé（1967）.

〔4〕 ECLI: RBAMS: 2018: 8919.

年"Fur Coat"案中，[1]荷兰最高法院指出，"需要在个案中评定是否以及在何种程度上必须赋予一项外国判决的效力"。这一判决标志着荷兰法院开始转变此前拒绝承认与执行外国判决的态度。荷兰最高法院还在该案中认为是否承认与执行外国判决需要重点考虑外国法院是否合法享有管辖权、外国法院作出裁判的方式是否正当以及承认与执行该外国判决是否会违反荷兰的公共秩序。

　　在2014年的Gazprom bank案中，[2]荷兰最高法院进一步完善了承认与执行外国判决制度，明确提出了四项标准：①作出该外国判决的法院所行使的管辖权是基于国际标准下普遍接受的管辖基础；②该外国判决符合正当程序要求；③承认外国判决不会违反荷兰的公共秩序；④该外国判决不与荷兰法院基于同一案情下在前作出的判决冲突，也不与他国先前的判决冲突（且这一先前判决可以在荷兰被承认与执行）。在2015年10月27日，荷兰法院即依据这四项标准裁定承认和执行我国山东高院于2010年10月12日作出的一项民事判决，[3]该案也系荷兰首次承认和执行我国法院判决。

　　本案原告向荷兰法院申请承认与执行本案判决可能再次面临荷兰法院对其诉讼资格的质疑。除了本案原告外，根据《民事诉讼法》第280条第1款的规定，[4]我国法院也可以向荷兰法院申请承认与执行三明中院的判决，但此前尚无我国法院作为申请主体的先例。且无论哪方作为申请主体都可能面临与荷兰先例相冲突的问题。同时，奥斯卡一直主张该尊佛像已经交易给第三人，荷兰法院可能会认为本案已无执行的可能，从而不予承认与执行三明中院的判决。

　　基于以上分析，我们认为，三明中院的判决在荷兰得到承认与执行存在较大不确定性。不过，即便如此，三明中院的判决对于追索我国海外流失文物依然具有重大意义。

---

〔1〕　ECLI：NL：HR：1924：19.

〔2〕　ECLI：NL：HR：2014：2838.

〔3〕　ECLI：NL：GHARL：2015：8059.

〔4〕　《民事诉讼法》第280条第1款的规定："人民法院作出的发生法律效力的判决、裁定，如果被执行人或者其财产不在中华人民共和国领域内，当事人请求执行的，可以由当事人直接向有管辖权的外国法院申请承认和执行，也可以由人民法院依照中华人民共和国缔结或者参加的国际条约的规定，或者按照互惠原则，请求外国法院承认和执行。"

五、思考题

(1) 文化财产相较于普通动产具有哪些特别之处？

(2) 由于历史原因，我国尚有大量文物流失海外，要追索这些文物，有哪些途径可以尝试？追索海外流失文物存在哪些法律障碍？

拓展案例

"喻某华等诉尹某等返还原物纠纷案"

7-2

一、基本案情

喻某华、黎某海、赵某义共同拥有一块约 30 公斤的玉石毛料。赵某义于 2015 年 2 月 1 日委托尹某代卖该块玉石毛料，并约定如到 2015 年 2 月 15 日尚未卖掉该毛料，应将该毛料返还给赵某义。同日，原告赵某义将毛料交给尹某，尹某未支付任何价款。在尹某代卖期间，其又将毛料交给案外人代卖，案外人向何某桥出售时，何某桥知晓该毛料系尹某委托案外人代卖，就将该块毛料扣留，要求尹某返回其以前从何某桥手中拿走的两块玉石毛料或支付相应价款方才返还。

2015 年 2 月 15 日，赵某义找尹某索要毛料时，尹某告知其该块毛料被何某桥扣留。喻某华、黎某海、赵某义 3 人随后找到何某桥，索要被其扣留的毛料。何某桥以其与尹某有经济纠纷在先且该毛料并非自 3 人手中取得为由，拒不返还。3 人遂诉至云南省瑞丽市人民法院（以下简称"瑞丽法院"）。

瑞丽法院查明本案被告之一赵某义系缅甸联邦共和国公民，故将本案定性为涉外物权纠纷。瑞丽法院进而根据《法律适用法》第 37 条的规定确定本案的法律适用。由于当事人没有选择适用的法律，法律事实发生在中国境内，瑞丽法院适用中国法审理本案。经审理，瑞丽法院根据我国《物权法》第32条、第34条的规定判令何某桥返还案涉毛料。[1]

二、法律问题

（1）本案应怎样确定法律适用？
（2）原告的主张能否得到支持？

三、重点提示

本案被告之一赵某义系缅甸籍，故本案为涉外动产返还原物纠纷，应根据《法律适用法》第37条确定本案纠纷的法律适用，再根据相应的准据法讨论可否支持原告的主张。

---

[1]《民法典》于2021年1月1日生效，《物权法》同步废止。《物权法》第32、34条的规定分别由《民法典》第233、235条取代。

协议选择动产物权适用的法律

📚 知识概要

　　关于动产物权，意大利"法则区别说"时代曾流行"动产随人"的做法，即适用动产所有人的住所地法。"动产随人"原则之所以在相当长的一段时期内为各国所遵循，盖因彼时动产种类有限，经济价值也远逊于不动产，立法者故而未将动产的法律适用视为一个独立问题，而是将之附属于其所有人。此外，由于近代以前，人员的跨国流动性低，动产多存放于所有者的住所，[1]在这种情况下，动产物权适用所有人的住所地法往往能够有效解决纠纷。

　　然而，随着资本主义工商业的发展，国际民商事交易的规模不断扩大，流动资本迅速增加，动产数目持续增大，跨国动产交易使得动产所有者住所地与动产所在地分离的情况愈加频繁。一个人可能在数个国家拥有动产，并同时在数国开展经济活动。"动产随人"原则面临的另一个难题在于住所的不确定性。住所可以经常改变，一个人可以在不同国家同时拥有住所。此外，在财产交易中的利害关系人很难查明物主的住所。因此，随着动产价值的不断提升，动产所在国的立法者和司法者越来越不愿意适用动产所有人的住所地法解决动产物权的问题。这样一来，传统的"动产随人"原则受到了越来越多的批判，越来越多的国家转而主张适用物之所在地法原则。

　　不过，相较于不动产，要确定动产的所在地在不少情况下并非易事。动产是可以移动的，其所在地往往具有短暂性与偶然性，对于那些处于运输中

---

〔1〕　霍政欣：《国际私法学》，中国政法大学出版社 2020 年版，第 172 页。

的动产而言，情况尤为明显。

中国立法在动产物权的法律适用上，另辟蹊径地将意思自治作为物权冲突法的首要原则。《法律适用法》第37条规定："当事人可以协议选择动产物权适用的法律。当事人没有选择的，适用法律事实发生时动产所在地法律。"从本条的措辞来看，其对当事人的意思自治没有施加任何的限制，不要求选择的法律与纠纷具有联系，当事人选择的法律既可以支配物权的取得与丧失，也可以确定物权的种类和内容。当然，由于我国不接受反致，据此，当事人协议选择的法律应是实体法。

◆ 经典案例

"温州市国彩包装有限公司、三井住友金融
租赁株式会社返还原物纠纷案"

8－1

一、基本案情

2009年1月29日，中国天恩数码印刷有限公司（以下简称"天恩印刷公司"）向三井住友金融租赁株式会社（以下简称"三井住友株式会社"）购买由日本国株式会社小森公司制造的一台售价为8630万日元的胶印机。双方约定采用分期付款的方式进行交易，共计48期，分期付款总额为9942.2万日元（年利率7.87%）。同时，双方在买卖合同中特别约定：标的物的所有权在买卖价款付清之前，由三井住友株式会社保留；在买卖价款付清之时，标的物的所有权转移至天恩印刷公司；如果三井住友株式会社认为有必要，天恩印刷公司应按三井住友株式会社的要求，在标的物上附加表明该物所有权尚由三井住友株式会社保留的标识。同时，就本案的法律适用问题，买卖合同约定：本合同适用中国法律法规的强制性规定，除此之外，适用日本国法律。

2009 年 5 月至 2012 年 12 月期间，天恩印刷公司共向三井住友株式会社支付了 34 期货款。其后，天恩印刷公司未继续履行付款义务，三井住友株式会社多次催讨未果。期间，天恩印刷公司于 2011 年 5 月 26 日向三井住友株式会社出具《标的物回收同意书》，同意在天恩印刷公司不能按照合同书的约定履行分期付款的支付条件时，由三井住友株式会社回收该标的物，并进行处理，将处理所得冲抵全部或部分债务。嗣后，天恩印刷公司突然关闭，标的物亦不知所踪。

三井住友株式会社经多方查找，于 2016 年 4 月 29 日确认标的物被浙江省温州市国彩包装有限公司（以下简称"国彩包装公司"）占有使用。三井住友株式会社凭《买卖合同书》等资料至国彩包装公司处，要求对方返还标的物，遭到拒绝。国彩包装公司亦未出示合法有效来源的凭据，并拒绝与三井住友株式会社协商。

2017 年 10 月 17 日，三井住友株式会社向浙江省温州市中级人民法院（以下简称"温州中院"）提起诉讼，提出以下诉讼请求：①判令国彩包装公司立即向三井住友株式会社返还该胶印机（如国彩包装公司不返还，则赔偿 300 万元人民币）；②判令国彩包装公司向三井住友株式会社支付占有设备期间的使用费，从 2016 年 4 月 29 日起至胶印机实际返还日为止，按月使用费 5 万元人民币计算；③判令国彩包装公司承担全部诉讼费用。

国彩包装公司答辩称：①三井住友株式会社提起本案诉讼已超过诉讼时效期限。本案的诉讼时效从 2013 年 4 月 19 日起计算，三井住友株式会社至 2017 年起诉，已经超过诉讼时效期限。②国彩包装公司已经善意取得标的物所有权。国彩包装公司是以合理的价格取得标的物，并已支付全部价款。且国彩包装公司不清楚三井住友株式会社所称的无权处分情况。③天恩印刷公司已经支付 83% 的价款，根据最高人民法院《关于审理买卖合同纠纷案件适用法律问题的解释》（以下简称"《买卖合同纠纷解释》"）的规定，[1]买受人支付 75% 以上货款的，出卖人主张取回标的物，人民法院不予支持。④国彩包装公司合法占有涉案标的物，三井住友株式会社要求支付使用费，没有事实和法律依据。

---

[1] 法释〔2012〕8 号。

经温州中院查明，天恩印刷公司将案涉胶印机于 2014 年 9 月作价 240 万元人民币转卖给国彩包装公司。在庭审中，国彩包装公司述称其在义乌验看案涉胶印机时，得知该机器为进口设备，但未核实机器的来源，也未要求查看海关的单据和发票。

温州中院经审理认为，三井住友株式会社为外国企业，根据《〈法律适用法〉司法解释（一）》(2013) 第 1 条的规定，本案属于涉外民事关系，应当适用《法律适用法》。就本案的法律适用问题，温州中院认为应根据《法律适用法》第 37 条予以确定。又由于在审理过程中，三井住友株式会社主张适用中国法律，国彩包装公司没有异议，故温州中院认为本案应适用中国法律审理。温州中院遂依据我国《物权法》第 34 条、第 106 条的规定判决国彩包装公司返还案涉胶印机。[1]

国彩包装公司不服该判决，向浙江省高级人民法院（以下简称"浙江高院"）提起上诉。浙江高院经审理维持原判，驳回上诉。

二、法律问题

本案当事人一方为日本企业，一方为中国企业，因此，本案为涉外返还原物纠纷。天恩印刷公司以分期付款的方式向三井住友株式会社购买了一台胶印机，后无力付款将该胶印机转卖于国彩包装公司，现三井住友株式会社要求国彩包装公司返还该胶印机。下列问题遂成为本案焦点：

（1）本案应适用何国法律审理？

（2）依据我国法律，三井住友株式会社是否有权要求国彩包装公司返还案涉标的物？

（3）依据我国法律，国彩包装公司可否主张善意取得？

（4）本案是否超过诉讼时效？

三、法理分析

1. 本案的法律适用问题

本案中，三井住友株式会社主张适用动产所在地法即中国法律进行审理，

---

〔1〕《民法典》于 2021 年 1 月 1 日生效，《物权法》同步废止。《物权法》第 34、106 条的规定分别由《民法典》第 235、311 条取代。

国彩包装公司对此没有异议，故温州中院裁定应适用中国法律。

根据《法律适用法》第 37 条的规定："当事人可以协议选择动产物权适用的法律。当事人没有选择的，适用法律事实发生时动产所在地法律。"本案的争议标的为动产，故当事人具有协议选择法律的权利。同时，《〈法律适用法〉司法解释（一）》（2013）第 8 条规定："当事人在一审法庭辩论终结前协议选择或者变更选择适用的法律的，人民法院应予准许。各方当事人援引相同国家的法律且未提出法律适用异议的，人民法院可以认定当事人已经就涉外民事关系适用的法律做出了选择。"由此可见，温州中院的裁判符合相关法律及司法解释的规定。

2. 三井住友株式会社是否有权要求国彩包装公司返还案涉标的物

材料显示，案涉胶印机原是三井住友株式会社与天恩印刷公司间的交易物，后天恩印刷公司未经三井住友株式会社同意将其转卖给了国彩包装公司。

三井住友株式会社与天恩印刷公司间的买卖合同特别约定：标的物的所有权在买卖价款付清之前，由三井住友株式会社保留；在买卖价款付清之时，标的物的所有权转移至天恩印刷公司。这是分期付款买卖合同中常见的所有权保留条款。国彩包装公司主张，《买卖合同纠纷解释》第 36 条第 1 款规定："买受人已经支付标的物总价款的 75% 以上，出卖人主张取回标的物的，人民法院不予支持。"据此，天恩印刷公司已经支付 7294.1 万日元，已经达到了《买卖合同纠纷解释》中的 75% 的要求，故三井住友株式会社无权要求返还。对此，温州中院认为，国彩包装公司主张的总金额有误，由于是分期购买方式，购买总金额应为 9942.2 万日元而非 8630 万日元，故此时天恩印刷公司已支付的价款仅占 73.37%，并未达到 75% 的要求。因此，国彩包装公司的这一主张不能得到支持。

根据三井住友株式会社与天恩印刷公司间的买卖合同，由于天恩印刷公司并未付清款项，案涉胶印机的所有权在庭审时仍归属三井住友株式会社。根据我国《物权法》第 34 条："无权占有不动产或者动产的，权利人可以请求返还原物。"[1]天恩印刷公司的转卖行为是无权处分，权利人有权予以追

---

[1] 《民法典》于 2021 年 1 月 1 日生效，《物权法》同步废止。《物权法》第 34 条的规定由《民法典》第 235 条取代。

回。但考虑到维持社会交易环境的稳定，我国立法上在此问题上规定了几种例外情形。《物权法》第106条第1、2款规定："无处分权人将不动产或者动产转让给受让人的，所有权人有权追回；除法律另有规定外，符合下列情形的，受让人取得该不动产或者动产的所有权：①受让人受让该不动产或者动产时是善意的；②以合理的价格转让；③转让的不动产或者动产依照法律规定应当登记的已经登记，不需要登记的已经交付给受让人。受让人依照前款规定取得不动产或者动产的所有权的，原所有权人有权向无处分权人请求赔偿损失。"[1]这条规定涉及善意取得的相关内容，那么，国彩包装公司是否可主张善意取得而拒绝返还标的物呢？本问题的答案取决于如何处理下一个问题。

3. 国彩包装公司可否主张善意取得

《物权法》第106条规定了善意取得的3个条件，《最高人民法院关于适用〈中华人民共和国物权法〉若干问题的解释（一）》（以下简称"《〈物权法〉司法解释（一）》"）在此基础上作出了更详细的规定。《〈物权法〉司法解释（一）》第15条规定："受让人受让不动产或者动产时，不知道转让人无处分权，且无重大过失的，应当认定受让人为善意。真实权利人主张受让人不构成善意的，应当承担举证证明责任。"[2]第17条规定："受让人受让动产时，交易的对象、场所或者时机等不符合交易习惯的，应当认定受让人具有重大过失。"[3]

本案中，国彩包装公司的买入价格为240万元，显然低于该设备最初的购买价格，但由于距离初次购买的时间已过去5年有余，故此时不能简单判定为不满足合理价格转让的条件。对于交易的场所，国彩包装公司承认其自行到对方公司提取案涉设备，但其在一、二审中均无法说清对方公司的场所。且国彩包装公司在一审庭审中明确承认其明知案涉机器是进口设备，但未审

---

〔1〕《民法典》于2021年1月1日生效，《物权法》同步废止。《物权法》第106条的规定由《民法典》第311条取代。

〔2〕《民法典》生效后，《物权法》及其司法解释同步废止。《〈物权法〉司法解释（一）》第15条的规定由与《民法典》同日生效的《最高人民法院关于适用〈中华人民共和国民法典〉物权编的解释（一）》第14条取代。

〔3〕《〈物权法〉司法解释（一）》第17条的规定由与《民法典》同日生效的《最高人民法院关于适用〈中华人民共和国民法典〉物权编的解释（一）》第16条取代。

查进口单据、发票、合同等证明机器来源的文件。综合以上情况，我们认为，可以判定国彩包装公司在受让过程中存在重大过失，不构成善意取得。

4. 本案是否已超过诉讼时效

就涉外民商事案件的诉讼时效的法律适用问题，《法律适用法》第 7 条规定："诉讼时效，适用相关涉外民事关系应当适用的法律。"结合案情，本案是物权所有人向买卖合同之外的第三人主张原物返还之诉，应适用物权相关的诉讼时效规定。但对于一般动产的权利人返还财产的请求权是否应当适用诉讼时效，我国法律没有明确规定。[1]

温州中院认为，一般而言，债权请求权可以适用诉讼时效，而物权请求权则不应适用诉讼时效；即使适用诉讼时效，也应自权利人知道或者应当知道权利受到损害以及有关义务人之日起算，而本案中国彩包装公司于 2014 年 9 月受让案涉设备，三井住友株式会社认为其于 2016 年 4 月才确认设备位于国彩包装公司处，并于 2017 年 10 月 17 日起诉。综上，温州中院认为本案并未超过诉讼时效。

四、参考意见

我国在动产物权的法律适用问题上没有遵照国际社会通行的做法全面采纳物之所在地法，而是将意思自治原则放在了首位，并辅以物之所在地法。从《法律适用法》第 37 条的措辞来看，我国立法对当事人之间协议选择的法律没有作出限制。换言之，当事人可以协议选择与标的物毫无联系的法律。同时，当事人之间选择的法律既可以支配物权的取得与丧失，也可以确定物权的种类和内容。

我们认为，将意思自治原则以无限制的方式全面引入动产物权的法律适用领域似乎过于冒进。物权是对世权，其产生的法律后果不仅仅局限于当事人之间，因此，允许当事人无限制地选择法律很可能对第三人的利益产生不利影响。另外，"物权法定原则"已为绝大多数大陆法国家确定为物权法的基

---

〔1〕 案件审理时有效的《民法总则》第 196 条第 2 项明确规定，登记的动产物权的权利人请求返还财产不适用诉讼时效的规定，但对一般动产物权的返还请求权是否适用诉讼时效没有作出规定。《民法典》于 2021 年 1 月 1 日生效，《民法总则》同步废止。《民法总则》第 196 条的规定由《民法典》第 196 条取代。

本原则，我国也是如此。我国《物权法》第 5 条规定："物权的种类和内容，由法律规定。"[1]因此，《法律适用法》确定当事人协议选择动产物权的准据法，却不对准据法支配的事项进行限制，按照《法律适用法》第 37 条的内容，当事人可以借此选择物权种类和内容与我国有不同规定的准据法，以此规避我国《物权法》的规定，这显然与"物权法定原则"不符。

因此，我们认为，未来立法有必要对《法律适用法》第 37 条进行修改，对意思自治予以适当的限制。[2]

五、思考题

（1）如果天恩印刷公司已支付的款项达到了总额的 75%，三井住友株式会社是否有权要求其返还该胶印机？三井住友株式会社此时应该如何维权？

（2）如果未来我国对《法律适用法》第 37 条进行修改以限制当事人的意思自治，你认为可以从哪些方面着手？

拓展案例

"杨某明与戴某鸣共有物分割纠纷案"

8-2

一、基本案情

杨某明系加拿大公民，戴某鸣系中国公民，二人于 2010 年 1 月 8 日在我国浙江省宁波市签订了一份《合作协议》。《合作协议》约定：由杨某明提供

---

〔1〕《民法典》于 2021 年 1 月 1 日生效，《物权法》同步废止。《物权的》第 5 条的规定由《民法典》第 116 条取代。

〔2〕霍政欣：《国际私法学》，中国政法大学出版社 2020 年版，第 183 页。

新产品（天平）样品或新产品设计思路，所有投入、设计和开模费用均由双方各半投资；新产品成型后均由戴某鸣生产，该产品只能销售给杨某明，不得销售给国内外的其他客户；杨某明应加大新产品推销力度，利用现有销售渠道扩大销售量。协议签订后，戴某鸣依约投入了 50% 模具开发费用计 255 750 元人民币（以下币种均为人民币）。戴某鸣认为，天平模具开发制作后，杨某明未积极联系销售，致使模具一直处于闲置状态。同时，戴某鸣又不能将产品销售给其他客户，这导致其签订协议的目的无法实现。

戴某鸣遂于 2012 年 7 月 9 日向宁波市中级人民法院（以下简称"宁波中院"）提起诉讼，请求法院对案涉模具进行分割，由杨某明支付戴某鸣投入的模具开发费用 255 750 元。庭审中，戴某鸣明确其诉请分割模具的方式即为杨某明提取模具，支付戴某鸣模具开发费用。因此，本案属于共有物分割纠纷，属动产物权纠纷的一种。对于法律适用，双方均选择中国法律处理本案争议。法院根据《法律适用法》第 37 条的规定尊重了当事人的意思自治，适用中国法审理此案。经审理，宁波中院认为，《合作协议》约定开模费用双方共同投资，模具双方共有，各占 50%，故原被告对案涉模具系按份共有，应根据《物权法》第 100 条的规定处置案涉模具。[1]

宁波中院认为，案涉的三套模具虽然独立成套，但型号各异，每套的制作费用已经无法查明和区分，而且模具显眼处刻有被告投资的华泰公司的标识，被告一方面不愿取走模具，支付原告价款，另一方面亦不愿原告使用模具。双方就模具的归属及价值难以达成一致。宁波中院进一步认为，虽然案涉模具为按份共有，理论上可以评估价值，就折价或者拍卖、变卖取得的价款进行分割，但这一模具用途较特定，司法评估难以确定其合理价值，拍卖、变卖亦难以操作，故只能酌情折价分割。根据实际情况，本着物尽其用的原则，宁波中院认为案涉模具归于被告较为适当。又因案涉模具为特定物，难以确定其市场价值，宁波中院综合各方面因素，酌情认定案涉模具的现价为

---

〔1〕《物权法》第 100 条规定："共有人可以协商确定分割方式。达不成协议，共有的不动产或者动产可以分割并且不会因分割减损价值的，应当对实物予以分割；难以分割或者分割会减损价值的，应当对折价或者拍卖、变卖取得的价款予以分割。共有人分割所得的不动产或者动产有瑕疵的，其他共有人应当分担损失。"《民法典》于 2021 年 1 月 1 日生效，《物权法》同步废止。《物权法》第 100 条的规定由《民法典》第 304 条取代。

原价的 50%，即 255 750 元。据此，宁波中院判决被告应当支付原告 127 875 元。杨某明不服该判决向浙江高院提起上诉，浙江高院维持原判，驳回上诉。

二、法律问题

（1）本案应如何确定法律适用？

（2）案涉模具应如何处置？

三、重点提示

本案当事人之一为加拿大籍公民，案涉标的物为模具，系动产。原告戴某鸣请求法院分割该模具，分割动产为物权处分方式之一，故本案为涉外动产物权纠纷，应适用《法律适用法》第 37 条的规定确定法律适用。本案当事人协议选择中国法，符合该条的规定，本案应适用中国法进行审理。值得一提的是，案涉模具的用途较为特殊，在处理时要注意尽可能保存其价值，以恰当的方式进行分割。

有价证券的法律适用

知识概要

"有价证券"一词为德国学者首倡，是现代经济发展的产物。但各国对其认识并未达成一致，不论是理论上，还是在立法实践上，对其内涵和外延的规定都有差异。一般认为，有价证券是指一种表示具有财产价值的民事权利且行使民事权利以持有证券为必要的证券。[1]

当代，有价证券的种类繁多，依据不同的标准可以做出不同的分类。关于有价证券的法律适用，我国《法律适用法》第 39 条规定如下："有价证券，适用有价证券权利实现地法律或者其他与该有价证券有最密切联系的法律。"从该条规定的措辞来看，它赋予法官在有价证券权利实现地法律和与该证券有最密切联系的法律之间择一适用的权力。

经典案例

"张某棠与盈博金属制品厂、林某莲
票据付款请求权纠纷案"

9 – 1

---

[1] 中国社会科学院法学所《法律辞典》编委会编：《法学辞典（简明本）》，法律出版社 2004 年版，第 283 页。

一、基本案情

2016 年底至 2017 年初，广东盈博金属制品厂（以下简称"盈博金属厂"）在张某棠处购买钢材等货物，并向张某棠出具了 3 张支票，3 张支票的付款行均为广东省江门新会农村商业银行股份有限公司罗坑支行，收款人均为张某棠，出票人账号均为 80××××70，出票人签章及被背书人均为盈博金属厂、林某莲。2016 年 12 月 8 日，张某棠持有上述 3 张支票向付款行请求支付时，付款行分别向张某棠出具 3 份《拒绝受理通知书》，原因均为"背书不符合规定"。随后，张某棠多次要求盈博金属厂付款未果。张某棠遂以盈博金属厂和林某莲为共同被告，向广东省江门市新会区人民法院（以下简称"新会法院"）提起诉讼。

新会法院认为，本案属票据付款请求权纠纷，由于当事人之一林某莲是香港特别行政区居民，本案属涉港民事案件。基于此，新会法院根据《法律适用法》第 39 条有关"有价证券"的法律适用规定确定本案应适用我国内地法律。进而，新会法院依照《中华人民共和国票据法》（以下简称"《票据法》"）第 84 条和第 89 条，认定出票人盈博金属厂应按照签发的支票金额承担票据责任，即应按支票上所记载的金额向张某棠付款。此外，因盈博金属厂系个体工商户，经营者为林某莲，新会法院依据《民法通则》第 29 条的规定，[1] 判令林某莲以其个人财产对盈博金属厂的债务承担无限责任。据此，新会法院支持了张某棠的诉讼请求，判决盈博金属厂、林某莲向张某棠支付尚欠的票据款 80 774.54 元。

二、法律问题

本案当事人之一为香港特别行政区居民，故本案为涉港纠纷，应参照我国有关涉外民事案件的程序和法律进行审理。张某棠无法凭借盈博金属厂开具的支票提款，下列问题成为本案焦点：

（1）本案应适用何地法律？

---

[1]《民法通则》第 29 条规定："个体工商户，农村承包经营户的债务，个人经营的，以个人财产承担；家庭经营的，以家庭财产承担。"《民法典》于 2021 年 1 月 1 日生效，《民法通则》同步废止。《民法通则》第 29 条的规定由《民法典》第 56 条取代。

（2）张某棠是否有权要求盈博金属厂支付未兑现的款项？

（3）出具支票的是盈博金属厂，林某莲是否需要承担责任？

三、法理分析

1. 本案的法律适用问题

支票是有价证券的一种，也是票据的一种。因此，在本案的法律适用问题上应考虑：①《法律适用法》中关于涉外"有价证券"的法律适用规定；②《票据法》中有关"涉外票据"的法律适用规定。《票据法》相较于《法律适用法》为特别法，依照《〈法律适用法〉司法解释（一）》（2013）第3条的规定，应优先考虑《票据法》中的相关规定。

《票据法》第5章专门规定了"涉外票据"的法律适用问题。根据该法第98条的规定："票据的背书、承兑、付款和保证行为，适用行为地法律。"结合案情，本案的背书、付款行为均在内地，故应适用内地法律进行调整。但问题在于本案中的支票并不属于我国《票据法》上所称的"涉外票据"。依照《票据法》第94条第2款对"涉外票据"的定义，"涉外票据，是指出票、背书、承兑、保证、付款等行为中，既有发生在中华人民共和国境内又有发生在中华人民共和国境外的票据"。本案中，案涉票据的背书、付款等行为均发生在广东省江门市，不符合《票据法》上要求诸行为中既有境外行为又有境内行为的条件。鉴此，本案不能适用《票据法》第98条的规定。

另一方面，根据《〈法律适用法〉司法解释（一）》（2013）第1条："民事关系具有下列情形之一的，人民法院可以认定为涉外民事关系：①当事人一方或双方是外国公民、外国法人或者其他组织、无国籍人……"以及第19条："涉及香港特别行政区、澳门特别行政区的民事关系的法律适用问题，参照适用本规定。"本案当事人之一林某莲为香港特别行政区居民，属于《法律适用法》的调整范围。《法律适用法》第39条规定："有价证券，适用有价证券权利实现地法律或者其他与该有价证券有最密切联系的法律。"由于案涉支票的权利实现地在内地，支票的背书、权利行使等均发生在内地，内地为与该票据权利行使具有最密切联系的地点，故本案应适用内地法律。

2. 张某棠是否有权要求盈博金属厂支付未兑现的款项

张某棠所持支票在银行无法兑现，其所持的票据是否有效？依照《票据法》第 84 条的规定："支票必须记载下列事项：①表明'支票'的字样；②无条件支付的委托；③确定的金额；④付款人名称；⑤出票日期；⑥出票人签章。支票上未记载前款规定事项之一的，支票无效。"盈博金属厂向张某棠开具的 3 张支票，均符合《票据法》上规定的支票记载事项要求，因此，这 3 张支票均为有效票据。张某棠在行使票据权利时，付款行以"背书不符合规定"为由拒绝受理，此时应依照《票据法》第 89 条"出票人必须按照签发的支票金额承担保证向该持票人付款的责任"的规定，由出票人盈博金属厂按照签发的支票金额承担票据责任，即应按支票上所记载的金额向张某棠付款。据此，张某棠有权要求盈博金属厂支付未兑现的款项。

3. 林某莲是否需要承担责任

案涉支票均为盈博金属厂开具，但盈博金属厂系个体工商户，经营者为林某莲，依据我国《民法通则》第 29 条的规定，林某莲应以其个人财产对盈博金属厂的债务承担无限责任。据此，张某棠不仅可以要求盈博金属厂承担责任，还可要求林某莲以其个人财产共同承担还款责任。

四、参考意见

从我国《法律适用法》第 39 条的规定来看，其对有价证券的法律适用的规定是相当概括的，这必然会给其在司法实践中的适用带来一些问题：[1]

第一，有价证券持有人既享有对有价证券本身的所有权，又享有有价证券上所记载的权利，《法律适用法》第 39 条仅笼统规定了有价证券的法律适用，但从其措辞上尚不能判断它支配的是持有人对有价证券本身的所有权，还是有价证券上所记载的权利，或者两者均受其支配。

第二，有价证券的种类繁多，不同类别的有价证券在性质、特点上存在很大的差异，第 39 条过于概括的规定不可能同时满足各类有价证券的需求。

第三，有价证券不仅有物权证券，还有债权证券、社员权证券，《法律适用法》将第 39 条放置于"物权"一章，可见其目的是将其适用范围限制在物权事项上。但这不论从学理上或是从实践中，均无合理性。[2]因此，我们建

---

〔1〕 霍政欣：《国际私法学》，中国政法大学出版社 2020 年版，第 184~185 页。
〔2〕 万鄂湘主编：《〈中华人民共和国涉外民事关系法律适用法〉条文解释与适用》，中国法制出版社 2011 年版，第 285 页。

议，未来立法有必要对第 39 条进行完善，以解决上述问题。

五、思考题

（1）为什么对有价证券的法律适用不采用"物之所在地法"原则？
（2）《法律适用法》第 39 条的规定有哪些可以完善的地方？

拓展案例

"陈某华与陆某琳票据追索权纠纷案"

9 – 2

一、基本案情

陈某华系我国澳门特别行政区居民，在广东省中山市石岐区华丰建材行从事个体经营。陆某琳系中山市南朗镇祥盛土石方工程部的个体经营者。2014 年 10 月 6 日，陆某琳、中山市南朗镇祥盛土石方工程部向中山市石岐区华丰建材行开出一张金额为 132 000 元的支票，用途为贷款，付款期限自出票之日起 10 日，付款银行为民生银行中山分行，支票上加盖有中山市南朗镇祥盛土石方工程部财务专用章及陆某琳印章。陈某华收到上述支票后，背书委托工商银行中山城北支行收款。同月 10 日，中山市石岐区华丰建材行委托工商银行中山城北支行兑现上述支票，但工商银行中山城北支行回复，因出票人账户余额不足以支付票据款项而退票。其后，陈某华向陆某琳追讨上述支票款项未果，遂于 2015 年 1 月诉至广东省中山市第一人民法院（以下简称"中山一院"），主张前述权利。

中山一院认为，本案为涉澳票据追索权纠纷。法院进一步认为，由于案涉票据的出票地、付款地以及背书、承兑等行为均发生在我国内地，故依照《法律适用法》第 39 条的规定，应适用内地法律审理本案。最终，中山一院依据内地《票据法》的有关规定，判决陆某琳向陈某华支付票据款 132 000 元及利息。

二、法律问题

（1）如何确定本案的法律适用？

（2）陈某华的主张是否应得到支持？

三、重点提示

本案当事人之一系我国澳门特别行政区居民，故应参照涉外民事案件进行审理。与经典案例相同，本案也涉及《票据法》第 98 条与《法律适用法》第 39 条的竞合问题，可参考经典案例中的内容进行分析。在确定了法律适用后，再根据相关准据法判断可否支持陈某华的诉讼请求。

| 专题十 |

权利质权的法律适用

知识概要

依据我国物权法学理通说，质权属于担保物权的一种，是指债务人不清偿其债务时，债权人得就债务人或第三人转移占有而提供担保的动产或财产权利依法折价或者以拍卖、变卖的价款优先受偿的权利。依据质权标的物的不同，质权可分为动产质权与权利质权。前者是指以动产为标的物的质权，后者是指以债权或者其他财产权利为标的物的质权。由于物权的客体应为物，权利质权又称准质权。[1]

我国《民法典》第 440 条规定："债务人或者第三人有权处分的下列权利可以出质：①汇票、支票、本票；②债券、存款单；③仓单、提单；④可以转让的基金份额、股权；⑤可以转让的注册商标专用权、专利权、著作权等知识产权中的财产权；⑥应收账款；⑦法律、行政法规规定可以出质的其他财产权利。"由此可见，能够设立质权的权利多种多样，其中有相当一部分涉及有价证券的权利。

我国《法律适用法》第 40 条就权利质权的法律适用问题专门作出规定："权利质权，适用质权设立地法律。"因此，确定权利质权的准据法的前提在于确定质权设立地。依据我国《民法典》第 441 条至第 445 条可知，质权设立地，需要办理出质登记的，是指权利登记地；不需要办理出质登记的，是指权利成立地，如质押合同订立地、设质权利之证书交付地等。

---

〔1〕 马俊驹、余延满：《民法原论》，法律出版社 2010 年版，第 440~441 页。

📚 经典案例

"北京荣世恒达投资中心、孙某银

股权质权纠纷案"

10 - 1

一、基本案情

2014 年 12 月 12 日，孙某银、北京荣世安达投资有限公司（以下简称"安达公司"）、北京大基康明医疗设备有限公司（以下简称"康明公司"）三方在内地共同签订了《股权投资协议》。各方在协议中约定投资标的为孙某银直接或间接持有的康明公司 8% 股权（即目标股权），并确认目标股权的投资价款为 4 亿元（以下非特殊注明均为人民币）。各方在第 8 条 8.1 款中约定，如孙某银至 2015 年 6 月 30 日仍未按照本协议第 3 条所述方式将目标股权过户给安达公司或其指定方，安达公司有权选择：①改为要求孙某银将其间接控制的优疗公司（Top Grade Healthcare Ltd.）的部分股权转让给安达公司；或者②放弃本协议项下任何股权收购。如果安达公司选择①，则双方继续履行协议，孙某银应将优疗公司的 8% 股权过户至安达公司；如果安达公司选择②，则孙某银应向安达公司返还投资价款，总金额为安达公司已支付的全部投资金额加上按照 12% 年利率计算的利息（"投资撤回款"），从安达公司相应投资价款支付日期开始计算，至孙某银实际支付安达公司全部投资撤回款时结束。

2015 年 1 月 7 日，孙某银、安达公司、康明公司、北京荣世恒达投资中心（以下简称"恒达公司"）四方经协商一致在内地共同签订了《权利义务转让协议》，该协议中约定安达公司将《股权投资协议》中的全部权利和义务一次性转让给恒达公司。孙某银、康明公司将协助恒达公司将康明公司 8% 的股权办理相关工商登记手续登记在恒达公司名下。

当日，恒达公司与孙某银签订《债权确认协议》。协议约定：如果截至2015 年 6 月 30 日，孙某银仍未将康明公司 8% 的股权过户给恒达公司，而恒达公司选择放弃该协议项下任何股权收购，则孙某银将对恒达公司形成如下不可撤销之债务：①恒达公司支付的投资款 2.5 亿元；②上述投资款自恒达公司支付日起至孙某银向恒达公司支付全部投资撤回款时按年化 12% 计算的利息；③为实现上述债权而产生的各项费用。

同日，恒达公司（质权人）、康明公司（出质人）、香港大基集团有限公司（以下简称"大基集团"）三方签订了《质押协议（甲）》，恒达公司（质权人）、大基集团（出质人）、康明公司三方签订了《质押协议（乙）》。

《质押协议（甲）》约定：康明公司于本协议生效日持有大基医疗 100% 股权，对应的出资额为 1 亿元；康明公司以其持有的大基医疗 100% 股权为《债权确认协议》提供质押担保，保证恒达公司权利的实现。《质押协议（乙）》约定：大基集团于本协议生效日持有康明公司 100% 股权，对应的出资额为 2120 万美元。大基集团以其持有的康明公司 100% 股权为《债权确认协议》提供质押担保，保证恒达公司权利的实现。

2015 年 1 月 9 日，双城市工商行政管理局向大基医疗出具了《股权出质设立登记核准通知书》，为《质押协议（甲）》办理了股权出质登记手续。《质押协议（乙）》未办理质押登记手续。

之后，恒达公司依《债权确认协议》中的约定向孙某银汇款 2.5 亿元。由于孙某银未能如期履行股权过户义务，恒达公司于 2015 年 8 月 10 日向孙某银发出《通知函》，要求孙某银尽快于 2015 年 8 月 31 日前完成协议约定的股权回购义务，将全部投资款项及利息返还恒达公司。该月 19 日，孙某银以电子邮件向恒达公司回复称，同意履行回购股权的约定，并请求给予 3 个月的还款宽限期以准备资金。

后珠海亿仁氨纶有限公司（以下简称"亿仁公司"）分 4 次为孙某银向恒达公司共代偿 3000 万元。在汇款填写款项用途时，亿仁公司第一次填写的用途为"往来款"，计 300 万元。其余 3 次所填用途为"还本金"，共计 2700 万元。

因孙某银未如约偿还债务，恒达公司于 2016 年以孙某银、康明公司、大基集团为被告向北京市高级人民法院（以下简称"北京高院"）提起诉讼，请求法院判令：①孙某银向恒达公司返还投资款本金余额人民币243 538 589.67元以及相应利息；②请求判令孙某银向恒达公司支付本案律师费；③请求康明公司在其股权质押范围内以其持有的大基医疗100%股权承担连带清偿责任，即请求法院确认《质押协议（甲）》有效，恒达公司对康明公司持有的大基医疗100%股权享有质权，对该质押股权处分后所得款项享有优先受偿权；④请求大基集团在其股权质押范围内以其持有的康明公司的100%股权承担连带清偿责任，即请求法院确认《质押协议（乙）》有效，恒达公司对大基集团持有的康明公司的100%股权享有质权，对该质押股权处分后所得款项享有优先受偿权；⑤本案诉讼费由3名被告共同承担。

就本案的法律适用问题，北京高院认为，本案当事人之一的大基集团系在香港特别行政区注册成立的公司，故本案为涉港民事案件，应参照适用《法律适用法》第40条的规定："权利质权，适用质权设立地法律。"由于案涉质权是在内地设立，北京高院进而认为，本案应适用内地法律。

经审理，北京高院首先确认了孙某银尚欠恒达公司本金及利息共计243 538 589.67元。就两份质押协议的效力问题，北京高院指出，依据《物权法》第226条[1]的规定，以股权出质的，自登记时生效，故认定《质押协议（甲）》已生效，恒达公司对康明公司持有的大基医疗股权享有优先受偿权；《质押协议（乙）》未生效，恒达公司关于对大基集团持有的康明公司股权享有优先受偿权的诉讼请求，没有法律依据。据此，北京高院判决：孙某银返还恒达公司投资款本金243 538 589.67元以及相应利息；孙某银向恒达公司支付本案律师费75万元；恒达公司有权就康明公司持有的大基医疗100%股权折价或者以拍卖、变卖所得的价款在本判决确定的债权范围内优先受偿；驳回恒达公司其他诉讼请求。

判决作出后，恒达公司、孙某银表示不服，向最高法院提起上诉。恒达公司请求最高法院改判确认《质押协议（乙）》有效；孙某银请求最高法院

---

[1]《民法典》于2021年1月1日生效，《物权法》同步废止。《物权法》第226条的规定由《民法典》第443条取代。

重新计算应返还的金额和利息。经审理，最高法院认为，恒达公司和孙某银的上诉请求均不能成立，予以驳回。

二、法律问题

本案被告之一大基集团为在香港特别行政区注册的公司，故本案为涉港股权转让纠纷，需参照《法律适用法》的相关规定进行审理。大基集团、康明公司分别出质担保孙某银与恒达公司之间的《债权确认协议》的履行，后孙某银未能如约向恒达公司转让股权，下列问题遂成为本案焦点：

（1）本案应适用何地法律进行审理？

（2）本案中孙某银还需返还恒达公司多少投资额？

（3）两份《质押协议》的效力如何？康明公司、大基集团应分别承担什么责任？

三、法理分析

1. 本案的法律适用问题

本案被告之一大基集团为在香港特别行政区注册的公司，因此本案应参照《法律适用法》的相关规定进行审理。本案中，康明公司、大基集团分别以自己持有的股权出质担保《债权确认协议》的履行，故恒达公司依据两份《质押协议》可享有权利质权。依据《法律适用法》第 40 条的规定："权利质权，适用质权设立地法律。"根据案情，两份《质押协议》均在内地签订，故质权设立地应为内地，本案应适用内地法律进行审理。

2. 本案中孙某银还需返还恒达公司多少投资额

本案中，恒达公司支付的投资款项为 2.5 亿元，在孙某银确认无法履行合同后，亿仁公司已为孙某银代为清偿 3000 万元。但依据双方的协议，孙某银不仅要返还投资额本金，还应支付一定的利息，亿仁公司代为清偿的这部分应属于本金还是利息？

本案所涉合同虽然并非借款合同，但从《股权投资协议》及《债权确认协议》的内容可以看出，当条件成就时，恒达公司有权要求孙某银履行返还投资款的义务，即恒达公司与孙某银之间的股权转让关系此时变成了债权债务关系。亿仁公司在后 3 次代孙某银偿还相关款项时将用途填写为"还本金",但这仅是孙某银一方的意思表示,恒达公司接受相关款项不等于其认可款项的性质是还本金。在恒达公司没有明确表示同意相关款项优先偿还本金的情况下,应视为双方并未对此达成合意。《最高人民法院关于适用〈中华人民共和国合同法〉若干问题的解释(二)》第21条规定:"债务人除主债务之外还应当支付利息和费用,当其给付不足以清偿全部债务时,并且当事人没有约定的,人民法院应当按照下列顺序抵充:①实现债权的有关费用;②利息;③主债务。"[1]因此,在当事人没有对还款顺序进行约定时,应优先冲抵利息。据此,孙某银尚需返还恒达公司投资额243 538 589.67元。

3.《质押协议》的效力

为了担保孙某银履行《债权确认协议》,康明公司、大基集团以各自持有的股权出质,并与孙某银、恒达公司分别订立《质押协议(甲)》《质押协议(乙)》。其中《质押协议(甲)》已办理登记。《物权法》第226条第1款规定:"以基金份额、股权出质的,当事人应当订立书面合同。以基金份额、证券登记结算机构登记的股权出质的,质权自证券登记结算机构办理出质登记时设立;[2]以其他股权出质的,质权自工商行政管理部门办理出质登记时设立。"根据前述规定,两份《质押协议》自登记时生效,故仅有《质押协议(甲)》生效,康明公司应以其持有的大基医疗的股份,向恒达公司承担连带清偿责任。

四、参考意见

以比较法为视角观之,对权利质权专门设立法律适用条款的国际私法立法并不常见,且国际上尚未形成一致做法。《法律适用法》之所以专门规定权利质权的法律适用,主要是基于如下考量:对于动产质权,由于存在有形物,其担保物权自然应适用担保物之所在地法;与此不同,对于权利质权,由于不存在一个有形物,因而没有对应的物之所在地,故在立法上有必要对其连

---

〔1〕《民法典》于2021年1月1日生效,《合同法》及其司法解释同步废止。《〈合同法〉司法解释(二)》第21条的规定,由《民法典》第561条取代。

〔2〕《民法典》于2021年1月1日生效,《物权法》同步废止。《物权法》第226条的规定由《民法典》第443条取代。

结点作出特殊规定。[1]

五、思考题

（1）为权利质权的法律适用作出专门规定的做法并不常见，我国立法这么规定是基于什么考量？你是否支持这样的立法条款设计？

（2）我国对于权利质权的法律适用仅规定了一种连结点，可能带来什么影响？

拓展案例

"福州环达机械有限公司与曹某追偿权纠纷案"

10－2

一、基本案情

2012 年 12 月 12 日，招银金融租赁有限公司（甲方、出租人，以下简称"招银公司"）、加拿大籍华人曹某（乙方、承租人）及福州环达机械有限公司（丙方、保证人，以下简称"环达公司"）在福建省福州市共同签订了《融资租赁合同》《买卖合同》各 1 份，约定：曹某向招银公司租赁挖掘机 1 台，租期 36 个月，每期租金金额和租金支付日期以附件《租金支付表》为准，租金按月支付。《租金支付表》约定，首付租金于 2013 年 1 月 4 日支付 292 500 元，其余租金自 2013 年 2 月 1 日起每月 1 日支付 58 980.98 元至 2016 年 1 月 3 日止。由环达公司为该《融资租赁合同》项下所有债务提供不可撤销的连带责任保证担保，保证期间自本合同生效日至经不时变更、修改或补充的本合同项下所有义务履行期届满之日后两个日历年；担保范围为曹某在

---

〔1〕 霍政欣：《国际私法学》，中国政法大学出版社 2020 年版，第 186 页。

本合同项下应向招银公司支付的一切债务，包括租金、违约金、损失赔偿额、租赁物留购价款、出租人实现本合同项下债权及本合同项下担保权益的费用（包括但不限于律师费、诉讼费或仲裁费、执行费用等）以及所有其他应付款项；当曹某未按照合同的约定向招银公司支付租金和其他费用时，招银公司无须先行向曹某追偿，即有权直接要求环达公司向招银公司支付曹某应付招银公司的全部款项，租赁期限内，招银公司是租赁物的唯一所有权人。《融资租赁合同》还就其他事项作了详尽的约定。

上述合同签订当日，曹某向中国工商银行出具了一份《划款授权和承诺书》，授权中国工商银行按照招银公司划款要求和指定金额，从曹某本人指定的缴费账户依次划款至招银公司账户，而无需在每次划款前征求其本人意见。

之后，招银公司陆续从曹某指定的缴费账户划款，用于支付租金。2013年12月至2014年12月期间，因曹某逾期支付融资租赁租金，环达公司向招银公司履行担保责任，于2013年2月1日、2013年2月25日、2014年1月27日、2014年2月28日、2014年10月30日和2014年12月5日分别支付给招银公司租金及逾期利息共计364 303.75元。环达公司之后向曹某追偿上述款项，但曹某始终拖欠不付。环达公司遂于2015年3月9日向福建省福州市中级人民法院（以下简称"福州中院"）提起诉讼。

福州中院认为，本案被告系加拿大籍公民，故为涉外民商事案件，依照《法律适用法》第40条，本案应适用中国法律。福州中院进而依据《合同法》第107条[1]及《担保法》第6、18、21、31条的规定，判决曹某支付环达公司代垫款364 303.75元。

二、法律问题

（1）本案纠纷应如何定性？

（2）本案应适用何国法律？

三、重点提示

本案当事人之一曹某为加拿大籍公民，环达公司为曹某在招银公司处租

---

［1］《民法典》于2021年1月1日生效，《合同法》同步废止。《合同法》第107条的规定由《民法典》第577条取代。

赁的一台挖掘机提供担保。后因曹某未如约支付租金，招银公司要求环达公司承担无限连带责任。环达公司承担连带责任后向曹某追偿。首先应判断本案纠纷属于何种类型的纠纷，结合知识概要的部分判断本案是否属于权利质权的案件。对案件进行定性后可根据《法律适用法》的相关规定确定法律适用。

合同领域的最密切联系原则

📖 知识概要

　　合同是债产生的最主要原因之一，随着国际民商事交往的增加，涉外合同及其法律适用的重要性进一步彰显。20 世纪后期以来，国际社会在债权领域，尤其是合同领域，陆续缔结了一些国际实体条约，各国合同法的趋同化趋势愈加明显。尽管如此，囿于各国不同的法律传统与制度，合同的法律冲突并没有在实质意义上得以消灭。无论是在基本制度上，还是具体规则方面，各国合同法仍然存在相当明显的差异。[1]合同的法律适用方面，通常遵循意思自治原则和最密切联系原则。

一、意思自治原则

　　合同法律适用上的"意思自治"（Party Autonomy）是指，合同当事人可以通过协商一致的意思表示，自由选择支配合同的准据法。[2]意思自治原则是一项古老的法律选择原则，已被国际社会普遍接受，是各国国际私法确定合同准据法的首要方法。

　　适用这一原则的好处在于：①有利于当事人预见法律行为的后果和维护法律关系的稳定性；②由于当事人在缔结合同时就约定了一旦发生争议应该适用的法律，有利于争议的迅速解决。[3]除了这些优点以外，意思自治原则的流行还有更

---

〔1〕 霍政欣：《国际私法学》，中国政法大学出版社 2020 年版，第 187 页。

〔2〕 霍政欣：《国际私法学》，中国政法大学出版社 2020 年版，第 188 页。

〔3〕 杜新丽、宣增益主编：《国际私法》，中国政法大学出版社 2017 年版，第 198 页。

为深刻的原因：①资本主义自由经济的发展为意思自治原则的产生提供了社会基础；②当时盛行的平等、自由思想为意思自治原则的产生奠定了思想基础；③私法上的契约自由和私法自治原则必然要求法律适用领域有与之配套的制度。[1]

就当事人选择法律的方式而言，包括"明示选择"（Express Choice）和"默示选择"（Tacit Choice）。就当事人选择法律的范围而言，主要涉及两个问题：①当事人选择的法律是仅指实体法规则，还是既包括实体法规则，也包括冲突法规则？②当事人可否选择与合同毫无联系的法律？对于当事人选择法律的方式和范围，各国的规定不尽相同。

针对当事人选择法律的方式，我国《法律适用法》第3条规定："当事人依照法律规定可以明示选择涉外民事关系适用的法律。"据此，合同当事人的法律选择方式仅限于明示选择。此外，在我国司法实践中，还经常遇到这种情况，即虽然当事人之间事先未就法律适用作出选择，但原告起诉时依据的法律为某国法律，而被告对此没有提出异议，亦以该国法律进行答辩。在此种情形下，法院通常认定当事人之间已经就法律适用达成一致，除非被告以该国法律进行答辩后又提出了法律适用异议。一般认为，这也属于明示选择。

针对当事人选择法律的范围，《法律适用法》第9条规定："涉外民事关系适用的外国法律，不包括该国的法律适用法。"这是我国首次以立法的形式对反致作出了明确规定，由此，当事人意思自治选择的范围仅限于实体法。另外，我国法律不要求当事人选择的法律与合同有联系，《〈法律适用法〉司法解释（一）》第5条规定："一方当事人以双方协议选择的法律与系争的涉外民事关系没有实际联系为由主张选择无效的，人民法院不予支持。"

二、最密切联系联系原则

合同领域的"最密切联系原则"（Principle of the Most Significant Relationship）是指在当事人未进行法律选择或选择法律无效的情况下，由法院综合分析与合同或当事人有关的各种因素，推断出与案件有最密切联系的地方的法律予以适用的一项原则。[2]

---

[1] 霍政欣：《国际私法学》，中国政法大学出版社2020年版，第188页。
[2] 霍政欣：《国际私法学》，中国政法大学出版社2020年版，第191页。

作为一种理论，最密切联系原则很可能是在萨维尼"法律关系本座说"的启发下产生的。但与法律关系本座说不同的是，根据最密切联系原则，法律关系没有固定的联系地，法院根据案件的具体情况灵活地选择与案件有最密切联系的法律；"法律关系本座说"则强调每一个法律关系有且仅有一个本座，并只能机械地适用这个本座所在地的法律。最密切联系原则以其灵活性和合理性被许多国家的立法与司法实践采纳。在当事人未进行法律选择或选择无效时，该原则被普遍确定为确定合同准据法的主要原则。

然而，最密切联系原则赋予了法官较大的自由裁量权，增加了裁判的主观随意性，降低了法律适用结果的确定性和可预见性。所以，各国一直致力于对其进行改进与完善。其中，最主要的方法就是瑞士法学家施尼策尔（Schnitzer）于20世纪60年代末创设的"特征性履行方法"。所谓特征性履行，就是指负担金钱给付义务之当事人的相对方对合同的履行。进而言之，按照特征性履行方法，在依据最密切联系原则确定合同准据法时，应根据承担特征性履行义务的一方当事人的连结点（通常是其住所地或经常居所地，或者其营业所在地）来确定准据法。[1]

这一方法也被我国立法所采纳，《法律适用法》第41条规定："……当事人没有选择的，适用履行义务最能体现该合同特征的一方当事人经常居所地法律或者其他与该合同有最密切联系的法律。"

🔖 经典案例

"上海永道物流有限公司与宁波市鄞州区芙洛特服饰有限公司、上海永道物流有限公司宁波分公司海上、通海水域货物运输合同纠纷案"

11-1

11-2

---

〔1〕 霍政欣：《国际私法学》，中国政法大学出版社2020年版，第192页。

一、基本案情

2015 年 11 月，自称代表美国城乡公司（Urban Suburan，Inc. 以下简称"城乡公司"）的买方戴夫（Dave）与宁波市鄞州区芙洛特服饰有限公司（以下简称"芙洛特公司"）签订了外贸合同，约定向芙洛特公司采购一批男衣，合计货款 144 000 美元，装船日期为 2015 年 11 月 22 日，装货港为上海港（后变更为宁波港），目的港为洛杉矶港，并约定买方应当在交付货物后 60 日内支付货款。

同年 11 月 18 日，芙洛特公司向买方指定的承运人上海永道物流有限公司宁波分公司（以下简称"永道宁波分公司"）交付了相关货物。11 月 30 日，案涉货物装船出运，永道宁波分公司向芙洛特公司出具了记名提单副本，载明了托运人为芙洛特公司，收货人和通知人为城乡公司等内容。同日，芙洛特公司向永道宁波分公司一名工作人员联系更改收货人联系电话，为此，芙洛特公司出具了更改保函，由此产生的费用和责任由芙洛特公司承担。

2015 年 12 月 14 日前后，案涉货物抵达目的港并完成海关清关手续，此后由目的港清关公司 CTA 公司（CTA Freight，Inc.）提走。CTA 公司提取货物后，在办理放货的过程中发现所能联系的收货方工作人员及电话存在异常。经 CTA 公司实地调查，收货人城乡公司否认货物为其采购。CTA 公司就此与永道宁波分公司及芙洛特公司联系，要求更改收货人，三方最终未能达成一致。

2016 年 1 月 28 日，芙洛特公司向保险人中国出口信用保险公司宁波分公司（以下简称"中信保宁波分公司"）报案，就买方与货代之间因涉案货物发生的纠纷而迟延付款申请索赔。该月，芙洛特公司以永道宁波分公司及其母公司上海永道物流有限公司（以下简称"永道公司"）为被告，向宁波海事法院起诉，诉请被告赔偿损失，并承担诉讼费用等。

在庭审中，两被告共同答辩称：①原告无法说明贸易合同买家身份，不能确认谁应向其付款，在城乡公司否认其为买家后，原告向被告主张的损失是否产生及金额多少没有依据；②在原告选择的贸易对家存在欺诈嫌疑的情况下，原告无理由拒绝更改收货人，导致损失的扩大，应由原告承担相应的后果；③原告已经向中信保宁波分公司申请救济，保险理赔尚在处理中且保险公司未表示拒赔的情况下，不应向被告索赔；④本案货物价值存在虚假，报关价格与原告向中信保宁波分公司承认的价格明显不一致，存在骗取出口退税的嫌疑，索赔货物价值虚假。两被告据此请求宁波海事法院驳回原告诉讼请求。

宁波海事法院认为，案涉货物出口至美国，有关货物交付的事实发生在我国领域之外，故本案具有涉外因素，属于涉外纠纷，当事人依法可以选择适用法律。庭审过程中，原告主张适用中国法，两被告主张在货物交付及清关问题上适用美国法，其余适用中国法，并向法院提供了《美国联邦法规汇编》海关职责部分的两条法律条文。宁波海事法院认为，两被告主张适用美国法，应当提供该国法律。但宁波海事法院认为，两被告无法确定所提供的法律规定是否完整、全面，而该法律条文规定是否适用于本案均无明确的法律意见可供佐证，且国内也无关于该法律规定的专著可资参考。据此，宁波海事法院将本案认定为外国法无法查明的案件，进而根据《法律适用法》第10条的规定适用中国法。宁波海事法院遂根据《海商法》第46条第1款、《合同法》第107条之规定判决永道公司赔偿芙洛特公司货款损失及利息。[1]

永道公司不服该判决，向浙江高院提起上诉，二审法院维持了一审判决。永道公司又向最高法院申请再审，称原判决适用法律确有错误。永道公司认为目的港清关的事实发生在美国，由于美国反恐形势之原因，美国对货物进口的要求十分严格，故案涉交货等行为应适用的法律为美国法律。永道公司进一步提出，它向法院提交的《美国联邦法规汇编》之海关法载明，在美国清关需要提交收货人的授权委托书，故货物已被清关的事实已经证实授权委托书的存在，原判决拒绝适用美国法律，显属不当。

就本案的法律适用问题，最高法院认为，本案双方当事人没有约定合同应适用的法律，根据《法律适用法》第41条和《海商法》第269条的规定，本案应依据最密切联系原则确定应适用的法律。最高法院进而认为，鉴于本案双方当事人均为我国企业法人，经常居所地位于我国境内，我国与本案有最密切联系，所以，案涉运输合同争议应当适用我国法律。但是，根据《〈民

---

[1]《民法典》于2021年1月1日生效，《合同法》被同步废止。《合同法》第107条的规定由《民法典》第577条取代。

事诉讼法〉司法解释》第390条的规定，适用法律瑕疵未导致判决结果错误的，不构成法律适用确有错误的应予再审情形。综上，最高法院认为永道公司上述关于原判决适用法律确有错误的再审申请理由不能成立，驳回其再审申请。

二、法律问题

本案货运事实发生在国外，故本案为涉外海上运输合同纠纷。芙洛特公司认为永道宁波分公司在美国洛杉矶港的无单放货行为导致其遭受货款损失。下列问题为本案焦点：

(1) 本案应适用何国法律进行审理？

(2) 一审法院不适用美国法律的理由是否合理？

(3) 被告答辩理由的第2、3、4点是否成立？

三、法理分析

1. 本案应适用的法律

本案系海上货物运输合同纠纷，案涉货物出口至美国，货物交付的事实发生在国外，是具有涉外因素的案件。双方当事人并未约定合同应适用的法律。《法律适用法》第41条规定："当事人可以协议选择合同适用的法律。当事人没有选择的，适用履行义务最能体现该合同特征的一方当事人经常居所地法律或者其他与该合同有最密切联系的法律。"《海商法》第269条规定："合同当事人可以选择合同适用的法律，法律另有规定的除外。合同当事人没有选择的，适用与合同有最密切联系的国家的法律。"

本案中，虽然双方当事人均为我国企业法人，经常居所地都位于我国境内，我国与合同具有较为重要的联系自不多言。但是，我们认为，从该合同的具体履行情况来看，本案的目的港与货物实际交付地均位于美国，在货物的交付及清关这一关键问题上，美国与本案的联系明显更为密切。最高法院没有综合全面考察本案的具体情形，仅从当事人的国籍及经常居所地判断案件的最密切联系地，这一做法较为牵强，也没有提供充分的说理和阐释，颇为遗憾。

2. 美国法律的适用问题

这一问题涉及外国法的查明。《法律适用法》第10条规定："涉外民事关系适用的外国法律，由人民法院、仲裁机构或者行政机关查明。当事人选择适用外国法律的，应当提供该国法律。不能查明外国法律或者该国法律没有规定的，适用中华人民共和国法律。"《〈法律适用法〉司法解释（一）》（2013）第 17 条规定："人民法院通过当事人提供、已对中华人民共和国生效的国际条约规定的途径、中外法律专家提供等合理途径仍不能获得外国法律的，可以认定为不能查明外国法律。根据涉外民事关系法律适用法第 10 条第1 款的规定，当事人应当提供外国法律，其在人民法院指定的合理期限内无正当理由未提供该外国法律的，可以认定为不能查明外国法律。"

本案当事人未协议选择法律，因此，法院应确定本案应适用的法律，并承担相应的外国法查明责任。一审法院以"两被告无法确定提供的法律规定是否完整全面以及该法律条文规定是否适用于本案无明确的法律意见可供佐证，且国内也无关于该法律规定的专著可资参考"为由，依据《法律适用法》第 10 条认定无法查明外国法，转而适用中国法。我们认为，这一做法并不符合上述法律及司法解释的规定。在双方当事人未就法律选择达成一致的情况下，法院应当确定应适用的法律，如果应适用外国法，法院应依职权查明该外国法的内容。仅因为一方当事人提供的查明结果未得到法庭认可，就认定外国法无法查明，而忽略法院自身查明外国法的义务，这样的做法有悖法律与司法解释的规定，有可能造成外国法无法查明在司法实践中被滥用的结果，应当予以纠正。

3. 被告余下答辩理由是否成立

根据本案的运输合同的约定，承运人负有将货物交付城乡公司的合同义务。合同中约定的收货人城乡公司并未在目的港提货，而是 CTA 公司提走了货物。芙洛特公司知晓该事实后拒绝变更收货人，并未构成对运输合同项下的义务的违反。我国《合同法》第 316 条规定："收货人不明或者收货人无正当理由拒绝受领货物的，依照本法第 101 条的规定，承运人可以提存货物。"[1]依据此条规定，在芙洛特公司拒绝变更收货人的情况下，承运人可以依法对货物进行提存，并要求芙洛特公司承担相应的费用。

---

[1]《民法典》于 2021 年 1 月 1 日生效，《合同法》同步废止。《合同法》第 316 条的规定由《民法典》第 837 条取代。

不过，本案中芙洛特公司未发出将货物交付给 CTA 公司的指令，且无充分证据证明永道宁波分公司系在取得收货人授权后才将货物交给 CTA 公司这一收货人之外的主体，被告构成不当交货，是对运输合同项下义务的违反。因此，我们认为，"芙洛特公司在接到示警后拒绝更改收货人以保护货物，应对自身损失承担责任"这一申请再审的理由不能成立，原判决认定其应当对托运人遭受的货物损失承担相应的赔偿责任，并无不妥。被告认为其已交付货物的理由因而不能成立。

芙洛特公司与中信保宁波分公司之间的保险合同关系与本案运输合同关系是两个独立的法律关系，没有证据证明芙洛特公司获得了保险赔偿。即便存在芙洛特公司请求保险理赔的事实，也不影响本案的审理。永道公司未能提供足够证据证明芙洛特公司有骗保行为，因此，永道公司主张其正确交付货物而不应赔偿货物损失的抗辩理由亦不能成立。

四、参考意见

我国国际私法立法在合同、侵权等方面引入了最密切联系原则。在最密切联系地的认定上，我国虽采纳了特征性履行方法，但在司法实践中，我国法官拥有较大的自由裁量权，这有可能导致法院为了方便审理而在未进行充分说理的情况下，便以最密切联系原则为依据适用我国法律，从而排除本应适用的外国法。

本案中，双方当事人均为我国企业，在我国均有经常居所地，但运输目的地和货物交付地、清关地均在美国。由于案涉合同是运输合同，相比当事人身份这一较为固定的属性，运输的目的地、货物交付地、清关地对具体合同的履行显然更为重要。在此基础上，我们认为，本案中各方的主要争议在于清关行为是否正当、合法，故清关地对本案显然具有更关键的影响。因此，我们认为，无论从连结点的数量还是质量上而言，与本案具有最密切联系的国家应为美国，最高法院将中国认定为最密切联系地的理由并不充分。依照其逻辑，只要当事企业的经常居所地均在我国境内，无论合同纠纷的具体情形为何，一旦当事企业未就法律适用达成协议，案件都应适用中国法律进行审理，这显然于理不通。

事实上，最高法院并没有充分论述将中国认定为本案的最密切联系地的理由，这反映了我国法院在国际私法案件中对于法律适用问题说理不充分的普遍问题，应当引起重视并加以解决。特别是在我国正大力推进"一带一路"倡议的背景下，尤其需要提高我国法院的国际司法公信力。在这一背景下，提高我国法院在涉外审判中处理法律适用问题的司法专业水平尤其具有重要性。

对此，最高法院于2015年6月发布了《关于人民法院为"一带一路"建设提供司法服务和保障的若干意见》，[1]其中特别强调，要依照《法律适用法》等冲突规范的规定，全面综合考虑法律关系的主体、客体、内容、法律事实等涉外因素，充分尊重当事人选择准据法的权利，积极查明和准确适用外国法，消除沿线各国中外当事人国际商事往来中的法律疑虑，增强裁判的国际公信力。

五、思考题

（1）结合本专题，思考最密切联系原则在我国司法实践中的运用存在哪些问题？

（2）《法律适用法》第41条对特征性履行和最密切联系原则的体现，在逻辑上是否有瑕疵？为什么？

🗇 拓展案例

"威海富海华液体化工有限公司、中国长城资产管理股份有限公司山东省分公司金融借款合同纠纷案"

11－3　　　　　　　　　　　　　　　11－4

---

〔1〕　法发〔2015〕9号。

一、基本案情

2010 年 3 月 25 日，山东威海富海华液体化工有限公司（以下简称"富海华公司"）向中国建设银行股份有限公司威海海埠支行（以下简称"建行海埠支行"）借款人民币 1.3 亿元，借款期限自 2010 年 3 月 25 日至 2015 年 3 月 24 日，贷款利率为浮动利率。中企联合融资担保有限公司（以下简称"中企公司"）对上述债务提供最高限额 1.5 亿元的连带责任保证，张某武、何某尧、程某华、王某平对上述债务承担连带保证责任。2015 年 1 月 23 日，中国建设银行山东省分行与中国长城资产管理股份有限公司山东省分公司（以下简称"长城公司山东分公司"）签订《债权转让协议》，约定将案涉债权全部转让给长城公司山东分公司。后富海华公司未清偿全部借款本息，长城公司山东分公司于 2016 年向山东高院提起诉讼。

由于王某平为美国公民，本案为涉外金融借款合同纠纷。山东高院认为，应适用《法律适用法》第 41 条的规定确定本案的法律适用。本案当事人未选择合同争议应适用的法律，但由于本案争议的贷款合同的签订地、履行地以及贷款人建行海埠支行的住所地均在中国境内，山东高院据此认为，中国法律是与本案合同有最密切联系的法律，本案应适用中国法审理。

基于此，山东高院依据我国《民法通则》《合同法》《担保法》《民事诉讼法》的相关规定，支持了长城公司山东分公司的部分诉讼请求。富海华公司不服该判决，向最高法院提起上诉。经审理，最高法院判决，一审判决认定事实清楚，适用法律正确，维持原判。2019 年，富海华公司向最高法院申请再审，最高法院审理后认为富海华公司申请再审事由不能成立，驳回其再审申请。

二、法律问题

（1）与本案具有最密切联系的地方为何处？
（2）本案应怎样确定法律适用？
（3）原告的诉讼请求能否得到支持？

三、重点提示

本案当事人之一为美国公民，故本案为涉外金融借款合同纠纷。依据

《法律适用法》第 41 条的规定，在当事人无约定的情况下，应适用履行义务最能体现该合同特征的一方当事人经常居所地法律或者其他与该合同有最密切联系的法律。本案中，出借方、借出方等都为中方企业，贷款合同的签订地、履行地亦位于中国，故可判断中国为与该合同具有最密切联系的地方，本案由此应适用中国法律审理。在确定了本案适用中国法后，可根据中国法的规定判断是否可以支持原告的诉讼请求。

海上货物运输合同的法律适用

📚 知识概要

契约自由是合同的基本价值，合同的成立应建立在当事人协商一致的基础上。法律选择权早在中世纪就已被运用，[1]法庭允许当事人通过声称他们的种族来使其中意的法律得到适用，这等于默示承认了当事人意思自治原则。[2]16 世纪杜摩兰在《巴黎习惯法评述》一书中指出，契约关系应该适用当事人自主选择的习惯。按照契约自由原则，当事人既然可以自由订立契约，也当然有权选择契约适用的法律，[3]从而将意思自治原则确立为确定契约准据法的一项被普遍接受的原则。

追本溯源，运输技术的进步和海上贸易的发展极大促进了意思自治原则的确立与发展，中世纪以来欧洲国际私法规范体系的建构无不与自由贸易和船舶运输业的发展密切相连。商法最早产生于意大利，[4]在商业贸易和混合法庭的建立中逐步发展起来。而商人法的完善过程也被称为"地中海地区古老的万民法之重生"，被视为中世纪的国际私法。[5]英国的海事和商事法庭也

---

〔1〕 M. Wolff, Private International Law 21 (2d ed. 1950).

〔2〕 ［美］弗里德里希·K. 荣格著，霍政欣、徐妮娜译：《法律选择与涉外司法（特别版）》，北京大学出版社 2007 年版，第 14 页。

〔3〕 杜新丽、宣增益主编：《国际私法》，中国政法大学出版社 2017 年版，第 28 页。

〔4〕 何勤华：《外国法制史》，法律出版社 2004 年版，第 131 页。

〔5〕 ［美］弗里德里希·K. 荣格著，霍政欣、徐妮娜译：《法律选择与涉外司法（特别版）》，北京大学出版社 2007 年版，第 21 页。

是这一时代的产物，越洋贸易的发展和王座法院拒绝审理涉外案件促进了专门审理海商事案件的法庭的产生。直至今日，英国的海商事法律在世界上也是最负盛名的。因此，重视海上贸易和运输法律纠纷的解决，对于现代国际商事活动是不可或缺的。

海上货物运输因其运载量大、价格低廉的优势成为国际远洋贸易的重要载体。而海上贸易和运输在地理上的特殊性，使传统的连结点无法适用。海上运输合同常常涉及多国、多方当事人，具有明显的涉外性。由于海上运输距离跨度大、地理位置确定性差，船方的出海港和入海港也比较单一，在海上运输的法律适用上，根据传统的"场所支配行为"的原则适用合同缔结地或履行地的法律无法体现此类合同的特征。因此，海上运输合同一般允许当事人通过意思自治选择准据法。实践中，调整提单运输的法律规则多为国际习惯和公约，当事人在订立运输合同时通常即在提单中载明应适用的规则。目前，已生效的国际习惯和公约包括《海牙规则》《维斯比规则》和《汉堡规则》等。国际公约和惯例的广泛运用有利于实现判决结果的一致性。

我国《海商法》制定时间较晚，但也因此得以吸收各国的成熟经验，其规则基本与国际实践接轨。在运输合同的法律适用上，《海商法》第269条规定："合同当事人可以选择合同适用的法律，法律另有规定的除外。合同当事人没有选择的，适用与合同有最密切联系的国家的法律。"另据《〈法律适用法〉司法解释（一）》第3条第1款的规定："涉外民事关系法律适用法与其他法律对同一涉外民事关系法律适用规定不一致的，适用涉外民事关系法律适用法规定，但《中华人民共和国票据法》《中华人民共和国海商法》《中华人民共和国民用航空法》等商事领域法律的特别规定以及知识产权领域法律的特别规定除外。"因此，海上运输合同的法律适用问题应优先适用《海商法》第269条。不过，《海商法》第269条的规定亦与《法律适用法》第41条有关合同的法律适用的规定基本一致，仅在表述上没有纳入特征履行方法，但在实践中应当将该方法用于确定最密切联系的国家。

经典案例

"浙江隆达不锈钢有限公司诉 A. P. 穆勒－马士基有限公司海上货物运输合同纠纷案"

12 – 1   12 – 2   12 – 3

一、基本案情

2014 年 6 月，浙江隆达不锈钢有限公司（以下简称"隆达公司"）为出口一批不锈钢无缝产品，通过货运代理（以下简称"货代"）向丹麦 A. P. 穆勒－马士基有限公司（以下简称"马士基公司"）订舱。该批货物于同年 6 月 28 日装载于集装箱内装船出运，由中国宁波港发往斯里兰卡科伦坡港。出运时，隆达公司要求做电放处理。

2014 年 7 月 9 日，隆达公司通过货代向马士基公司发邮件称，发现货物运错目的地，要求改港或者退运。马士基公司于同日回复，因货物距抵达目的港不足 2 天，无法安排改港，如需退运则需与目的港确认后回复。次日，隆达公司的货代询问货物退运是否可以原船带回，马士基公司于当日回复："原船退回不具有操作性，货物在目的港卸货后，需要由现在的收货人在目的港清关后，再向当地海关申请退运。海关批准后，才可以安排退运事宜。"2014 年 7 月 10 日，隆达公司又提出："这个货要安排退运，就是因为清关清不了，所以才退回宁波的，有其他办法吗？"此后，马士基公司再未回复邮件。

应隆达公司要求，马士基公司于 2015 年 1 月 29 日向其签发了全套正本提单。根据提单记载，托运人为隆达公司，收货人及通知方均为维纳斯私人钢铁公司（Venus Steel Pvt. Ltd.），起运港为中国宁波港，卸货港为斯里兰卡科伦坡港。

2015 年 5 月 18 日，隆达公司向货代发邮件称决定向马士基公司申请退运。次日，隆达公司向马士基公司发邮件表示已按马士基公司要求申请退运。马士基公司随后告知隆达公司这批货物已被拍卖（据宁波海事法院查明，这批货物在 2015 年 3 月 13 日被目的港海关拍卖）。隆达公司因此向宁波海事法院起诉马士基公司，要求其赔偿货物损失。

宁波海事法院认为本案系具有涉外因素的海上货物运输合同纠纷，根据《民事诉讼法》第 27 条的规定，宁波海事法院对本案享有管辖权。庭审中，当事人均明确表示适用中国法，宁波海事法院遂根据《法律适用法》第 3 条的规定适用中国法审理本案。

宁波海事法院审理后认为，隆达公司作为案涉货物的托运人和正本提单持有人，理应及时关注货物状态并采取有效措施，但直至货物被海关拍卖长达半年的时间内，隆达公司均未采取自行提货等有效措施，遂依据《最高人民法院关于审理无正本提单交付货物案件适用法律若干问题的规定》（以下简称"《无单放货司法解释》"）第 8 条免除了承运人的责任，认为相应货损风险应由隆达公司承担。

隆达公司不服该判决，向浙江高院提起上诉。二审中，浙江高院支持了隆达公司的请求。浙江高院援引《合同法》第 308 条认为，[1] 作为案涉货物的托运人，隆达公司在货物交付收货人之前可以要求承运人马士基公司改港或者退运；马士基公司对隆达公司明确要求办理退运的邮件未予回复，卸货后也未通知隆达公司自行处理或安排退运事宜，致使案涉货物处于无人看管状态，应对货损承担部分责任。

马士基公司不服二审判决，向最高法院申请再审。经审理，最高法院维持了一审判决支持的马士基公司所提出的其无法安排改港、原船退回的主张。最高法院认为，依据《海商法》第 86 条的规定，马士基公司在卸货后所产生的费用和风险应由收货人承担。据此，最高法院认为虽然一审判决适用《无单放货司法解释》的规定，与本案事实及争议的法律问题不符，应予纠正，

---

〔1〕《合同法》第 308 条规定："在承运人将货物交付收货人之前，托运人可以要求承运人中止运输、返还货物、变更到达地或者将货物交给其他收货人，但应当赔偿承运人因此受到的损失。"《民法典》于 2021 年 1 月 1 日生效，《合同法》同步废止。《合同法》第 308 条的规定由《民法典》第 829 条取代。

但判决结果正确，可予维持。最终，最高法院撤销了浙江高院的二审判决，维持了宁波海事法院的一审判决。

二、法律问题

本案当事人之一为丹麦公司，货物运输目的港及拍卖地为斯里兰卡科伦坡港，故本案为涉外海上运输合同纠纷。隆达公司委托马士基公司运输一批货物至斯里兰卡，后隆达公司认为马士基公司未按其指示处置货物导致货物损失。下列问题遂成为本案焦点：

(1) 如何确定本案应适用的法律？法律依据是什么？

(2) 本案可否适用《无单放货司法解释》？

(3) 隆达公司是否有权要求改港或退运？

(4) 马士基公司是否需要对货损承担责任？

三、法理分析

1. 本案的法律适用

本案属于合同纠纷，具体而言，属于海商事合同纠纷。根据《〈法律适用法〉司法解释（一）》第3条第1款："涉外民事关系法律适用法与其他法律对同一涉外民事关系法律适用规定不一致的，适用涉外民事关系法律适用法的规定，但《中华人民共和国票据法》《中华人民共和国海商法》《中华人民共和国民用航空法》等商事领域法律的特别规定以及知识产权领域法律的特别规定除外。"据此，本案应首先适用《海商法》中的法律适用条款。根据《海商法》第269条规定："合同当事人可以选择合同适用的法律，法律另有规定的除外。"可见，本案当事人享有法律选择的权利。本案中，当事人在庭审中就适用中国法达成一致。根据《〈法律适用法〉司法解释（一）》(2013)第8条第1款："当事人在一审法庭辩论终结前协议选择或者变更选择适用的法律的，人民法院应予准许。"因此，本案应适用中国法。

值得注意的是，一审法院在判决中援引的法律依据并非《海商法》第269条，而是《法律适用法》第3条。二审及再审法院未就本案的法律适用问题作出裁判。需要指出的是，作为原则性规定，第3条位于《法律适用法》的总则部分。在司法实践中，我们常常能看到法官舍弃特别法而适用一般法的情形。这种方法虽然在不少情况下对于法律适用的最终结果没有影响，但是，裁判逻辑的缺陷同样会影响我国司法的国际公信力。结合《法律适用法》第3条的规定，可知其适用的条件是受限的，即只有法律规定当事人可以选法时，当事人才有选择法律的权利。换言之，《法律适用法》第3条确定了意思自治原则作为我国国际私法"准基本原则"的地位，但它仅适用于部分涉外民事关系准据法的确定。[1]因此，仅仅适用本条，尚无法在本案中形成法律适用的完整逻辑链条。所以，在本案中，如果法院确实认为应当依据《法律适用法》确定准据法，也应当依据分则中的具体规定，即该法第41条关于合同的法律适用规则。

概言之，本案可能涉及的关于合同当事人协议选择法律的冲突规范，从一般法到特别法的顺序依次是《法律适用法》第3条、第41条以及《海商法》第269条。根据特别法优先于一般法的原则，我们认为，本案应优先适用《海商法》第269条。即使法院认为应当适用《法律适用法》，也应适用该法第41条关于合同法律适用的规定，而非《法律适用法》第3条。

2. 《无单放货司法解释》的适用

一审法院在判决中援引了《无单放货司法解释》第8条，[2]认为承运人对于正本提单持有人不主动处理到港货物以致货物被海关拍卖的情况不承担责任。二审法院则援引《无单放货司法解释》第9条作出相反判决。[3]我们认为，两审法院均存在适用法律错误的情况。

无单放货是指承运人在目的港的收货人未出示正本提单的情况下交付货物的情形。根据《无单放货司法解释》第2条的规定，"承运人违反法律规定，无正本提单交付货物，损害正本提单持有人提单权利的，正本提单持有人可以要求承运人承担由此造成损失的民事责任。"可见，该司法解释只适用

---

〔1〕 万鄂湘主编：《〈中华人民共和国涉外民事关系法律适用法〉条文理解与适用》，中国法制出版社2011年版，第26~27页。

〔2〕 《无单放货司法解释》第8条规定："承运到港的货物超过法律规定期限无人向海关申报，被海关提取并依法变卖处理，或者法院依法裁定拍卖承运人留置的货物，承运人主张免除交付货物责任的，人民法院应予支持。"

〔3〕 《无单放货司法解释》第9条规定："承运人按照记名提单托运人的要求中止运输、返还货物、变更到达地或者将货物交给其他收货人，持有记名提单的收货人要求承运人承担无正本提单交付货物民事责任的，人民法院不予支持。"

于承运人无单放货的情形，而不适用于承运人和托运人之间的其他约定和法律关系。本案中，在货物到港后，承运人并未将货物交给任何收货人，而是因为超期无人申报导致货物被海关拍卖，并未出现货物无单交付的情况，故我们认为，本案不应适用该司法解释。

3. 关于隆达公司改港或退运的权利

托运人在海上货物运输合同中是否有任意改港或退运的权利，这是本案争议的核心问题。对于这一问题，一审法院未作说明。二审法院援引《合同法》第308条的规定，认为隆达公司有权要求马士基公司改港或者退运，马士基公司对因此造成的损失可以主张赔偿。

再审中，最高法院在认可二审法院适用《合同法》第308条的基础上，进一步认为，双方当事人还须同时遵守《合同法》第5条规定的公平原则。[1]在本案中，案涉货物实际于7月12日左右到达目的港，而隆达公司于7月9日才要求马士基公司改港或退运。在时间紧迫并且到港时间已经基本确定的情况下，改港或退运不仅可操作性不大，还可能造成船上其他货物的迟延，会妨碍承运人的正常营运，并给其他货物的托运人、收货人带来较大的损失。在这种情况下，仍要求承运人无条件服从托运人变更运输合同的请求，显失公平。由此，最高法院认为，为合理平衡海上货物运输合同中各方当事人的利益，在托运人可以行使请求变更运输合同权利的同时，承运人也相应地享有一定的抗辩权。如果变更运输合同难以实现或者将严重影响承运人正常营运，承运人可以拒绝托运人改港或者退运的请求，但应当及时通知托运人不能执行的原因。[2]质言之，《合同法》第308条虽规定托运人有权要求承运人改港和退运，但并不能理解为该条赋予了托运人形成权，该权利应为请求权，承运人有权以合理理由拒绝并享有相应的抗辩权。

4. 关于货损的赔偿责任

本案中，案涉货物于2015年3月被目的港海关拍卖，此时距离该批货物抵达目的港已过去8个月。二审法院以承运人应在责任期间内承担妥善管理货物的义务为由，认为马士基公司应当对货损承担一定的责任。二审法院援

---

〔1〕《合同法》第5条规定："当事人应当遵循公平原则确定各方的权利和义务。"《民法典》于2021年1月1日生效，《合同法》同步废止。《合同法》第5条的规定由《民法典》第6条取代。

〔2〕参见最高法院（2017）最高法民再412号民事判决书。

引的法律依据是《海商法》第46条，即"承运人对集装箱装运的货物的责任期间，是指从装货港接收货物时起至卸货港交付货物时止，货物处于承运人掌管之下的全部期间……在承运人的责任期间，货物发生灭失或者损坏，除本节另有规定外，承运人应当负赔偿责任。"承运人在运输期间内依法对货物承担妥善保管的义务，但不能因货物到港后无人领取货物而不当延长承运人的责任期间。

我们认为，二审法院适用法律存在明显错误。《海商法》第86条规定："在卸货港无人提取货物或者收货人迟延、拒绝提取货物的，船长可以将货物卸在仓库或者其他适当场所，由此产生的费用和风险由收货人承担。"据此，承运人的责任期间在其将货物完好地卸载至目的港码头时已经截止。货物抵港后，作为托运人和正本提单持有人，隆达公司理应及时关注货物状态并采取有效措施，但其在货物到港后的8个月内未采取任何处理措施，从而导致货物被海关拍卖，隆达公司在这一过程中存在明显过错。因此，隆达公司应对此承担责任。

四、参考意见

本案中，二审法院浙江高院援引《合同法》第308条确认隆达公司可要求承运人马士基公司退运、改港，再审法院最高法院认为隆达公司在适用《合同法》第308条赋予的权利时应同时符合《合同法》第5条规定的公平原则。由此产生了一个问题，即《合同法》第308条在海上货物运输合同中应该如何应用？

《合同法》是规定一般合同的法律，《海商法》是专门调整海上运输合同的法律。因此，在海上运输合同领域，《合同法》与《海商法》属于一般法与特别法的关系。依据"特别法优于一般法"的原则，在海上运输合同的相关问题上，应优先适用《海商法》。当《海商法》无相关规定时，可以适用《合同法》中的规定。按照逻辑，一般法规定的是一般的内容，特别法规定的是专门的事项，一般法应先于特别法颁布。但是我国《海商法》是于1993年7月1日生效的，且之后从未进行过修改；《合同法》则是1999年10月1日生效的。特别法早于一般法颁布，这容易导致法律适用冲突，包括：本应优先适用的特别法反而不如一般法先进，亦不如一般法更加符合司法实践的需求，但依据法律适用规则，又无法适用一般法；在特别法中没有规定的问题在一般法中有规定，一般法的规定不适合特定领域，但又必须适用一般法；一般法与特别法存在重复的规定等。[1]

《合同法》第 308 条规定的内容就属于在《海商法》中缺失的部分，但是如果直接把《合同法》第 308 条的规定适用于海上运输合同中，因缺少对海上运输合同特点的考虑，难免造成水土不服。具体而言，海上货物运输的运载量较大，航线比较固定，耗时较长。在班轮运输中，承运人往往接受多个托运人的委托，船舶载有属于数个托运人的货物，如果应其中某个托运人的要求退运或改港，势必会影响其他托运人的利益，承运人也将承担巨大的违约责任。在这种情况下，若依据《合同法》第 308 条赋予的托运人无限制的变更解除权，是无视海上运输合同特点的表现，极不利于海上运输业的发展。因此，在因特别法《海商法》缺位而适用一般法《合同法》时，不能违背《合同法》中的一般原则。最高法院依据《合同法》第 5 条规定的公平原则排除了《合同法》第 308 条的适用，为《合同法》第 308 条在海上运输合同中的适用标准提供了参考。

值得一提的是，《民法典》于 2021 年 1 月 1 日生效，《合同法》被同步废止。不过，立法者显然忽视了《合同法》对海上运输合同可能造成的影响，《民法典》第 829 条原文继受了《合同法》第 308 条的规定，未作任何调整，这令人颇感遗憾。

五、思考题

（1）双方未能就货物退运达成一致，托运人能否主张承运人缔约过失？

（2）最高法院认为在《海商法》无规定的情况下可适用《合同法》第 308 条，但又根据《合同法》第 5 条认为马士基公司拒绝退运是合理的，从而间接否定了第 308 条的适用。你认为，在判决中是否还需要援引《合同法》第 308 条作为判决的依据？

---

[1] 赵珂："托运人变更解除权在海上货物运输合同中的适用——以马士基案为样本解读《合同法》第 308 条的适用"，载《法律适用》2018 年第 14 期。

拓展案例

"广州海德国际货运代理有限公司与福建英达华工贸有限公司海上货物运输合同纠纷案"

12－4

一、基本案情

2014 年 7 月，广州海德国际货运代理有限公司（以下简称"海德公司"）与福建英达华工贸有限公司（以下简称"英达华公司"）签订了一份海上货物运输合同，约定英达华公司将海德公司的一批货物从中国深圳盐田港运至哥伦比亚布埃纳文图拉港。海德公司向英达华公司签发了编号为"HDX1407×××"的正本提单，记载发货人为英达华公司，收货人为国家电气进口有限公司。货物运至目的港后，当事人对案涉货物在卸货港是否被无单放货产生争议。英达华公司向广州海事法院提起诉讼。

庭审中，英达华公司和海德公司均选择适用中国法。广州海事法院认为这符合《海商法》第 269 条的规定，遂适用中国法审理本案。英达华公司诉称案涉货物已被海德公司无单放货，要求海德公司承担违约赔偿责任。海德公司抗辩道，承运到港的货物因超过法律规定期限无人向海关申报，被海关提取并依法作弃货处理，应免除其交付货物责任。

广州海事法院认为，案涉集装箱运抵哥伦比亚布埃纳文图拉卸货港后已拆箱，货物已卸出，集装箱已空箱返回，依法构成证明无单放货的初步证据。对于海德公司提出的抗辩，广州海事法院认为，海德公司为此提供的证据未履行公证认证手续不予认定。据此，广州海事法院判决被告海德公司承担无单放货的责任。

一审宣判后，海德公司向广东高院提起上诉。二审中，海德公司提交了补充证据。该证据显示案涉货物在目的港码头因超过存储期限无人提取而被海关当局作为弃货处理。广东高院认为，当事人虽在举证期限内未能提交证据，但考虑到在国外取得公证文书进行认证的困难程度较高，且该证据与案件基本事实相关，应予以认定。鉴此，广东高院认为本案与无单放货无关，海德公司无须对货物损失承担责任。

二、法律问题

（1）本案应怎样确定法律适用？
（2）本案是否涉及无单放货问题？

三、重点提示

本案是海上运输合同纠纷，应根据《海商法》第 269 条确定法律适用，由于当事人协议选择了中国法，故本案应适用中国法进行审理。

与经典案例相似，本案的争议焦点在于海德公司是否存在无单放货的情形，从而是否须适用《无单放货司法解释》。解答此问题需要结合案情，讨论海德公司是否存在可归咎于它的过错、过失等情形。

| 专题十三 |

涉外消费者合同的法律适用

📚 知识概要

　　除一般类别的合同法律适用规则外，我国《法律适用法》还为两种特殊种类的合同规定了法律适用条款，分别是消费者合同和劳动合同。在这两类合同中，当事双方往往处于不平等的地位，这一特殊性决定了不能简单依据一般合同的法律适用规则确定其准据法。

　　处理涉外消费者合同纠纷，我们首先需要明确什么是消费者合同纠纷，其中，消费者的定义和消费者合同的类型尤为重要。一般认为，消费者是"出于非职业目的缔结合同的自然人"。[1]消费者购买商品和接受服务的行为受一般买卖合同的约束，区别于企业或其他组织和个人为生产经营的目的采购产品和服务的行为。因此，消费者只能是自然人，且是以非生产经营为目的的当事人。《中华人民共和国消费者权益保护法》（以下简称"《消费者权益保护法》"）第2条规定："消费者为生活消费需要购买、使用商品或者接受服务，其权益受本法保护……"可见，消费者合同调整的是消费者出于生活需要而订立的购买、使用商品或接受服务所形成的法律关系。在现代市场经济的条件下，消费者与生产经营者往往处于不平等的地位，因此，法律需要对消费者给予特殊保护，以保护相对弱势一方的利益。

　　在《法律适用法》颁布之前，我国对涉外消费者合同没有规定专门的冲突规范。《最高人民法院关于审理涉外民事或商事合同纠纷案件法律适用

---

　　[1]　黄进、姜茹娇主编：《〈中华人民共和国涉外民事关系法律适用法〉释义与分析》，法律出版社2011年版，第231页。

若干问题的规定》第5条列举了各类合同的最密切联系地,[1]其中也没有消费者合同这一项。其主要原因是消费者合同无法归入传统合同法下的合同类型。消费者合同散见在各类合同中,如买卖合同、服务合同中的旅游合同、医疗合同等。《法律适用法》特别规定了涉外消费者合同的法律适用,我们认为,其所作规定兼顾了实质正义和冲突法正义,体现了弱者权益保护原则。

根据《法律适用法》第42条的规定:"消费者合同,适用消费者经常居所地法律;消费者选择适用商品、服务提供地法律或者经营者在消费者经常居所地没有从事相关经营活动的,适用商品、服务提供地法律。"该条规定与一般的合同法律适用规则有所区别:①在涉外消费者合同的法律适用上允许当事人意思自治,但只是单方的意思自治,即仅允许消费者选择法律;②对意思自治的范围加以限制,只允许当事人选择商品、服务提供地的法律;③经营者在消费者经常居所地没有从事相关经营活动的,适用商品、服务提供地的法律;④在其他情况下,适用消费者经常居所地的法律。由于维权成本高,涉外消费者合同中的消费者一般会就近选择在其住所或经常居所地提起诉讼,消费者对其所在地的法律往往更为熟悉,适用经常居所地法律因而在大多数情况下有利于更好地保护消费者的合法权益。不过,这条规定赋予消费者一定的单方面选法权,即如果认为商品、服务提供地的法律对其更有利,他也可以选择适用商品、服务提供地法律。经营者在某地市场开展业务应当遵守当地法律,但其界限也应只及于此,不应要求经营者遵守一个它没有从事商业活动的地方的法律,否则,会超出经营者的合理预期,造成显失公平的结果,也不利于维护和发展正常的商业活动。所以,该条规定,经营者在消费者经常居所地没有从事相关经营活动的,应当适用商品、服务提供地法律。

综上,《法律适用法》第42条关于涉外消费者合同的法律适用,在体现弱者权益保护原则的基础上,注重消费者合同双方当事人利益和地位的协调,

---

[1] 因与《法律适用法》相冲突,该司法解释已于2013年4月8日被最高法院废止。

旨在实现冲突法上判决结果一致的目标。[1]

📚 **经典案例**

"李某君与广州市一盐酒鼎餐饮有限
公司等餐饮服务合同纠纷案"

13-1

一、基本案情

我国香港特别行政区居民李某君于 2014 年 9 月 14 日在广州市番禺区一盐酒鼎餐饮有限公司（以下简称"餐饮公司"）处举办婚宴。该餐饮场所由李某和赵某昭承包，对外以餐饮公司的名义经营。婚宴次日，李某君等 7 人因急性肠胃炎入院治疗。经诊断，李某君为食物中毒，此时她已怀孕 30 周。食物中毒事件发生后，番禺区食品药品监督管理部门检验后确认，李某君的食物中毒系餐饮公司提供的食物所致，并依法对餐饮公司进行了行政处罚。同时，经食品药品监督管理部门查证确认，餐饮公司在为李某君提供餐饮服务时尚未取得餐饮服务许可证，属于非法经营。

出院后，李某君于 2015 年向广东省广州市番禺区人民法院（以下简称"番禺法院"）起诉，要求餐饮公司向李某君支付赔偿费、医疗费、误工费、住院伙食补助费、营养费、护理费、交通费、违约损害赔偿金、律师费等共计 82 626.63 元。庭审中，餐饮公司辩称，该餐饮场所已于 2014 年 8 月 30 日出租给李某和赵某昭，现该场所的实际经营者为这二人，李某君遂追加两人为共同被告，并要求两人承担连带责任。

番禺法院认为，本案当事人未就法律选择达成协议，由于被告住所地、

---

〔1〕　霍政欣：《国际私法学》，中国政法大学出版社 2020 年版，第 198 页。

合同履行地均在我国内地，依照最密切联系原则，本案应适用内地法律。据此，番禺法院依照《合同法》第 107 条、[1]《中华人民共和国食品安全法》（以下简称"《食品安全法》"）第 96 条支持了李某君的部分诉讼请求，[2]判决餐饮公司赔偿李某君 28 648.54 元，李某、赵某昭承担连带赔偿责任。

李某不服该判决，向广州市中级人民法院（以下简称"广州中院"）提起上诉。广州中院认为，在法律适用上，一审法院适用的逻辑有误但结果正确。广州中院指出，本案系涉外消费者合同纠纷，应依照《法律适用法》第 42 条确定法律适用。广州中院进而认为，因案涉食品的生产消费地在内地，且李某君作为消费者于一审庭审时述称，自愿选择适用内地法律解决本案纠纷，故本案应适用内地法律进行审理。最终，广州中院驳回了李某的上诉，维持原判。

二、法律问题

本案当事人之一李某君为香港特别行政区居民，故本案为涉港餐饮服务合同纠纷，应参照我国有关涉外民事案件的程序和法律进行审理。李某君用餐后食物中毒，各方就赔偿问题未达成一致，下列问题遂成为本案焦点：

（1）本案属于普通合同纠纷，还是消费者合同纠纷？

（2）本案应该适用何地法律进行审理？

（3）本案是否可以直接适用我国内地法律法规的强制性规定？

---

〔1〕《合同法》第 107 条规定："当事人一方不履行合同义务或者履行合同义务不符合约定的，应当承担继续履行、采取补救措施或者赔偿损失等违约责任。"《民法典》于 2021 年 1 月 1 日生效，《合同法》同步废止。《合同法》第 107 条的规定由《民法典》第 577 条取代。

〔2〕《食品安全法》在 2015 年 4 月 24 日和 2018 年 12 月 29 日进行了修订和修正，番禺法院依据的是 2009 年《食品安全法》第 96 条，该条规定："违反本法规定，造成人身、财产或者其他损害的，依法承担赔偿责任。生产不符合食品安全标准的食品或者销售明知是不符合食品安全标准的食品，消费者除要求赔偿损失外，还可以向生产者或者销售者要求支付价款 10 倍的赔偿金。"现行有效条款应为 2018 年《食品安全法》第 148 条，该条规定："消费者因不符合食品安全标准的食品受到损害的，可以向经营者要求赔偿损失，也可以向生产者要求赔偿损失。接到消费者赔偿要求的生产经营者，应当实行首负责任制，先行赔付，不得推诿；属于生产者责任的，经营者赔偿后有权向生产者追偿；属于经营者责任的，生产者赔偿后有权向经营者追偿。生产不符合食品安全标准的食品或者经营明知是不符合食品安全标准的食品，消费者除要求赔偿损失外，还可以向生产者或者经营者要求支付价款 10 倍或者损失 3 倍的赔偿金；增加赔偿的金额不足 1000 元的，为 1000 元。但是，食品的标签、说明书存在不影响食品安全且不会对消费者造成误导的瑕疵的除外。"

三、法理分析

1. 本案的定性

一般而言，在餐饮服务纠纷中，当事人受到人身损害和财产损失，既可以主张违约，也可以主张侵权，即可能存在违约责任和侵权责任的竞合。本案中，李某君已明确选择违约之诉，这是她对自己权利的自由处分，符合法律规定。因此，本案应按合同纠纷进行审理。对于该合同纠纷应适用哪一条冲突规范来确定法律适用，一审法院和二审法院所持观点不同：一审法院依据《法律适用法》第41条一般合同的冲突规范确定法律适用；二审法院则根据该法第42条消费者合同的冲突规范确定法律适用。在对两审法院的做法进行学理评价之前，我们认为，有必要先确定争议法律关系的性质。

《法律适用法》虽然规定了消费者合同的法律适用规则，但并没有明确界定此类纠纷的范围。如前所述，在最高法院公布的民事案件的案由中，消费者合同纠纷不属于单独的一类纠纷类型，这类纠纷散见于买卖合同、服务合同等传统合同纠纷中。

确定法律关系的法律性质，关键在于考察其是否满足构成某一纠纷类型的条件。一般认为，消费者合同是消费者出于生活需要所订立的购买、使用商品或接受服务的合同，这种需要包个人需要和家庭消费的需要。消费者合同需要满足两个核心条件：一是购买商品和接受服务的一方为自然人；二是前述行为是出于生活消费的目的，而非生产经营的目的。本案中，李某君为其个人举办婚宴而到该餐饮公司处消费，其行为符合一般消费者合同的条件。

此外，确定法律关系的法律性质，还应考虑对其进行调整的法律条文所体现的立法目的和价值。《法律适用法》之所以单独规定涉外消费者合同的冲突规范，盖因在消费者合同法律关系中，消费者与经营者往往处于不平等的地位，需要立法的特别保护。如果消费者合同适用一般合同的法律选择规则，则无法体现国际私法对消费者合法权益的倾斜保护。本案中，李某君对婚宴场所是否具有餐饮服务许可证、其实际经营人为何人、食材来源是否健康卫生等信息并不清楚，这也不属于她的义务。李某君仅以一名食客的身份到该处用餐并因此食物中毒，在该法律关系中明显处于弱势一方。

综上，我们认为，李某君于餐饮公司处举办婚宴，双方之间已形成消费者合同关系，本案应按涉外消费者合同法律关系进行审理。

2. 本案的法律适用问题

一审法院将本案争议法律关系定性为普通合同纠纷，进而依据《法律适用法》第41条，以当事人没有协议选择法律为由适用与案件具有最密切联系的法律，即内地法律。二审法院则将本案认定为消费者合同纠纷，依据《法律适用法》第42条确定本案适用内地法律。虽然依照两种裁判逻辑，本案最终都适用了内地法律，但准确、合理的法律适用逻辑以及充分的说理阐释对于涉外案件的审理十分重要，我国法官须对此予以特别重视，不断提高我国涉外审判的公信力与专业水准。

根据《法律适用法》第42条，确定涉外消费者合同适用的法律分为3步：①经营者在消费者经常居所地没有经营活动的，适用商品、服务提供地法律；②经营者在消费者经常居所地有经营活动的，消费者可以选择适用经常居所地法律或商品、服务提供地的法律；③经营者在消费者经常居所地有经营活动的，且消费者没有就法律适用作出选择的，适用消费者经常居住地法律。本案中，广州市为李某君进行消费、接受服务的地方，李某君在二审庭审中亦自愿选择适用内地法律。按照《法律适用法》第42条的规定，本案应适用内地法律进行审理，二审法院关于法律适用的说理符合法理。

3. 强制性规定的适用

就本案的法律适用问题，依据《法律适用法》第4条和《〈法律适用法〉司法解释（一）》（2013）第10条的规定，法院还应考虑是否可以依据强制性规范而无需冲突规范的指引，直接适用内地法律，细言之：

根据《法律适用法》第4条，"中华人民共和国法律对涉外民事关系有强制性规定的，直接适用该强制性规定。"而对于强制性规定的范围，《〈法律适用法〉司法解释（一）》（2013）第10条明确列举了应当认定为强制性规定的情形，即"有下列情形之一，涉及中华人民共和国社会公共利益、当事人不能通过约定排除适用、无需通过冲突规范指引而直接适用于涉外民事关系的法律、行政法规的规定：①涉及劳动者权益保护的；②涉及食品或公共卫生安全的；③涉及环境安全的；④涉及外汇管制等金融安全的；⑤涉及反垄断、反倾销的；⑥应当认定为强制性规定的其他情形"。

本案中，李某君在内地餐饮公司用餐并因食品安全问题受到人身伤害。根据食品监管部门调查，案涉餐饮公司并未取得经营许可，属于非法经营。从案情来看，本案确系因食品安全引发的纠纷，那么，这是否应认定为《〈法律适用法〉司法解释（一）》（2013）第10条第②种情形呢？我们认为，虽然本案属于因食品安全引发的纠纷，但从案情来看，本案的受害人只有参与婚宴的部分人员，从受害范围而言实难认为其已达到危害我国社会公共利益的程度，故不应适用《法律适用法》第4条的规定。需要强调的是，强制性规范的适用应秉持谨慎从严原则，否则，我国国际私法体系的根基会被破坏。

四、参考意见

消费者权益保护制度属于经济法领域，具有公法和私法的双重属性。消费者在合同关系中处于弱势地位，不宜按一般合同关系处理，因而也不应适用一般合同的冲突规范。《法律适用法》专门规定了消费者合同的法律适用条款，这表明我国国际私法立法倾斜性保护消费者权益的立场。当然，在司法实践中，在适用消费者合同的冲突规范时，应准确定义消费者合同，不能任意扩大其范围。

需要指出的是，《法律适用法》关于涉外消费者合同法律适用的规定，体现了对消费者权益的保护，亦注重平衡消费者与经营者之间的关系，维护经营者的合理预期，在保证市场交易安全的基础上维持市场主体的积极性。因此，上述法律规定要求适用消费者经常居所地法律应满足经营者在此地从事经营活动的条件。在跨境消费中，一方面，消费者的经常居所地对于商家而言是难以预知的；另一方面，经营者也不可能知晓全世界所有国家的消费者权益保护类法律，并且要求其经营行为满足所有国家的法律要求。因此，如一概适用消费者经常居所地法律，可能导致商家无法开展正常的经营业务。所以，上述法律规定要求经营者在消费者经常居所地有经营活动，才能适用消费者经常居所地的法律，否则，就应该适用商品、服务提供地的法律。至于经营者在消费者经常居所地是否开展经营活动，则可由双方举证。

值得一提的是，在跨境电子消费迅速发展的背景下，涉外消费者合同的法律关系正趋向复杂化，许多新的法律问题随之而来。例如，消费者网上购买商品时，商品提供地应如何认定？此时，是否可以认为商家已在消费者购买商品时所在地开展了经营活动？如果发生纠纷，被告是否应包括平台服务商？

五、思考题

（1）在消费者合同中，有关商品和服务的格式合同中的法律选择条款是否有效？如果条款选择的是商品、服务提供地的法律，能否视为消费者已经就法律适用作出了选择？

（2）依据我国法律规定和司法实践，消费者最晚何时有权选择法律？

拓展案例

"臧某桐诉江苏苏宁易购电子商务有限公司网络购物合同纠纷案"

13-2

一、基本案情

臧某桐为中国大陆地区公民，江苏苏宁易购电子商务有限公司（以下简称"苏宁公司"）为中国大陆地区企业。台贸全球电子商务股份有限公司（以下简称"台贸公司"）为我国台湾地区企业，它在苏宁易购网络交易平台开设了台汇淘海外专营店。

2017年2月8日，臧某桐通过该专营店购买了几件食品，该店铺载明其商品均采购于大陆以外地区。收到所购食品后，臧某桐发现它们与商家描述及外包装上描述的口味不一致，并认为这些食品的外包装没有标注生产日期、保质期及配料表等信息违反了相关法律规定，遂向苏宁公司提出异议。与此同时，臧某桐向南京市消费者协会进行了投诉，要求苏宁公司退款并10倍赔偿。后臧某桐收到了商品的退款，但苏宁公司未同意10倍赔偿。臧某桐遂于同年 3 月以苏宁公司为被告向江苏省泰州市靖江市人民法院（以下简称"靖江法院"）提起诉讼，主张上述赔偿。

经审理，靖江法院依据《消费者权益保护法》第 44 条认为，[1] 苏宁公司并非案涉合同的一方当事人，其作为网络交易平台且已经尽到责任，故对臧某桐要求苏宁公司予以 10 倍赔偿的主张不予支持。

二、法律问题

（1）本案是否具有涉外（台）因素？
（2）本案应适用何地法律进行审理？
（3）臧某桐的诉讼请求是否可以得到支持？

三、重点提示

本案是因网络购物产生的纠纷，靖江法院并未对本案是否具有涉外（台）因素予以说明，也没有适用《法律适用法》。因此，审理法院是将本案作为纯域内案件处理的。结合案情，本案为网购合同纠纷，原告臧某桐为大陆公民，被告苏宁公司为大陆法人，台贸公司是我国台湾地区的一家公司。此外，原告所购买的商品均由大陆以外地区采购并邮寄至大陆，这属于合同履行内容的一部分。综合上述因素，是否可以因此认定本案具有《〈法律适用法〉司法解释（一）》中所规定的涉外（台）因素？如认为本案具有涉外（台）因素，则本案的裁判逻辑亦将随之发生变化。

---

　[1]《消费者权益保护法》第 44 条规定："消费者通过网络交易平台购买商品或者接受服务，其合法权益受到损害的，可以向销售者或者服务者要求赔偿。网络交易平台提供者不能提供销售者或者服务者的真实名称、地址和有效联系方式的，消费者也可以向网络交易平台提供者要求赔偿；网络交易平台提供者作出更有利于消费者的承诺的，应当履行承诺。网络交易平台提供者赔偿后，有权向销售者或者服务者追偿。网络交易平台提供者明知或者应知销售者或者服务者利用其平台侵害消费者合法权益，未采取必要措施的，依法与该销售者或者服务者承担连带责任。"

| 专题十四 |

涉外劳动合同的法律适用

📖 知识概要

　　劳动关系是建立在劳动合同基础上的劳动者与用人单位之间的权利义务关系，涉及劳动报酬、工伤认定和赔偿、违约责任以及合同解除的补偿等。在劳动合同关系中，劳动者与用人单位之间常常处于不平等的地位。就劳动者以提供劳动力来换取对待给付而言，劳动关系具有财产属性；就劳动者按照用人单位的要求提供劳力而言，劳动关系具有人身属性。劳动者的劳动并不是真正自主的劳动，而是在经济上、人格上和组织上都必须从属于雇主的雇佣劳动。[1]劳动者与用人单位的这层关系，决定了劳动者在劳动关系中处于弱势、被动的地位，因而需要通过立法向劳动者一方提供倾斜性保护，调整劳动合同的实体法律规范由此具有了公法的性质。一般而言，各国劳动法均倾向于保护劳动者，如《中华人民共和国劳动法》（以下简称"《劳动法》"）第 1 条明确将"保护劳动者的合法权益"作为其立法宗旨；德国则通过《德国民法典》及一系列法规保护劳动者的基本权利、就业政策、工作条件、社会保障、工资制度、解雇保护等各方面的权益。[2]

　　随着经济全球化的发展，劳动力开始在全球范围内进行流动和配置。劳

---

　　〔1〕　万鄂湘主编：《〈中华人民共和国涉外民事关系法律适用法〉条文理解与适用》，中国法制出版社 2011 年版，第 307 页。

　　〔2〕　德国在《德国民法典》中对劳资双方的权利义务作了原则性规定，还通过多部全国性法律、法规，来规范雇主与雇员之间的劳动关系，对特殊人群还进行了专门的立法保护，包括：《青少年劳动保护法》《母亲保护法》中对怀孕职工的特别规定、针对残疾职工的《社会法典》对残疾职工的特别规定等。

动者跨国提供劳务的情况与日俱增，导致涉外劳动纠纷大量产生。在涉外劳动关系中，劳动者同样处于相对被动、弱势的地位，用人单位可以凭借自己的优势地位操纵法律适用，因此，在涉外劳动关系的法律适用规则设计上，有必要制定专门的法律适用规则，以保护劳动者的权益。

《法律适用法》第 43 条规定："劳动合同，适用劳动者工作地法律；难以确定劳动者工作地的，适用用人单位主营业地法律。劳务派遣，可以适用劳务派出地法律。"本条在确定劳动合同法律适用上采用了劳动者工作地和用人单位主要营业地两个连结点，主要是因为劳动关系通常在这两个地点发生，与劳动合同引起的纠纷具有更密切联系。由于劳动合同关系多涉及相关国家的公共利益和强制性规定，且劳动者与用人单位的地位不平等，故不宜适用意思自治原则，以防止用人单位强迫劳动者选择对其不利的或违反法院地强制性规定的法律。

立法之所以规定优先适用劳动者工作地的法律，是考虑到劳动者对工作地点的法律应该更为熟悉，有利于实现对劳动者的保护；且劳动者执行劳动合同不能违反工作地所在国的劳动法律制度，其行为必须符合劳动者工作地的公共利益和国家政策，适用工作地法律有利于实现同一国家内部劳动者权益的平等。但是，在某些情况下，劳动者无固定工作地点，在不同国家或地区间从事劳动。这样一来，劳动者工作地的法律就难以得到确定。这时则应适用用人单位所在地的法律。不过，我们认为，这一规定未能体现对劳动者权益的倾斜保护。此外，依据该条规定，劳务派遣还可以适用劳务派出地的法律。需要指出的是，劳务派遣关系中通常存在三方当事人，在这三方中，仅劳动者为弱势当事人，从上述规定的措辞中，很难判断劳务派遣适用的法律是否适用于三方当事人，亦无法看出劳动者的权益是否得到倾斜性保护。[1]

此外，《法律适用法》第 43 条常与《法律适用法》第 4 条出现适用上的混淆。《法律适用法》第 4 条规定："中华人民共和国法律对涉外民事关系有强制性规定的，直接适用该强制性规定。"关于何为"强制性规定"，《〈法律适用法〉司法解释（一）》第 8 条做出了阐释："……涉及中华人民共和国社

---

〔1〕 详见霍政欣：《国际私法学》，中国政法大学出版社 2020 年版，第 199 页。

会公共利益、当事人不能通过约定排除适用、无需通过冲突规范指引而直接适用于涉外民事关系的法律、行政法规的规定，人民法院应当认定为涉外民事关系法律适用法第4条规定的强制性规定……"其中包括"涉及劳动者权益保护的"法律和行政法规的强制性规定。根据该司法解释，在劳动合同纠纷中，如果纠纷涉及法院地有关劳动者权益保护的强制性规定的，应当直接适用法院地法（即中国法）的规定。但我国《劳动法》《中华人民共和国劳动合同法》（以下简称"《劳动合同法》"）等相关法律和司法解释并没有规定哪些条款涉及劳动者权益保护，以及哪些条款应当强制适用，或者说它们本身是否就是为了保护劳动者的合法权益而制定的。在这一问题的司法实践中，能否一概地援引强制性规定而不考虑可能适用的外国法，径直地排除《法律适用法》第43条的适用？这是否会导致《法律适用法》第43条形同虚设？法院应该如何界定强制性规定？劳动合同的冲突规范与强制性规定的界限又在何处？这一系列问题都亟待立法回应。

📑 经典案例

"安庆市昕臆汽车配件有限公司、周某劳动争议案"

14 – 1

一、基本案情

周某与安庆市昕臆汽车配件有限公司（以下简称"昕臆公司"）于2013年12月31日签订了一份劳动合同，约定由昕臆公司指派周某前往安哥拉工作，期限为2年，工资为每年100 000元人民币。合同还约定，以安哥拉法律作为双方争议适用的法律。

2014年1月至6月，昕臆公司支付周某50 000元。2014年7月至2015年7月，昕臆公司未再向周某发放工资。周某于2016年9月12日向安徽省安庆市经济技术开发区劳动人事争议仲裁委员会申请劳动仲裁，要求昕臆公司支付拖欠的工资 108 333 元。该委员会于 2016 年 10 月 12 日裁决由昕臆公司支付周某 2014 年 7 月至 2015 年 7 月工资 108 333 元。昕臆公司不服，于 2016 年 11 月 1 日向安庆市宜秀区人民法院（以下简称"宜秀法院"）起诉。

在审理过程中，双方就本案适用的法律以及周某申请仲裁是否超过仲裁时效产生争议。就本案的法律适用问题，昕臆公司主张适用安哥拉法，周某主张适用中国法。就周某申请仲裁的时效问题，昕臆公司认为，其与周某的劳动合同已于 2015 年 8 月终止，周某于 2016 年 9 月申请仲裁已超过仲裁时效，且仲裁适用中国法进行裁决，明显不当；周某指出，昕臆公司在安哥拉的营业处所自 2015 年 7 月之后就基本处于停业状态，且双方对回国事宜始终无法达成协议，故无法在规定时效内提起仲裁申请。

宜秀法院认为，昕臆公司提出的其与周某之间劳动争议应适用安哥拉法律的主张，无法律上的依据，本案应适用中国法审理。同时，该法院认为，昕臆公司未提供证据证明周某申请仲裁时已超过仲裁时效，故无法认定仲裁申请已经超过时效。

昕臆公司不服一审判决，向安庆市中级人民法院（以下简称"安庆中院"）提起上诉。就本案的法律适用问题，安庆中院援引《法律适用法》第 4 条和《〈法律适用法〉司法解释（一）》（2013）第 10 条的规定，认为本案应适用我国法律法规中的相关强制性规定。同时，安庆中院认为，昕臆公司与周某约定适用安哥拉法的行为还构成《〈法律适用法〉司法解释（一）》（2013）第 11 条规定的法律规避，不能发生适用安哥拉法的效力。

就双方的劳动关系，安庆中院根据《最高人民法院关于审理劳动争议案件适用法律若干问题的解释》（2008 调整）第 13 条的规定，认为应由昕臆公司举证证明双方劳动关系已终止，因该公司未对此进行举证，由其自行承担举证不力的法律后果。

就昕臆公司主张的周某提交劳动仲裁时已超过仲裁时效的问题，安庆中院依据《中华人民共和国劳动争议调解仲裁法》（以下简称"《劳动争议调解仲裁法》"）第 27 条的规定，认为劳动关系存续期间因拖欠劳动报酬而发生的争议不受 1 年仲裁时效的限制。

综上，安庆中院认定昕臆公司的上诉请求均不能成立，判决维持一审原判。

二、法律问题

本案双方当事人分别为中国公民和中国企业，双方签订劳动合同，约定昕臆公司派周某驻安哥拉工作，故本案为涉外劳动合同纠纷。合同履行期间，昕臆公司拖欠周某工资，下列问题为本案焦点：

（1）本案应适用何国法律？

（2）我国《劳动法》第 50 条是否属于《〈法律适用法〉司法解释（一）》（2013）第 10 条所规定的法律法规的强制性规定？

（3）本案当事人在合同中约定适用安哥拉法律是否构成法律规避？

（4）本案劳动合同中的法律选择条款是否有效？

（5）周某申请劳动争议仲裁的时间是否超过了仲裁时效？

三、法理分析

1. 法律适用

本案中，双方约定的工作地点在安哥拉，签订的《劳动合同》中约定适用安哥拉法，具有明显的涉外性，故本案为涉外劳动合同纠纷。但一审法院在判决中未援引我国有关国际私法立法及司法解释，也未就应适用的何国法律作出说明，可见一审法院将本案法律关系视为国内普通劳动纠纷进行处理，未考虑到本案存在的涉外因素。

根据我国《法律适用法》第 43 条的规定，涉及涉外劳动合同的争议，应优先适用劳动者工作地的法律，若劳动者工作地不确定，则适用用人单位所在地的法律。本案中，周某的工作地点位于安哥拉，原则上应适用安哥拉的法律作为准据法。例外的是，国际私法上有强制性规范、法律规避和公共秩序保留制度，以防止法律适用的结果对法院地国造成不当的影响。安庆中院认为本案若适用安哥拉法将违反我国的强制性规定，以及约定适用安哥拉法的做法构成法律规避，从而认为本案不应适用安哥拉法。那么，这种理解是否正确呢？

2. 适用安哥拉法是否违反我国的强制性规定

我国《法律适用法》第 4 条规定："中华人民共和国法律对涉外民事关系

有强制性规定的，直接适用该强制性规定。"这一条规定属于《法律适用法》第一章"一般规定"的内容，具有统领整部法律的效力。因此，如果案涉劳动合同关系涉及我国劳动合同法律法规的强制性规定的，就应该直接适用我国的强制性规定。

对于强制性规定的范围，依据《〈法律适用法〉司法解释（一）》（2013）第 10 条规定，"涉及劳动者权益保护的"属于《法律适用法》第 4 条所称的强制性规定。但是，就哪些法律条文属于涉及劳动者权益保护的强制性规定的问题，法律和司法解释没有作出进一步的说明。根据二审判决书，安庆中院认为《劳动法》第 50 条的规定属于《〈法律适用法〉司法解释（一）》所称的强制性规定。不过，该法院对此并未说明理由，这颇为遗憾。

我们认为，《法律适用法》专门规定了涉外劳动合同的法律适用规则，并且将其置于"债权"一章中，因此，如果依该法第 4 条认为我国《劳动法》的规定一概属于须适用于涉外劳动关系的强制性规定，势必导致涉外劳动合同的法律适用规则有名无实，完全无适用之可能。需要指出，债权强调的是当事人之间的私权利义务关系，故在大多数情况下，劳动合同的私法属性应当得到承认，涉外劳动合同原则上应依据冲突规范确定其应适用的法律，而不能轻易援用《法律适用法》第 4 条的规定。对此，最高法院曾指出，与我国《合同法》上的所谓效力性、管理性、强制性规定不同，国际私法上的强制性规定一定是适用于涉外民事关系的那类强制性规定，对此要从立法目的这一角度进行考察。强制性规定的直接适用能够达到排除外国法适用的目的，因此，对于其理解应当严格、谨慎，如果滥用，将会大大折损国际私法的积极作用，甚至带来消极后果。[1]不过，目前的问题在于司法实践中，法院应当如何判断一个法律条文是否因涉及劳动者权益保护而属于强制性规定，其标准、尺度、适用情形等问题并不明确。在这种情况下，滥用《法律适用法》第 4 条就难以避免，从而出现"例外"吃掉"原则"的情形。

因此，在涉外审判中，法官需要精准判断哪些规定属于强制性规定。就本案而言，一审法院的判决依据是《劳动法》第 50 条，二审法院维持了该判决。由于一审法院未就本案是否涉外予以说明并径直适用中国法，故可以推

---

〔1〕　详见霍政欣：《国际私法学》，中国政法大学出版社 2020 年版，第 151 页。

断，二审法院认为《劳动法》第 50 条属于《法律适用法》及其司法解释中所称的强制性规定。根据《〈法律适用法〉司法解释（一）》（2013）第 10 条，[1] 我国国际私法上的强制性规范应该满足以下几项基本条件：①实体内容方面涉及我国的社会公共利益；②程序方面，当事人不能通过约定排除适用且无需通过冲突规范的指引而直接适用；③法律渊源为我国法律和行政法规。只有符合上述条件的劳动法律规范才可称为强制性规范。

那么，《劳动法》第 50 条到底是否属于国际私法上的强制性规范呢？该条规定如下："工资应当以货币形式按月支付给劳动者本人。不得克扣或者无故拖欠劳动者的工资。"该条前半部分规定的是工资的支付方式和支付周期，后半部分强调应按时给付工资，不能无故拖欠。从立法目的上看，该条是防止用人单位以各种理由和借口拒绝支付工资或变相以其他形式抵销工资报酬，以保障劳动者根据劳动合同获得劳动报酬，保护劳动权和取得报酬权的宪法权利。我们认为，该条主要涉及对劳动者私人经济权益的保护，并未涉及公共利益和社会秩序，遑论适用于涉外劳动合同领域的强制性规定。因此，我们认为，《劳动法》第 50 条不构成我国国际私法上的强制性规定。

3. 本案劳动合同中的法律选择条款是否构成法律规避

安庆中院认为当事人在劳动合同中约定适用安哥拉法的行为构成法律规避。这一认定是否成立，须根据《〈法律适用法〉司法解释（一）》（2013）第 11 条的规定进行考察。该条规定如下："一方当事人故意制造涉外民事关系的连结点，规避中华人民共和国法律、行政法规的强制性规定的，人民法院应认定为不发生适用外国法律的效力。"因此，构成我国国际私法上的法律规避应该满足以下几个条件：①当事人存在规避法律的主观意图；②规避的方式为故意制造或改变连结因素；③规避的对象是我国法律、行政法规中的强制性规定；④规避的目的已实现。

据此，我们认为，很难认定本案当事人选择安哥拉法律的行为构成法律

---

[1] 《〈法律适用法〉司法解释（一）》（2013）第 10 条规定："有下列情形之一，涉及中华人民共和国社会公共利益、当事人不能通过约定排除适用、无需通过冲突规范指引而直接适用于涉外民事关系的法律、行政法规的规定，人民法院应当认定为涉外民事关系法律适用法第 4 条规定的强制性规定：①涉及劳动者权益保护的；②涉及食品或公共卫生安全的；③涉及环境安全的；④涉及外汇管制等金融安全的；⑤涉及反垄断、反倾销的；⑥应当认定为强制性规定的其他情形。"

规避，原因如下：

第一，要探究当事人是否存在主观故意，这并非易事。只有法院有充足的证据认定本案当事人选择安哥拉法律系出于规避我国法律的故意，才能得出其规避法律的结论。在判决书中，作为二审法院的安庆中院对此未作任何说明。结合本案案情，我们对此亦难以作出明确的判断。

第二，法律规避是经典国际私法体系排除外国法适用的一项制度，其隐含的前提是：当事人规避法律的客观结果已经达到，亦即依据当事人变更后的连结点，其指向的法律与原先连结点指向的法律不同。由此可见，在适用法律规避的过程中，法院事实上需要对外国法予以考虑。[1]从本案两审法院的判决书来看，两级法院均未实际考虑过安哥拉法，也未对安哥拉法的内容进行查明。

综上，我们认为，认定本案当事人在合同中约定适用安哥拉法构成法律规避的证据与理由明显不充分。事实上，从判决书的表述来看，安庆中院认为，本案适用安哥拉法将违反我国法律的强制性规定，从而认为劳动合同的法律选择条款构成了法律规避，这一逻辑混淆了强制性规范与法律规避两种制度。

4. 案涉法律选择条款是否有效

我们业已论述本案不存在违反我国强制性规定和法律规避的情形，那么案涉法律选择条款是否因此有效呢？我们认为，答案是否定的。

《法律适用法》规定了专门适用于劳动合同的法律适用规则，区别于一般合同的法律适用。那么，能否将劳动合同视为普通合同，允许当事人选择劳动合同适用的法律？我们认为，从法律适用位阶上看，一般合同的冲突规范与劳动合同的冲突规范具有普通法与特别法的关系。根据特别法优先于普通法的原则，本案应适用劳动合同的冲突规范，当事人无权选择合同的准据法，因而本案合同选择适用安哥拉法的法律选择条款无效。

从立法目的来看，一般合同的当事方处于利益均衡的法律地位上，双方均有机会充分表达真实意思，因此允许当事人自由选择合同适用的法律，既尊重当事人的意思自治，也能保证法律适用的可预见性和判决结果的一致性。

---

〔1〕　霍政欣：《国际私法学》，中国政法大学出版社 2020 年版，第 148 页。

然而，在劳动合同中，劳动者和用人单位之间的地位是不平等的，劳动者为了获得工作机会和报酬，有可能被迫接受用人单位提出的不合理条件。一般情况下，劳动合同中的争议解决条款都是由用人单位拟定的格式条款，不允许劳动者更改，这就很难保证劳动合同中的法律选择条款真正符合双方的意见。所以，包括我国在内的许多国家不赋予劳动合同的当事人法律选择权。否则，作为强势一方的用人单位可能借助法律选择权来达到适用对其更有利的法律的目的。

综上，我们认为，《法律适用法》未授予当事人在涉外劳动合同中选法的权利，案涉合同的法律选择条款因而归于无效。

5. 仲裁时效

对于劳动争议的解决，根据《劳动法》第79条的规定，[1]以劳动争议仲裁作为提起诉讼的前置程序。根据程序规则适用法院地法的基本原则，涉外劳动争议在我国诉诸法院也应先履行劳动仲裁程序。《法律适用法》并未规定仲裁时效所适用的法律。但根据《法律适用法》第7条的规定："诉讼时效，适用相关涉外民事关系应当适用的法律。"如法院认定本案应适用中国法，那么，对于当事人提交劳动争议仲裁的时效适用我国法律的规定，符合逻辑。

根据《劳动争议调解仲裁法》第27条的规定，"劳动争议申请仲裁的时效期间为1年。仲裁时效期间从当事人知道或者应当知道其权利被侵害之日起计算……劳动关系存续期间因拖欠劳动报酬发生争议的，劳动者申请仲裁不受本条第1款规定的仲裁时效期间的限制……"依据该条规定，本案系劳动关系存续期间因拖欠劳动报酬而发生争议，故不受仲裁时效1年期间的限制。昕臆公司未举证证明双方劳动关系已于2015年8月终止，按照合同的约定，双方劳动关系应于2015年12月终止。同时，昕臆公司拖欠周某劳动报酬在先，而周某被昕臆公司派出的工作地点在安哥拉，其主张权利确有不便，理由正当。由此可见，周某于2016年9月申请劳动仲裁并未超过仲裁时效期间。

---

[1]《劳动法》第79条规定："劳动争议发生后，当事人可以向本单位劳动争议调解委员会申请调解；调解不成，当事人一方要求仲裁的，可以向劳动争议仲裁委员会申请仲裁。当事人一方也可以直接向劳动争议仲裁委员会申请仲裁。对仲裁裁决不服的，可以向人民法院提起诉讼。"

四、参考意见

我国法院处理涉外劳动关系纠纷的案件并不多，但在有限的案件中，立法和司法实践存在的问题暴露得相对集中。其中，如何界定《法律适用法》第43条和《〈法律适用法〉司法解释（一）》第8条的适用范围是实践中需要着重解决的问题。在案例收集的过程中，我们发现，如果劳动合同中劳动者一方为外国公民，用人单位一方为中国公司，即外国人在中国就业和签订劳动合同，法院在判决中一般会依据《法律适用法》第43条的规定适用劳动者工作地的法律，进而适用中国法；如果劳动合同中劳动者一方为中国公民，用人单位一方为中国或外国公司但在境外营业，也就是对外劳动输出的情形，法院则会援引《法律适用法》第4条和《〈法律适用法〉司法解释（一）》第8条的规定排除劳动者工作地法律的适用，直接适用中国法。在不考虑中国法院倾向于保护本国劳动者在境外从事劳动的合法权益的情况下，这一现象反映我国法院在相同类型的劳动合同的法律适用上使用了完全不同的标准，并且最后都达到排除外国法适用的效果，这明显存在扩大法院地法适用范围的嫌疑。

我们认为，在司法实践中，须妥善处理上述两条规定之间的关系，避免出现标准不一的现象。如果将我国《劳动法》第1条"保护劳动者的合法权益"作为该法的立法宗旨，就此认为整部法律的所有规定涉及"劳动者权益保护"并且强制适用于所有劳动合同，那么，《法律适用法》第43条关于劳动合同的法律适用规则将完全被架空，这显然不符合该条法律的立法宗旨。这一问题亟待通过立法或司法解释加以解决。

五、思考题

（1）如果本案适用安哥拉法进行审理，周某的诉讼请求可否得到满足？申请劳动仲裁是否超过时效？

（2）是否可以认为当准据法所属国法律对劳动者提供的保护低于法院地国提供的保护时，就属于违反法院地国的强制性规定？

（3）对于外籍劳动者在中国境内订立劳动合同并在中国境内工作的情况，如因劳动合同产生纠纷并最终诉诸我国法院，法院应依据《法律适用法》第

43 条还是第 4 条确定法律适用?(参考拓展案例)我国《劳动法》第 2 条和《劳动合同法》第 2 条的规定是否构成司法解释所认可的强制性规定?[1]

拓展案例

"余某良与威茂精密五金(珠海)有限
公司劳动争议案"

14 - 2   14 - 3

一、基本案情

余某良为我国台湾地区居民,威茂精密五金(珠海)有限公司(以下简称"威茂公司")为我国大陆地区公司。2011 年 12 月 15 日,余某良与威茂公司签订《劳动合同书》中英文版。2015 年 10 月 15 日,双方签订《离职协议》解除劳动合同关系,并办理离职手续。次月 19 日,余某良向珠海市劳动人事争议仲裁委员会提交仲裁申请书,请求裁决威茂公司向余某良支付未签订书面劳动合同的双倍工资差额 330 000 元。

仲裁过程中,余某良为了证明《劳动合同书》期限页属于伪造证据,对中英文版《劳动合同书》申请司法鉴定,鉴定内容为中英文版的劳动合同是否属于一次性形成以及其期限页的形成时间。鉴定意见为中文版《劳动合同书》第 1、2、3、4 页与第 5、6 页不是一次印刷而成;英文版《劳动合同书》第 1 页与第 2、3、4 页不是一次印刷而成;无法判断中英文版《劳动合同书》期限页的形成时间。鉴定费用为 8900 元。

---

[1] 《劳动法》第 2 条规定:"在中华人民共和国境内的企业、个体经济组织(以下统称用人单位)和与之形成劳动关系的劳动者,适用本法……"《劳动合同法》第 2 条规定:"中华人民共和国境内的企业、个体经济组织、民办非企业单位等组织(以下称用人单位)与劳动者建立劳动关系,订立、履行、变更、解除或者终止劳动合同,适用本法……"

珠海市劳动人事争议仲裁委员会于 2016 年 9 月 2 日作出仲裁裁决，裁决威茂公司向余某良支付 2014 年 10 月 15 日至 2015 年 12 月 14 日期间未订立书面劳动合同的双倍工资差额，计 330 000 元。余某良于 2016 年 9 月 8 日收到该裁决书。

余某良认为，他在仲裁过程中申请司法鉴定的费用应由威茂公司承担。讨要无果后，他于 2016 年 9 月向广东省珠海市横琴新区人民法院（以下简称"横琴法院"）提起诉讼，请求法院判令威茂公司承担这笔鉴定费。

经审理，横琴法院认为，本案属于涉台劳动争议纠纷案件，应参照涉外民事诉讼的相关规定进行审理。根据《法律适用法》第 4 条、《〈法律适用法〉司法解释（一）》（2013）第 10 条第（一）项的规定，横琴法院认定本案当事人之间的纠纷应适用大陆法律。

横琴法院进一步认为，为了证明中英文版《劳动合同书》期限页属于伪造证据，原告在劳动仲裁阶段对中英文版《劳动合同书》申请司法鉴定，但鉴定结论只能证明合同期限页与签名页形成时间不一致，尚不能直接说明合同期限的真伪，故该鉴定结论无法达到原告期待的证明目的，原告应自行承担该鉴定费用。据此，横琴法院判决驳回余某良的诉讼请求。

余某良不服一审判决，向珠海市中级人民法院（以下简称"珠海中院"）提起上诉。就本案的法律适用问题，珠海中院认为，余某良系我国台湾地区居民，本案属于涉台劳动争议纠纷案件，应参照我国有关涉外民事关系法律适用的相关规定选择解决本案争议的准据法。珠海中院进而依据《法律适用法》第 43 条的规定认为，余某良工作地在大陆，一审法院适用大陆法律审理本案争议的做法正确。

珠海中院同样认为该司法鉴定结论并没有对涉案劳动合同的真伪性作出直接说明，余某良应对此承担举证不能的后果，该鉴定费用应由其负担。据此，珠海中院判决驳回上诉，维持原判。

二、法律问题

（1）应怎样确定本案的法律适用问题？法律依据是什么？

（2）《法律适用法》第 4 条、《〈法律适用法〉司法解释（一）》（2013）第 10 条与《法律适用法》第 43 条的关系？

三、重点提示

珠海中院似乎有意在二审中纠正一审判决在法律适用上的错误。虽然就本案而言，无论是依据《法律适用法》第 4 条、《〈法律适用法〉司法解释（一）》（2013）第 10 条还是《法律适用法》第 43 条，本案都会适用大陆法律审理。但两种裁判逻辑表明，在涉外劳动合同的法律适用问题上，我国法院难以处理好这 3 个条文间的关系。

正如在经典案例中提出的问题，如果与涉外劳动权益相关的问题都适用《法律适用法》第 4 条有关强制性规范的规定，势必会架空《法律适用法》第 43 条。我们认为，《法律适用法》第 4 条处于该法总论部分，而第 43 条处于分论部分。在具体案例中，应该研判该案具体情形是否符合强制性规范的适用条件，如不能满足，则应适用《法律适用法》第 43 条的规定。

一般侵权行为的法律适用

📑 知识概要

传统的侵权行为法律适用规则主要受法院地法原则与侵权行为地法原则支配，其中，侵权行为地法原则的影响更大。此外，在完善侵权行为地法的过程中，还出现了重叠适用法院地法与侵权行为地法以及当事人共同属人法例外等做法。[1]

我国国际私法在侵权领域的立法与实践在 2010 年《法律适用法》实施后得到重构与完善。在此之前，侵权的法律适用规则主要体现在《民法通则》和《民通意见》中；此外，《海商法》与《民用航空法》对海上侵权与空中侵权等特殊侵权规定了法律适用规则。在此之后，《法律适用法》的相关规定构成侵权法律适用的主要法律渊源；与此同时，《海商法》与《民用航空法》的相关规定继续有效。

《民法通则》第 146 条规定了一般侵权行为的法律适用规定："侵权行为的损害赔偿，适用侵权行为地法律。当事人双方国籍相同或者在同一国家有住所的，也可以适用当事人本国法律或者住所地法律。中华人民共和国法律不认为在中华人民共和国领域外发生的行为是侵权行为的，不作为侵权行为处理。"对于侵权行为地的认定，《民通意见》第 187 条补充解释道："侵权行为地的法律包括侵权行为实施地法律和侵权结果发生地法律。如果两者不一致时，人民法院可以选择适用。"

根据《民法通则》和《民通意见》的相关规定，我国当时立法采用了以

---

〔1〕 参见霍政欣：《国际私法学》，中国政法大学出版社 2020 年版，第 203 页。

侵权行为地法原则为主、以法院地法和共同属人法原则为辅的做法确定侵权行为的准据法，没有单纯适用侵权行为地法，具有一定的灵活性。但上述规定存在诸多缺陷，难以适应当代司法实践的需要。[1]随着《民法典》的施行，《民法通则》及其司法解释已被废止。

2010年颁布的《法律适用法》对侵权领域的法律适用进行了重构。对于一般侵权行为，该法第44条的规定："侵权责任，适用侵权行为地法律，但当事人有共同经常居所地的，适用共同经常居所地法律。侵权行为发生后，当事人协议选择适用法律的，按照其协议。"

根据这一条规定，在涉外侵权纠纷中，确定准据法应依据以下顺序：①看当事人在侵权纠纷发生后能否就法律适用达成协议，如达成协议，从其协议；②看当事人是否具有共同经常居所地，如有，则适用该共同经常居所地法；③如上述两项条件均无法满足，则适用侵权行为地法律。与《民法通则》第146条相比，上述规定虽有明显进步，但其不足之处依然较为明显。[2]

《法律适用法》还对产品责任、网络侵权与知识产权侵权等特殊侵权行为规定了法律适用条款。对于产品责任，《法律适用法》第45条规定："产品责任，适用被侵权人经常居所地法律；被侵权人选择适用侵权人主营业地法律、损害发生地法律的，或者侵权人在被侵权人经常居所地没有从事相关经营活动的，适用侵权人主营业地法律或者损害发生地法律。"依照该条规定，产品责任原则上适用被侵权人经常居所地法。但是该原则受制于以下两个例外：①被侵权人选择适用侵权人主营业地法律、损害发生地法律的，适用侵权人主营业地法律或者损害发生地法律；②侵权人在被侵权人经常居所地没有从事相关经营活动的，适用侵权人主营业地法律或者损害发生地法律。

对于网络侵权，《法律适用法》第46条规定："通过网络或者采用其他方式侵害姓名权、肖像权、名誉权、隐私权等人格权的，适用被侵权人经常居所地法律。"依据该条规定，鉴于网络侵权特点，该条舍弃了侵权行为地法，而以被侵权人经常居所地法代之，这不仅有利于保护被侵权人的利益，也有利于简化此类纠纷的法律适用问题。

---

[1] 霍政欣：《国际私法学》，中国政法大学出版社2020年版，第209页。

[2] 霍政欣：《国际私法学》，中国政法大学出版社2020年版，第212页。

对于知识产权侵权，《法律适用法》专设第 7 章 "知识产权"，分 3 条较为系统地规定了知识产权的法律适用规则，分别规定了知识产权归属和内容（第 48 条）、知识产权转让和许可（第 49 条）以及知识产权的侵权责任（第 50 条）的法律适用。

此外，根据《法律适用法》第 2 条第 1 款的规定，"涉外民事关系适用的法律，依照本法确定。其他法律对涉外民事关系法律适用另有特别规定的，依照其规定"。由于该法未涉及海上及空中侵权的法律适用，《海商法》与《民用航空法》规定的法律适用条款继续有效。具体包括：

《海商法》第 273 条规定，"船舶碰撞的损害赔偿，适用侵权行为地法律。船舶在公海上发生碰撞的损害赔偿，适用受理案件的法院所在地法律。同一国籍的船舶，不论碰撞发生于何地，碰撞船舶之间的损害赔偿适用船旗国法律"。第 274 条规定，"共同海损理算，适用理算地法律"。第 275 条规定，"海事赔偿责任限制，适用受理案件的法院所在地法律"。

《民用航空法》第 189 条规定，"民用航空器对地面第三人的损害赔偿，适用侵权行为地法律。民用航空器在公海上空对水面第三人的损害赔偿，适用受理案件的法院所在地法律"。

经典案例

"常某华与傅某、殷某英确认合同无效纠纷案"

15 - 1

15 - 2

一、基本案情

傅某与常某华均为我国内地居民，二人于 1987 年在内地登记结婚。2006 年 3 月 24 日，傅某作为唯一股东在香港特别行政区注册成立新食派公司，股本价值 10 000 港币。

2013 年 1 月 7 日，傅某辞去新食派公司董事职务并委任其母殷某英为公司董事。同日，傅某因涉嫌重婚罪被公安机关刑事拘留。1 月 14 日，傅某将新食派公司的股权全部转让给殷某英，殷某英由此成为新食派公司的唯一股东。1 月 16 日，常某华向山东省青岛市中级人民法院（以下简称"青岛中院"）提起诉讼，要求与傅某离婚并分割夫妻共同财产。[1]

常某华认为傅某与殷某英之间的股权转让行为侵犯了其合法利益，于2013 年 4 月 22 日以傅某和殷某英为共同被告向青岛中院提起诉讼，请求法院确认两人前述股权转让行为无效。同年 6 月 19 日，尚处案件审理期间，殷某英又将其持有的全部股份转让给傅某。

在庭审中，傅某援引香港特别行政区法律，主张股权转让行为有效。殷某英提出公司注册资本并非夫妻共同财产，而是其赠与傅某的；且傅某作为公司唯一股东，有权转让股权，不存在串通损害他人利益的行为。

青岛中院查明，3 位当事人的经常居住地均在内地。经审理，青岛中院认为，侵犯夫妻共同财产权引发的纠纷，因为本案争议所涉及的目标公司新食派公司为香港特别行政区公司，故应参照涉外审判程序审理。对于二人夫妻财产关系的法律适用，青岛中院依据《法律适用法》第 24 条的规定，认为本案在当事人没有选择法律适用的情况下，应适用共同经常居所地法律，即内地法律。对于侵权责任的法律适用，青岛中院依据《法律适用法》第 44 条的规定，认为本案同样应适用共同经常居所地法律。据此，青岛中院未采纳傅某和殷某英的主张，根据内地法律认定两人共同侵犯常某华对夫妻共同财产的处分权，判决股权转让无效。

傅某不服，向山东高院提起上诉。二审中，傅某提交了一份他与常某华签订的协议书，用以证明常某华与傅某已达成离婚协议，并已就财产归属作出了约定。协议书具体内容为：商品房归常某华所有，土地和固定资产等其他财产归傅某所有。山东高院认为该协议书的真实性无法确定，故没有接受该协议书。同时，傅某提出本案应认定为股权转让纠纷，而非确认股权转让无效纠纷，应适用合同相关的法律适用规则，并根据《法律适用法》第 40 条

---

[1] 青岛中院于 2014 年 12 月 30 日对该离婚案件作出离婚判决，但未对新食派公司的财产进行分割。

要求适用香港特别行政区法律。二审法院未采纳傅某的主张，支持了一审法院的各项判决意见，判决驳回傅某的上诉。

之后，傅某向最高法院申请再审，再次主张本案应为股权转让纠纷，应适用香港特别行政区法律。经审理，最高法院再次将本案定性为侵权纠纷，并依据《法律适用法》第24条适用内地法律，最终裁定驳回傅某的再审申请。

二、法律问题

本案标的物为新食派公司的股权，该公司为一家香港特别行政区公司，故本案为涉港民事纠纷，应参照我国有关涉外民事案件的程序和法律进行审理。傅某将公司股权转让给其母，常某华认为此举侵犯了她的合法权益，各方就此产生争议，下列问题遂成为本案焦点：

（1）本案争议法律关系的性质如何？是合同纠纷，还是侵权纠纷？

（2）本案夫妻财产关系应适用何地法律？依据该地法律，结果是什么？

（3）本案确定股权转让行为的效力应适用何地法律？

（4）傅某转让股权的行为是否有效？

三、法理分析

1. 本案纠纷的定性

作为公司唯一股东，傅某将其全部股权转让给其母殷某英，这构成本案的争议行为。对此，常某华请求法院确认该转让行为无效。常某华认为该公司为夫妻共同出资设立，其股权应属夫妻共同财产，傅某未经其同意就无偿转让股权，这一行为构成无权处分，严重侵犯了其合法权益。因此，常某华主张将本案定性为侵权纠纷，根据《法律适用法》第44条的规定适用内地法律。傅某认为本案是因股权转让事宜引发的纠纷，应为股权转让纠纷，故应依据《法律适用法》第40条的规定适用香港特区法律。

可见，双方当事人对本案的性质存在明显的分歧，这两种认识将导致不同的法律适用结果。我们认为，从表面上看，本案是基于合同引发的纠纷，但常某华并非合同当事人，故本案实质上是合同当事人与第三人之间的纠纷。更确切地说，本案的关键在于傅某和殷某英之间的股权转让行为是否构成恶意串通损害第三人的合法权益的情形，故本案应属于侵犯夫妻共同财产权而引发的纠纷。因此，依据定性适用法院地法的规则，本案的定性依据我国内地法应认定为侵权纠纷，而非合同纠纷。

2. 傅某与常某华夫妻财产关系的认定

本案在认定傅某转让股权的行为是否构成无权处分时，需要判断所转让的股权是傅某独有还是傅某与常某华共有。由于案涉公司是在夫妻关系存续期间设立的，公司股份可能构成夫妻共同财产，因此，法院需要先对傅某与常某华的夫妻财产关系进行确定，然后再对案涉财产的归属进行判断。

根据《法律适用法》第24条的规定："夫妻财产关系，当事人可以协议选择适用一方当事人经常居所地法律、国籍国法律或者主要财产所在地法律。当事人没有选择的，适用共同经常居所地法律；没有共同经常居所地的，适用共同国籍国法律。"青岛中院已查明，傅某与常某华均是我国内地居民，且经常居所地均在我国内地。二人未就财产关系的法律适用达成协议，故他们的夫妻财产关系应适用内地法律。依据《婚姻法》第19条的规定，[1]在无相反约定的情况下，夫妻之间实行夫妻共同财产制，夫妻对共同财产的处分享有同等权利。二审中，傅某提出双方存在财产分割的协议，但该证据的真实性未得到法院认可。同时，该协议并未涉及新食派公司股权的归属。因此，三级法院均认为傅某与常某华之间实行共同财产制，案涉公司系以夫妻共同财产出资设立，该股权属于夫妻共同财产。

3. 本案的法律适用

本案为侵权纠纷，应适用关于侵权责任的法律适用规范。《法律适用法》第44条规定："侵权责任，适用侵权行为地法律，但当事人有共同经常居所地的，适用共同经常居所地法律。侵权行为发生后，当事人协议选择适用法律的，按照其协议。"本案当事人在争议发生后未就法律适用达成协议，且双方经常居所地均在我国内地，故本案根据冲突规范的指引应适用我国内地

---

〔1〕《婚姻法》第19条规定："夫妻可以约定婚姻关系存续期间所得的财产以及婚前财产归各自所有、共同所有或部分各自所有、部分共同所有。约定应当采用书面形式。没有约定或约定不明确的，适用本法第17条、第18条的规定。夫妻对婚姻关系存续期间所得的财产以及婚前财产的约定，对双方具有约束力。夫妻对婚姻关系存续期间所得的财产约定归各自所有的，夫或妻一方对外所负的债务，第三人知道该约定的，以夫或妻一方所有的财产清偿。"《民法典》于2021年1月1日生效，《婚姻法》同步废止。《婚姻法》第19条的规定由《民法典》第1065条取代。

法律。

需要提及的是，本案中傅某认为，案涉股权及股权变更登记的事实都发生在香港特别行政区，应根据《法律适用法》第 40 条主张本案应适用香港特别行政区法律。我们认为，该主张应属无效，根据案情，本案不涉及权利质权的问题，故傅某的主张于法无据。

4. 股权转让行为的效力

如上所述，双方当事人应适用我国内地的夫妻共同财产制，所以，案涉股权为夫妻共同财产。根据《婚姻法》第 17 条第 2 款，[1]"夫妻对共同所有的财产，有平等的处理权"。夫妻非因日常生活需要对夫妻共同财产做重要处理决定的，夫妻双方应当平等协商，取得一致意见。傅某擅自将股权转让给其母殷某英时，并未与常某华达成处分股权的一致意见。傅某也没有提供证据证明殷某英支付了合理对价，不满足善意取得的条件。且股权转让行为发生在常某华提起离婚诉讼之前不久，傅某因涉嫌重婚罪被刑事拘留后，随即将公司股权转移给殷某英，随后常某华又起诉离婚，殷某英在这一过程中理应知晓夫妻关系恶化的事实，故受让股权的行为存在恶意。根据《民法通则》第 58 条第 4 项，[2]恶意串通，损害国家、集体或者第三人利益的民事行为无效。据此，傅某在涉嫌重婚罪被刑事拘留期间，与殷某英恶意串通，擅自处分其在新食派公司的股权，损害了常某华的财产权利，应认定傅某和殷某英的股权转让行为无效。

此外，虽然在一审过程中，殷某英又将股权转让给傅某，股权经过两次转让回到最初状态，但两次转让行为是相互独立的民事行为，不能据此认为 2013 年 1 月 14 日的股权转让行为有效。

四、参考意见

侵权行为地法原则曾长期被世界各国遵循，成为侵权行为法律适用的支

---

〔1〕《民法典》于 2021 年 1 月 1 日生效，《婚姻法》同步废止。《婚姻法》第 17 条的规定由《民法典》第 1062 条取代。

〔2〕《民法典》于 2021 年 1 月 1 日生效，《民法通则》同步废止。《民法通则》第 58 条第 4 项的规定由《民法典》第 154 条取代。

配性原则。[1]但随着交通和通讯技术的飞快发展以及人员流动的迅速增加，跨国侵权行为频繁发生，现实情况也愈加复杂，单纯适用传统的侵权行为地法原则已难以应对新情况。例如，跨国侵权行为的行为和结果可能发生在不同地域，侵权行为也可能存在多个行为地。[2]法律适用的不确定性因而大为增加，机械地适用侵权行为地法会导致不公平的结果，[3]侵权行为地法原则的缺陷遂逐渐显露。

此外，在如何确定侵权行为地这一问题上，各国标准并不统一。根据侵权行为发生的过程，侵权行为地可以分为侵权行为实施地和侵权结果发生地，而各国对侵权行为地的认定大致可以分为以下情形：①单义化界定侵权行为地，包括将侵权行为地界定为侵权行为实施地或侵权结果发生地以及附条件的单义化界定侵权行为地；[4]②复义化界定侵权行为地，认为侵权行为地是侵权行为实施地或侵权结果发生地，并辅之以受害者的选择或有利于受害人的原则来决定。[5]

上述两种不同的取向本质上都是为应对跨国侵权行为时常出现的行为实施地和结果发生地分离的困境。但是，无论适用行为实施地法，还是结果发生地法，在侵权行为地的语境内进行选择本身就是有局限的。因此，各国立法中还通过引入诸如法院地法、当事人共同属人法等对侵权行为地加以限制和补充。当代，有的国家还引入了当事人意思自治和最密切联系原则等，进

---

〔1〕 霍政欣：《国际私法学》，中国政法大学出版社2020年版，第201页。

〔2〕 如产品责任侵权和网络侵权。

〔3〕 杜新丽、宣增益主编：《国际私法》，中国政法大学出版社2017年版，第262页。

〔4〕 三种情形典型分别如下：《法国民法典》第2312条规定："非合同之债依原因事实发生地法。"2007年欧盟《关于非合同之债的法律适用条例》（《罗马条例Ⅱ》）第4条第1款规定："除本条例另有规定，由侵权或过失不法行为产生的非合同义务适用损害发生地的法律，而不考虑引起损害的事件发生在何国，也不考虑该事件的间接后果发生在任何一个或几个国家。"《瑞士联邦国际私法法规》第133条的规定："有关侵权行为的诉讼，如果加害人与受害人在同一个国家具有共同习惯居所的，适用该国的法律。如果加害人与受害人在同一国家没有共同习惯居所的，诉讼适用侵权行为实施地国家的法律。然而，如果侵权结果发生于另一国家，并且加害人应当预见结果发生的，适用该另一国家法律。尽管如此，但是如果侵权行为侵害了当事人之间的某一法律关系的，有关侵权行为的诉讼，适用调整该法律关系的法律。"依据该条，立法者原则上将跨国侵权纠纷中的"侵权行为地"界定为"侵权行为实施地"，但当加害人应当能够预见到侵权结果发生地时，则界定为"侵权结果发生地"。

〔5〕 如1999年德国《民法施行法》第40条第1款规定："因侵权行为而发生的请求权，适用损害赔偿义务人行为地国家的法律。受害人可以请求适用结果发生地国家的法律，而不适用损害赔偿义务人行为地国家的法律。"

一步丰富和完善了侵权行为法律适用的制度。

我国《法律适用法》在设计侵权法律适用规则时虽以侵权行为地法为原则，但却不拘泥于此，将意思自治原则与共同属人法作为例外，这有利于克服侵权行为地法原则的弊端。

五、思考题

（1）本案中夫妻财产关系的认定是否构成国际私法上所称的先决问题？国际私法上先决问题的认定标准是什么？

（2）本案被告傅某还主张，因夫妻财产关系纠纷已在离婚诉讼中涉及，原告不应该再单独起诉，这违反了一事不再理的原则。这一主张是否成立？

拓展案例

"朱某安与康菲石油中国有限公司、中国海洋石油集团有限公司海上、通海水域污染损害责任纠纷案"

15－3　　　　　　　　　　15－4

一、基本案情

康菲石油中国有限公司（以下简称"康菲公司"）是一家在利比里亚共和国注册的公司。2011年6月4日和6月17日，位于渤海中南部的蓬莱19－3油田B平台和C平台先后发生溢油事故，造成渤海海域污染。该油田系中国海洋石油集团有限公司（以下简称"中海油公司"）与康菲公司合作开发。在溢油事故发生时，油田的作业者为康菲公司。2011年8月18日，由中国国家海洋局、国土资源部、环境保护部、交通运输部、农业部、安全生产监督管理总局、能源局组成的联合调查组对事故展开调查。2012年6月21日，联合调查组发布《联合调查报告》，认定康菲公司应承担溢油事故的全部责任。

2012 年 1 月 21 日，农业部先行与康菲公司和中海油公司签订《赔偿补偿协议》，约定：康菲公司支付 10 亿元，用以解决河北省乐亭县至辽宁省绥中县"四县三区"（包括乐亭县、昌黎县、抚宁县、绥中县、海港区、山海关区、北戴河区）养殖生物和渤海天然渔业资源损失赔偿补偿问题；康菲公司和中海油公司分别从海洋环境与生态保护基金中列支 1 亿元和 2.5 亿元，用于天然渔业资源修复和养护等方面的工作。

朱某安的养殖场地位于唐山市曹妃甸区，不在《赔偿补偿协议》限定的养殖损失赔偿补偿范围内，朱某安因此未获得渔业损失赔偿补偿款。

2014 年 5 月，农业部黄渤海区渔业生态环境监测中心通过抽样调查的方式调查了案涉事故对曹妃甸港以东海域的污染影响，并出具了《蓬莱 19 - 3 油田溢油对曹妃甸港以东海域养殖生物损害评估报告》（以下简称"《黄渤海监测中心评估报告》"）。根据该报告，朱某安的养殖场因案涉溢油事故造成养殖生物经济损失 150 984 元。

次月 3 日，朱某安向天津海事法院提交起诉状，要求康菲公司与中海油公司向其赔偿养殖生物经济损失 150 984 元。此后，朱某安又于 2016 年 2 月 23 日递交了补充修改后的起诉状。天津海事法院于 2016 年 3 月 7 日立案受理。

天津海事法院认为，由于康菲公司系在国外注册的公司，故本案为涉外海上污染损害责任纠纷，应根据《法律适用法》第 44 条的规定确定法律适用。天津海事法院进而认为，本案中双方当事人未协议选择法律，又不具有共同的经常居所地，应适用侵权行为地法，即中国法。

经审理，天津海事法院认为，《黄渤海监测中心评估报告》损失认定的依据不足：首先，评估勘验时间为 2014 年 5 月，距离溢油事故时隔近 3 年，不能反映事故当时的情况；其次，黄渤海区渔业生态环境监测中心作为鉴定人未提供完备的鉴定资质证书，也未到庭接受质询。天津海事法院因此未采信《黄渤海监测中心评估报告》，并认为朱某安不能证明所称损失与事故溢油具有关联性。据此，天津海事法院驳回了朱某安的诉讼请求。

朱某安不服该判决，向该法院申请再审。经审理，天津海事法院驳回了朱某安的再审申请。

二、法律问题

（1）本案应怎样确定法律适用？

（2）原告的诉求可否得到支持？

三、重点提示

本案被告之一康菲公司为在利比里亚注册的公司，故本案为涉外侵权纠纷。根据案情，本案属于一般侵权类型，故应依据《法律适用法》第44条确定本案的法律适用。在确定了准据法后，可再行判断原告的诉讼请求可否得到支持。值得注意的是，本案中存在两份评估报告，对原告养殖场是否遭受溢油事故污染结论不一，须探讨两份评估报告的权威性、客观性、真实性等内容。

一般侵权行为法律适用的例外

知识概要

《法律适用法》形成了以第 44 条一般侵权责任为基础，以第 45 条产品责任、第 46 条网络侵权与第 50 条知识产权侵权为补充的侵权法律适用体系。另外，《海商法》与《民用航空法》含有关于海事侵权与民用航空器侵权的法律适用规则，且根据《〈法律适用法〉司法解释（一）》第 3 条的规定，上述两部法律的特殊侵权法律适用规则在其调整范围内优先于《法律适用法》关于一般侵权的法律适用规则。这些法律及司法解释构成我国现行的涉外侵权法律适用制度。

尽管我国当前的侵权法律适用制度已取得长足进步，但仍存在一些需要完善的地方。《上海海事法院海事审判情况通报（2016）》就明确指出：自 2016 年上半年起，上海海事法院陆续受理了三起旅客在邮轮上受伤引起的海事人身损害责任纠纷，而案涉法律关系复杂、法律规则尚待明确、专业性保险产品缺失等因素都为案件的妥善处理带来困难。[1]

上一专题中，业已提及侵权行为地法原则绝不是解决侵权法律适用问题的万灵丹药。放眼海外，在"贝克科诉杰克逊案"中，[2] 由于适用侵权行为地法将导致不公平结果，美国纽约州终审法院放弃了侵权行为地法的适用，转而采用了最密切联系原则作出了对受害者有利的判决。这一案件里程碑式

---

〔1〕《上海海事法院海事审判情况通报（2016）》第 21 页。http://shhsfy. gov. cn/hsfyytwx/hsfyytwx/spdy1358/hsspbps1434/web/viewer. html？file = .. /2016. pdf，访问时间：2020 年 10 月 11 日。

〔2〕 Babock v. Jackson, 12 N. Y. 2d 473, 240 N. Y. S. 2d 743, 191 N. E. 2d 279（1963）.

的判决将最密切联系原则引入了侵权领域，为侵权法律适用规则提供了新思路。

经典案例

案例一："羊某颖与英国嘉年华邮轮有限公司、浙江省中国旅行社集团有限公司海上、通海水域纠纷案"

16 – 1

一、基本案情

2015 年 8 月 1 日，羊某颖及其母亲张某与浙江省中国旅行社集团有限公司（以下简称"浙江中旅"）签订了《浙江省出境旅游合同》，购买了一份为期五日四晚的旅游产品，承运人为英国嘉年华邮轮有限公司（以下简称"嘉年华公司"），出发时间为 2015 年 8 月 2 日，结束时间为 8 月 6 日，出发港和目的港均为上海港。

8 月 5 日下午，邮轮航行在公海上，羊某颖在邮轮泳池意外溺水。事发后，邮轮提前靠岸，羊某颖被送至上海一家医院进行抢救。嘉年华公司和浙江中旅支付了部分费用后，告知羊某颖不再垫付。后来，羊某颖经鉴定被评定为致残程度一级，需完全依赖护理。

羊某颖要求嘉年华公司赔偿无果后，于 2016 年 1 月 11 日将嘉年华公司诉至上海黄浦法院，并提出以下诉请：①判令被告在邮轮官网、微信公众号及指定报纸的显著位置赔礼道歉；②判令被告按 80% 的责任比例向其赔偿人身和精神损害，共计 3 948 455.26 元；③判令被告承担律师费、鉴定费，计 83 020 元；④判令被告承担本案诉讼费用。

嘉年华公司在提交答辩状期间提出管辖权异议，黄浦法院于同年 5 月 9 日裁定管辖权异议成立，将本案移送至浙江省杭州市上城区人民法院审理。

羊某颖、嘉年华公司均不服该裁定，向上海二中院提起上诉。上海二中院于6月30日裁定撤销黄浦法院作出的民事裁定，将本案移送上海海事法院审理。

庭审中，羊某颖诉称该邮轮在案涉事故发生一年前也曾发生一起成人泳池溺亡事故，但被告未采取任何改进措施。她认为，该邮轮的深水泳池和浅水泳池既没有物理隔断，也没有工作人员维持秩序，放任未成年人自由穿梭通行，亦未配备救生人员，邮轮承运方未尽基本的管理职责，严重违反中英两国关于泳池的安全规范。

就本案的法律适用问题，各方分歧严重：

羊某颖认为，被告为英国公司，本案侵权行为实施地和侵权结果发生地均在邮轮上，案涉邮轮为英国籍。她进一步指出，国际法将船舶视作浮动的领土，案涉事故发生在邮轮上应等同发生在英国领土内。为支持上述主张，羊某颖援引世界海事大学（瑞典）前副校长布鲁山托·K.穆克吉发表的《冲突法：以海商法为视角》一文，该文认为事故发生在公海时，应适用船旗国法，因为船旗国对船舶拥有主权，适用船旗国法符合可预见性原则。鉴此，羊某颖认为根据《法律适用法》第44条有关侵权责任适用侵权行为地法律的规定，本案应适用英国法。

嘉年华公司认为，原告所称的船舶为浮动领土的说法系学术观点，没有明确的法律依据，无法用于本案法律适用的认定。该公司进一步认为，侵权行为地既包括侵权行为实施地，也包括侵权结果发生地，如法院认定本案存在侵权行为，鉴于侵权结果发生地为中国，本案应适用中国法及中国加入的国际公约。该公司同时指出，羊某颖为中国籍自然人，第三人浙江中旅为中国公司，两者的经常居所均在中国，适用中国法审理此案因而更为合适。

第三人浙江中旅则认为，本案为侵权责任纠纷，依据《法律适用法》第44条，如果当事人间存在共同经常居所地，应适用该地的法律。浙江中旅进一步指出，本案原告和第三人均在国内有经常居所地，故本案应适用中国法。

在责任问题上，嘉年华公司认为，其在本案中为承运人，根据中国《海商法》的规定，旅客的人身伤亡如系由旅客本人过失，或旅客和承运人的共同过失造成，可免除或减轻承运人的责任。该公司指出，羊某颖为未成年人，其母张某为监护人，负有保护羊某颖的职责。但在事故发生时，羊某颖监护人始终不在身边，其已处于脱离监护人看管的状态。故该公司认为，监护人在看管上具有重大过失，负有不可推卸的责任。此外，该公司还指出，国际邮轮不在泳池配备救生员符合行业通行惯例。同时，就邮轮上不配备救生员的事实，该公司已通过浙江中旅向羊某颖做了充分的提示和说明，邮轮的泳池边也竖立了各类醒目的告示牌，因此，该公司认为自己已妥善履行了提示和说明义务，对事故的发生不应承担责任。

在赔偿范围的问题上，嘉年华公司认为，原告的索赔项目和金额部分缺乏事实依据和法律依据；如法院认定其应承担部分责任，该公司有权援引中国已加入的《1974 年海上旅客及其行李运输雅典公约》（以下简称"1974 年《雅典公约》"）及其 1976 年议定书中规定的人身伤亡赔偿责任限额。

上海海事法院查明：①该轮船籍港为伦敦，船旗国为英国。船舶所有人为公主邮轮有限公司，注册地是英属百慕大。嘉年华公司是案涉邮轮的船舶经营人，为一家注册在英国伦敦的英国公司。②《浙江省出境旅游合同》中出境旅游安全须知第二部分"基本安全注意事项"第 9 条载明："行程中，请游客看管好自己的小孩，不能让小孩单独行动并注意安全。"第三部分"住宿行游注意事项"第 6 条约定"如游客选择消费酒店的配套健身娱乐设施（如游泳池、健身房等），请务必注意人身、财产安全"。此外，在《未成年人补充协议》第 2 条中约定，"乙方（张某）以法定监护人身份随行的……负有如下责任：1. 全程负责看管、照顾甲方（羊某颖），防止其发生摔伤、滑倒等意外伤害事故，确保其不因走失、被盗等遭受人身及财产损失，监督、阻止甲方参加高风险旅游或者高风险娱乐项目……3. 应当保护随行甲方的旅途安全"。③案涉泳池宽 2.5 米，长 5.4 米，水深 1.65 - 2.21 米。池边竖有中英文游泳池健康与安全须知告示牌，内容包括"无救生员当值时，游客自行承担安全责任；禁止潜水或跳水；16 岁以下孩童若无责任成人监督不得使用泳池"等。另据法院查明，案涉邮轮在 2014 年 8 月曾发生过一起成年游客溺亡事故。

对于本案的法律适用，上海海事法院认为：

《法律适用法》第 44 条就侵权责任的法律适用分三种情况作了规定。首先，当事人协议选择适用法律的，按照其协议，本案因当事人在侵权行为发生后没有协议选择适用的法律，故不适用；其次，当事人有共同经常居住地的，适用共同经常居住地的法律，本案原告与被告之间不存在共同经常居住地，故也不适用；最后是适用侵权行为地法律。因本案情况的特殊性和复杂性，如何理解《法律适用法》第44条规定的"侵权行为地"，《法律适用法》及其相关的司法解释没有明确规定。《民通意见》第187条规定"侵权行为地的法律包括侵权行为实施地法律和侵权结果发生地法律。如果两者不一致时，人民法院可以选择适用"，本案的侵权行为实施地是明确的，即在该邮轮上；从侵权对象即原告的健康权受到侵害的结果来看，本案的侵权结果发生地亦在该邮轮上，虽该邮轮的船旗国是英国，但由此认定本案的侵权行为地法律就是英国法没有法律依据。本院认为，在确定准据法的语境中，"侵权行为地"通常理解为与某一国家或特定法域直接相关的地理位置，而邮轮是用于海上旅行观光的特殊交通工具，通常处于海上航行的动态过程中，并不属于地理位置的范畴，因此发生在邮轮上的这类特殊侵权纠纷，通常不应将船舶本身确定为侵权行为地，而船舶的船旗国法律更不能等同于侵权行为地法律。需要指出的是，船旗国依照有关国际公约对悬挂该国旗帜的船舶有效地行使行政、技术及社会事项上的管辖和控制，与本案平等主体之间发生民事纠纷后准据法的确定无关。在邮轮运输中，类似本案的侵权行为实施地有观点认为是船舶，也有观点认为是船舶当时所处的海域；而侵权行为结果地也可能涉及多个地点，如船舶或船舶当时所处的海域或者被侵权人的医疗、护理地点等，因此在这种情况下，"侵权行为地"就失去了其明确、可预见的优势，简单的适用只能增加准据法的不稳定性，并不符合立法本意。原告有关"船舶浮动领土说"及援引的文章只是学术的观点，非中国法律规定，本院不予采纳。正是因为本案的侵权行为地的特殊性和非典型性，本案无法适用《法律适用法》第44条来确定其准据法，应当适用最密切联系原则来确定本案复杂涉外侵权案件的准据法更为科学、公平，亦符合侵权损害赔偿的"填补原则"。

上海海事法院进而对本案多个连结点进行综合考虑，包括：侵权行为发生地、侵权行为结果地、受害人的住所地和经常居住地、案涉船舶的船旗国、船舶所有人国籍、船舶经营人国籍、合同签订地、邮轮旅客运输的出发港和目的港、被告公司营业地等。该法院认为，无论从数量因素，还是质量因素而言，上述大部分因素均指向中国，故与本案具有最密切联系的法律应为中国法。

最终，上海海事法院根据《海商法》《中华人民共和国侵权责任法》

（以下简称"《侵权责任法》"）及《最高人民法院关于审理人身损害赔偿案件适用法律若干问题的解释》（以下简称"《人身损害赔偿案件司法解释》"）中的相关规定支持了羊某颖的部分诉讼请求，判决嘉年华公司赔偿羊某颖 2 906 432.06 元。

二、法律问题

本案被告为英国公司，侵权事故发生在中国境外，故本案为涉外海上旅客运输人身损害赔偿纠纷。邮轮在公海上航行时，船上乘客羊某颖发生溺水事故致残，各方就责任承担问题产生争议，下列问题遂成本案焦点：

（1）本案应由何地的法院管辖？

（2）如何确定本案纠纷应适用的法律？

（3）本案能否适用船旗国的法律？

（4）本案应如何分配责任？

（5）嘉年华公司是否可主张赔偿限额？

三、法理分析

1. 本案的管辖法院

依据《民事诉讼法》第 29 条，"因铁路、公路、水上和航空事故请求损害赔偿提起的诉讼，由事故发生地或者车辆、船舶最先到达地、航空器最先降落地或者被告住所地人民法院管辖。"本案属于海上旅客运输过程中产生的损害赔偿纠纷，由船舶的最先到达地和被告住所地法院管辖。案涉邮轮的目的港为上海港，事故发生后邮轮最先靠港地也为上海港，故上海的法院享有管辖权。杭州为本案第三人浙江中旅的营业地，由于第三人不是本案被告，其住所地即杭州的法院不具有管辖权。

另一方面，根据 2001 年《最高人民法院关于海事法院受理案件范围的若干规定》第 8 条规定，[1]"船舶在海上或者通海水域进行航运、作业，或者港口作业过程中的人身伤亡事故引起的损害赔偿纠纷案件"应由海事法院专门

---

〔1〕　该规定已由 2016 年 3 月 1 日起施行的《最高人民法院关于海事法院受理案件范围的规定》取代。

管辖。上海海事法院对本案享有管辖权。

2. 本案应适用的法律

由于《法律适用法》中没有关于海上旅客运输人身损害纠纷法律适用的规定，《海商法》中也没有关于此类侵权行为的特殊规定，故只能按一般侵权行为来处理，应依据《法律适用法》第44条的规定确定法律适用。但该条法律在适用过程中却遇到了困难。

具体而言，本案当事人既没有关于法律适用的明示约定，在审理过程中也没有形成默示的合意，双方当事人也不存在共同的经常居所地，故本案应适用侵权行为地法。不过，《法律适用法》没有对侵权行为地作出定义。根据法院的观点，侵权行为地需要与一定的法域相对应才有意义，即"在确定准据法的语境中，'侵权行为地'通常理解为与某一国家或特定法域直接相关的地理位置"，[1]而船舶处于运动的状态，其所属的地域本身是不确定的，而且公海也不属于任何法域，因此无论是船舶本身，还是其所属的海域都难以认定为侵权行为地。

由于本案在确定侵权行为地时确有困难，法院另辟蹊径，采用了最密切联系原则确定本案准据法。《法律适用法》第2条第2款规定，"本法和其他法律对涉外民事关系法律适用没有规定的，适用与该涉外民事关系有最密切联系的法律"。审理法院根据该条规定，筛选与本案有关的连结点，并根据连结点的集中程度和重要程度确定了与本案具有最密切联系的地方，并以此确定准据法。具体而言，与本案相关的连结因素有侵权行为发生地、侵权行为结果发生地、受害人的住所地和经常居住地、案涉船舶的船旗国、船舶所有人国籍、船舶经营人国籍、合同签订地、邮轮旅客运输的出发港和目的港、被告公司营业地等。从数量上看，除了船旗国、船舶所有人和经营人的国籍之外，其余连结因素都在中国。从质量上看，嘉年华公司自2014年起经营该邮轮用于海上旅客运输，并且一直以上海港为出发港和目的港，受害人受伤后在中国进行治疗并且日后在中国生活和接受护理，这些因素对受害人具有更重要的影响。上海海事法院由此得出结论，中国与诉争法律关系具有更为密切的联系，本案应适用中国法。

---

〔1〕 参见上海海事法院（2016）沪72民初2336号民事判决书。

3. 适用船旗国法的适当性

本案原告提出，案涉船舶的国籍为英国，且船舶属于国际法上浮动的领土，故本案应适用船旗国法审理。

发生在公海上的海事案件适用船旗国法确有一定的好处，主要在于，这样做会带来较强的可预见性和法律关系的稳定性，乘客在订立旅游合同时就能预知其受何国法律管辖。在海上运输中，船舶的位置是不断变动的，其所属的法域也相应地发生变化。特别是当船舶位于公海时，只有船旗国的法律是确定的，适用船旗国法此时作为一种法律上的拟制，有利于明确当事人的权利义务。但是，我们认为，船旗国法的适用是有条件的，而且船舶作为"浮动领土"的学说具有难以克服的缺陷，[1]在海事案件中，还要考虑到具体案件的具体情形，不应一味追求适用船旗国法。

进而言之，我们认为，本案中适用船旗国法不应与主权理论结合起来，而应当与海事侵权行为的特殊性相联系。海上旅客运输产生的人身和财产损失的侵权行为应与由于船舶碰撞或船舶工作人员间的侵权行为导致的人身和财产损失相区别。在国际法上，船舶在一定程度上可视为浮动的领土，是本国领土的一部分，但其适用的范围是有限的。1928 年《布斯塔曼特国际私法典》第 281 条规定："关于船舶职员和船员的义务以及船舶的内部秩序，均用船旗国的法律。"[2]该条款只适用于船舶内部职员产生的侵权行为，因为这些主体与船舶及船舶所属国具有很强的依附性，适用船旗国法律具有合理性。但是，旅客与船舶之间只有直接或间接的运输合同法律关系，与船舶所属国的联系并不紧密，而以领土主权为由来对旅客的权利和义务进行限制可能会导致对一国属人管辖的不尊重。马丁·沃夫也对公海上的侵权行为作了这样的区分，[3]认为船上的行为与船员之间的争执所产生的侵权行为是不同的，不能一概适用船旗国法。所以，我国《海商法》也只规定船舶所有权的取得、转让和消灭，船舶抵押权以及同一国籍的船舶碰撞问题适用船旗国法律。因

---

〔1〕 参见谢振衔、陈琦："论涉外邮轮旅客人身损害赔偿法律适用的困境与克服"，载《大连海事大学学报（社会科学版）》2018 年第 5 期。

〔2〕 杜新丽、宣增益主编：《国际私法》，中国政法大学出版社 2017 年版，第 269 页。

〔3〕 ［德］马丁·沃夫著，李浩培、汤宗舜译：《国际私法（下）》，北京大学出版社 2009 年版，第 540 ~ 541 页。

此，我们认为本案适用船旗国法并不符合当事人各方的利益，在中国法上亦于法无据。

4. 本案的责任承担

审理法院根据最密切联系原则认定本案应适用中国法，有关当事人的责任承担也应由中国法确定。《侵权责任法》第2条规定：[1]"侵害民事权益，应当依照本法承担侵权责任；本法所称民事权益，包括生命权、健康权、姓名权、名誉权等人身、财产权益……"据此，作为邮轮的经营者，嘉年华公司应当负有对游客的人身安全的保障义务。另根据《海商法》第114条第1款，"本条第111条规定的旅客及其行李的运送期间，因承运人或者承运人的受雇人、代理人在受雇或者受委托的范围内过失引起事故，造成旅客人身伤亡或者行李灭失、损坏的，承运人应当负赔偿责任。"可见，嘉年华公司对游客及其行李负有安全保障义务，其仅仅在泳池边设置安全告示而未安排救生人员是不够的。该邮轮在本案事故发生前一年也发生过成年游客溺亡事故，溺水事件的再次发生也足以说明承运人对船上存在的风险所持的放任、不作为的态度，承运人对于乘客溺水事件存在明显的管理失职。《海商法》第115条第1款规定："经承运人证明，旅客的人身伤亡或者行李的灭失、损坏，是由于旅客本人的过失或者旅客和承运人的共同过失造成的，可以免除或者相应减轻承运人的赔偿责任。"据此，羊某颖的母亲张某作为其监护人，未尽到看护的义务，对事故也应当承担相应的责任。

5. 嘉年华公司可否主张责任限额

嘉年华公司在本案中主张依据1974年《雅典公约》及1976年议定书对其予以责任限额。此外，我国《海商法》上亦有责任限额的规定。

依据《海商法》第117条第1款，承运人在每次海上旅客运输中的赔偿责任限额，旅客人身伤亡的，对每名旅客的赔偿不超过4666计算单位。不过，责任限额并不是绝对的。《海商法》第118条第1款规定："经证明，旅客的人身伤亡或者行李的灭失、损坏，是由于承运人的故意或者明知可能造成损害而轻率地作为或者不作为造成的，承运人不得援用本法第116条和第

---

[1] 《民法典》于2021年1月1日生效，《侵权责任法》被同步废止。《侵权责任法》第2条的规定由《民法典》第1164条取代。

117 条限制赔偿责任的规定。"同样的，根据《雅典公约》第 13 条第 1 款，如经证明，损失系承运人故意造成，或明知可能造成此种损失而轻率地采取的行为或不为所致，承运人便无权享有责任限制的利益。结合本案案情，本案的实际承运人嘉年华公司对泳池存在的溺水危险持放任态度，在已经发生过一起旅客溺亡案件的情况下仍然仅设立安全告示而不安排救生人员，属于故意或明知的不作为，不应享受责任限额所提供的保护。

四、参考意见

本案当事人提起的是侵权之诉。需要指出，由于本案存在违约责任与侵权责任竞合，原告也可以依据《海商法》第 114 条向法院提起合同之诉，[1]请求人身损害赔偿。这种情况下，当事人可以视举证责任难度、赔偿范围、诉讼时效等因素自由选择。不过，无论当事人提起合同之诉抑或侵权之诉，在我国现行法律规定下都有可能出现不适应的情形。

1. 若当事人提起合同之诉

旅客购买船票乘船，旅客与邮轮承运人之间形成消费者合同关系。当事人提起合同之诉，则有可能适用《法律适用法》第 42 条有关消费者合同法律适用的规定。不过，由于是海上纠纷，还应考虑《海商法》第 269 条的规定。[2]《海商法》第 14 章"涉外关系的法律适用"较之《法律适用法》属于特别法，但《法律适用法》第 42 条和《海商法》第 269 条均属于特别民事规范，前者是消费者合同法律适用的特别规则，后者则是海商合同法律适用的特别规则。二者之间的适用关系如何处理，现行法律还未予以明确。[3]但这

---

〔1〕《海商法》第 114 条规定："在本法第 111 条规定的旅客及其行李的运送期间，因承运人或者承运人的受雇人、代理人在受雇或者受委托的范围内过失引起事故，造成旅客人身伤亡或者行李灭失、损坏的，承运人应当负赔偿责任。请求人对承运人或者承运人的受雇人、代理人的过失，应当负举证责任；但是，本条第 3 款和第 4 款规定的情形除外。旅客的人身伤亡或者自带行李的灭失、损坏，是由于船舶的沉没、碰撞、搁浅、爆炸、火灾所引起或者是由于船舶的缺陷所引起的，承运人或者承运人的受雇人、代理人除非提出反证，应当视为其有过失。旅客自带行李以外的其他行李的灭失或者损坏，不论由于何种事故所引起，承运人或者承运人的受雇人、代理人除非提出反证，应当视为其有过失。"

〔2〕《海商法》第 269 条规定："合同当事人可以选择合同适用的法律，法律另有规定的除外。合同当事人没有选择的，适用与合同有最密切联系的国家的法律。"

〔3〕 孙思琪："邮轮旅游法律适用论要"，载《武大国际法评论》2018 年第 2 期。

两条法律在司法实践中的应用都未必能得到令人满意的结果。

具体而言，旅游邮轮在航程中常位于公海之上，此时，商品、服务提供地法律处于真空状态。这种情况下，根据《法律适用法》第42条，案件只能适用消费者经常居所地法律。虽然按照常理，当事人对其经常居所地法律较为熟悉，但这样一来，消费者的选择权将受到很大限制。如果旅客对于与特定邮轮旅游服务存在客观联系的域外法律亦有充分了解，应当允许旅客选择适用此类法律，[1]这也与《法律适用法》第42条允许消费者选择适用商品、服务提供地法律的本意契合。[2]另一方面，《海商法》第269条对当事人的意思自治未加限制，有可能出现承运人滥用优势地位利用格式条款适用对其有利的法律之现象。事实上，《海商法》第269条的规定未特别考虑到消费者合同的特殊性，而是着眼于调整海上货物运输合同。若直接适用这一条法律规定，很有可能出现"水土不服"的现象。

2. 若当事人提起侵权之诉

除船舶碰撞外，我国《海商法》未规定其他海事侵权责任的法律适用，因此，对于其他海事侵权，法院目前只能适用《法律适用法》第44条的规定。然而，本案审理法院遇到的情形表明，对于公海上发生的侵权案件，《法律适用法》第44条存在无法适用的可能。在这种情况下，本案审理法院另辟蹊径，适用最密切联系原则确定法律适用，从而避免本案陷入无法可用的尴尬局面。这一做法虽值得肯定，但终究不是长久之策。我们认为，本案暴露出的立法缺漏问题应当引起立法者的关注，并加以解决。

五、思考题

（1）本案第三人是否对法律适用有影响？如果本案原告同时列嘉年华公司和浙江中旅为共同被告，或以浙江中旅为被告，以嘉年华公司为第三人，那么，本案在定性和法律适用上会有什么不同？

（2）作为受害者的游客，往往处于弱势的一方，在选择侵权行为实施地或侵权结果发生地时，能否适用有利于弱者原则？

---

〔1〕 比如船旗国法、出发港法、目的港法、承运人经营场所所在地法等。

〔2〕 孙思琪："邮轮旅游法律适用论要"，载《武大国际法评论》2018年第2期。

（3）最密切原则的运用为什么会扩大法官的自由裁量权？你是否同意法院适用最密切联系原则确定本案应适用的法律？

案例二："安徽省外经建设（集团）有限公司诉东方置业房地产有限公司保函欺诈纠纷案"

16 - 2   16 - 3   16 - 4

一、基本案情

哥斯达黎加东方置业公司（以下简称"置业公司"）为一家哥斯达黎加建筑公司，中国安徽外经建设公司（以下简称"安建公司"）为一家中国公司，安徽外经中美洲有限公司（以下简称"外经公司"）是安建公司在哥斯达黎加设立的分公司。2010 年 1 月 16 日，置业公司作为开发方与作为承包方的安建公司以及施工方的外经公司在哥斯达黎加圣何塞市签订了《施工合同》。该《施工合同》约定，承包方负责哥斯达黎加湖畔综合商住楼和地上结构的施工。

合同签订后，安建公司于 2010 年 5 月 26 日向中国建设银行安徽分行（以下简称"建行安徽分行"）提出申请，以哥斯达黎加银行作为转开行，向作为受益人的置业公司开立履约保函，保证事项为哥斯达黎加湖畔建设项目，担保金额为 2 008 000 美元。2010 年 5 月 28 日，哥斯达黎加银行开立编号为 G051225 的履约保函，担保人为建行安徽分行，委托人为安建公司，受益人为置业公司，担保金额为 2 008 000 美元，有效期至 2011 年 10 月 12 日（后延期至 2012 年 2 月 12 日）。

建行安徽分行同时向哥斯达黎加银行开具编号为"34147020000289"的反担保函，建行安徽分行承诺自收到哥斯达黎加银行通知后 20 日内支付保函项下的款项。保函的保证范围是："施工期间材料使用的质量和耐性，赔偿或补偿造成的损失，和/或承包方未履行义务的赔付。"实现保函需要提交的文件为：说明执行保函理由的证明文件、通知外经公司执行保函请求的日期、保函证明原件和已经出具过的修改件。保函同时说明其是"无条件的、不可撤销的、必须的、见索即付的保函"。双方约定保函适用国际商会出版的第458号《见索即付保函统一规则》（The Uniform Rules for Demand Guarantees ICC Publication No. 458. 1992 Edition，以下简称"URDG458"）。

在履行《施工合同》过程中，项目监理人员于2012年1月23日出具《项目工程检验报告》。该报告认定了施工项目存在"施工不良""品质低劣"等需要修改或修理的情形。

2012年2月7日，外经公司以置业公司为被申请人向哥斯达黎加建筑师和工程师联合协会争议解决中心提交仲裁请求，请求仲裁庭裁决解除合同并裁决置业公司赔偿损失，理由是置业公司拖欠应支付的工程款及相应利息，构成严重违约。

2月8日，置业公司向哥斯达黎加银行提交索赔声明、违约通知书、违约声明等保函兑付文件，要求执行保函。理由是外经公司部分施工品质低劣，不符合标准，已违反《施工合同》相关条款的规定，对施工计划造成影响。置业公司同时提交了《项目工程检验报告》作为违约证明。2月10日，哥斯达黎加银行向建行安徽分行发出电文，称置业公司提出索赔，要求支付G051225号银行保函项下2 008 000美元的款项，哥斯达黎加银行因而要求建行安徽分行须于2012年2月16日前支付上述款项。

2月12日，应外经公司申请，哥斯达黎加行政诉讼法院下达临时保护措施禁令，要求哥斯达黎加银行暂停执行履约保函。安建公司认为置业公司在合同争议尚未解决的情况下申请支付保函项下款项，违反诚实信用原则，构成欺诈。安建公司遂于同年2月23日，向安徽省高级人民法院（以下简称"安徽高院"）提起保函欺诈纠纷诉讼，同时申请中止支付保函项下款项。合肥中院于2月27日先行裁定建行安徽分行中止支付保函及项下款项。

3月6日，哥斯达黎加行政诉讼法院判决外经公司申请预防性措施败诉，解除了临时保护措施禁令。3月16日，哥斯达黎加银行向建行安徽分行发出电文，表示决定中止支付G051225号保函项下款项直到纠纷解决，且明确表述"一旦中国法院告知你方，该纠纷解决了，我们将按照中国法院的解决方法来实施"。并以此要求建行安徽省分行延长"34147020000289 号"保函的期限直至纠纷被中国法院解决。3 月 20 日，建行安徽分行按哥斯达黎加银行要求延长了"34147020000289 号"保函的有效期，并承诺"一旦中国法院要求我们支付保函 34147020000289，我们将立即支付此笔款项至哥斯达黎加银行"。

次年 7 月 9 日，仲裁庭裁决认定置业公司在履行合同过程中严重违约，并裁决终止《施工合同》，置业公司须向外经公司支付 1 号至 18 号工程进度款，共计 800 058.45 美元及利息。

合肥中院认为，本案案由是涉外保函欺诈纠纷，属侵权纠纷的一种，由于当事人已经约定保函适用 URDG458，应尊重当事人意思自治，案涉保函适用该国际惯例。但对于保函欺诈的认定与止付标准等问题，合肥中院认为应当依据《法律适用法》第 44 条适用侵权行为地法，即中国法。合肥中院进一步指出，对于这一问题，URDG 458 以及我国法律、司法解释均无明确规定，可参考《联合国独立保证与备用信用证公约》的有关规定来进行分析认定。

合肥中院分析《联合国独立保证与备用信用证公约》后认为，该公约中规定了欺诈例外的几种情形，其中包括"从担保的类型和目的可断定受益人的索赔要求无任何依据，则担保人可根据诚实信用原则，行使欺诈例外抗辩权，拒绝向受益人付款"这一情形。[1]结合案情，合肥中院认为，置业公司明知外经公司已就合同争议提交仲裁，在没有任何依据的情况下，滥用保函索赔权，违反了诚实信用这一基本原则，故认定置业公司构成保函欺诈索赔，判决建行安徽分行终止向哥斯达黎加银行支付保函项下款项。

置业公司不服该判决，向安徽省高院提起上诉，但遭驳回。置业公司随

---

〔1〕《联合国独立保证与备用信用证公约》第 19 条规定，"可以不付款的例外情况：1. 如果下述任何情况是明显而清楚的：（a）有任何单据不是真的或者是伪造的；（b）根据索款要求和佐证单据中所述依据，并不应作出付款；或（c）从承保的类型和目的可断定该索款要求无任何可能根据，则担保人/开证人遵循诚信办事原则，有权不付款给受益人。2. 就本条第（1）款（c）项而言，在下述几类情况下索款要求即无任何可能根据：（a）为了保护受益人而出具承保书的意外事件或风险毫无疑问地没有发生；（b）法院或仲裁庭已宣布委托人/申请人的基本义务无效，除非承保书表明这类意外属于承保的风险范围之内；（c）承保所规定的基本义务已毫无疑问令受益人满意地得到了履行；（d）受益人的故意不当行为显然妨碍了基本义务的履行；（e）若是根据一项反担保而提出索款，反担保的受益人作为与该反担保相关的承保的担保人/开证人，不守诚信地作了付款。3. 在本条第（1）款（a）、（b）和（c）项列明的情况下，委托人/申请人有权按照第 20 条规定申请临时司法措施"。

即向最高法院申请再审。再审时，安建公司提出，本案应依据《最高人民法院关于审理独立保函纠纷案件若干问题的规定》（以下简称"《独立保函司法解释》"）的相关规定认定置业公司的行为属于欺诈。[1]最高法院认为，我国没有加入《联合国独立保证与备用信用证公约》，当事人亦未约定适用该公约或将该公约有关内容作为国际交易规则订入保函，依据意思自治原则，该公约不应适用。对于安建公司提出适用《独立保函司法解释》的主张，最高法院依据《独立保函司法解释》第 25 条的规定，[2]不予接受。最高法院进一步认为，根据目前的证据，安建公司不能证明置业公司和哥斯达黎加银行的违规行为，安建公司主张止付独立保函及独立反担保函项下款项没有事实依据，遂判决撤销一、二审裁判，驳回安建公司的诉讼请求。

二、法律问题

本案当事人一方为哥斯达黎加公司，故本案为涉外独立保函欺诈纠纷。置业公司在外经公司已经申请仲裁的情况下向哥斯达黎加银行索赔保函项下款项，安建公司认为此举为欺诈行为，遂要求法院判令银行停止支付。下列问题遂成为本案焦点：

（1）本案纠纷应如何定性？

（2）哪一法院或仲裁庭对案涉争议具有管辖权？

（3）本案应适用哪国法律进行审理？是否可适用国际惯例或国际公约？

（4）置业公司是否构成保函欺诈？

三、法理分析

1. 本案的定性问题

确定涉外民事关系的管辖权和法律适用事项之前，首先需要对争议法律关系的性质进行分类或定性。独立保函是国际贸易中常见的履约担保方式，但独立保函并非普通的保证合同，其特点以及救济方式均有特殊性。若要正

---

[1]《独立保函司法解释》于 2016 年 12 月 1 日起施行。

[2]《独立保函司法解释》第 25 条规定："本规定施行后尚未终审的案件，适用本规定；本规定施行前已经终审的案件，当事人申请再审或者人民法院按照审判监督程序再审的，不适用本规定。"

确认识别独立保函欺诈纠纷的性质，就必须首先厘清两者之间的关系，明确当事人之间的权利义务关系。

本案当事人约定保函适用 URDG458，则保函的认定、解释问题应当以该规则作为依据。URDG458 第 2 条（a）款规定，"就本规则而言，见索即付保函（以下简称"保函"）意指凡由银行、保险公司，或其他组织或个人（以下简称"担保人"）以书面开立的；对提示与保函条款相符的书面付款要求以及保函所规定的各种其他单据（例如，建筑师或工程师的证明，判决书或裁决书等）而付款的保函、担保书或其他付款保证，而不论其名称如何"。可见，根据 URDG458 的规定，独立保函是一种在单证、单单一致时的付款承诺，且存在三方当事人，即申请人、开立人和受益人。

三方当事人的基础法律关系如下：申请人与受益人之间存在基础合同，为担保基础合同的履行，申请人向开立人申请开立独立保函，在受益人提交保函规定的单据（如违约证明）时，由开立人承担无条件的付款义务，申请人和开立人之间为保函合同关系。与保证不同的是，独立保函是一种非典型担保，保函独立于基础合同，与基础合同并不具有依附关系。开立人的义务是依条件付款，而不是在债务人不能履行债务时代为履行。保函虽为保障基础合同履行而开立，但一经开立，即独立于基础交易法律关系和其他法律关系，开立人仅处理单据，不受基础交易法律关系和独立保函申请法律关系的有效性、修改、转让、履行等情况的影响。保证中担保人拥有债务人对合同的抗辩权，而在保函中开立人并不能行使申请人对受益人的相关抗辩。

根据案涉保函内容，该保函为"无条件的、不可撤销的、必须的、见索即付的保函"，因此，该保函应为见索即付独立保函。

保函欺诈纠纷是独立保函纠纷中的特殊情形，就该类案件是按合同纠纷还是侵权纠纷进行处理素有争议，司法实践中多认为其属于侵权纠纷[1]。本案的各审理法院也认为本案属于侵权纠纷。

---

[1] 例如：澳大利亚杜罗·费尔格拉私营股份有限公司等诉大连华锐重工国际贸易有限公司欺诈纠纷管辖权异议案［（2017）最高法民辖终 264 号］；扬州缤纷嘉年华投资发展有限公司与浙江江南新城投资开发有限公司管辖裁定书［（2016）苏 10 民辖终 31 号］；中国水利水电第四工程局有限公司与中工国际工程股份有限公司管辖裁定书［（2016）最高法民辖终 64 号］等。

最高法院于 2016 年 11 月 18 日公布《独立保函司法解释》，为方便人民法院及社会各界正确理解和适用该司法解释，最高法院刊文《〈关于审理独立保函纠纷案件若干问题的规定〉的理解和适用》，对该司法解释的制定背景和主要内容做了介绍。其中专门提到，"该类案件是按合同还是侵权纠纷确定管辖，实践中有两种不同的观点。一种观点认为，独立保函欺诈纠纷是独立保函合同履行纠纷的特殊形态，实质是在开立人不愿行使抗辩权的情形下由止付申请人代位行使开立人的权利，故应按合同纠纷确定管辖并且受独立保函争议解决条款的约束。另一种观点认为，独立保函欺诈纠纷案件是在履行独立保函合同过程中发生的侵权纠纷，应按侵权纠纷确定管辖。我们持第二种观点。独立保函的当事人为开立人和受益人，保函申请人、指示人等止付申请人不是独立保函的合同当事人，但受益人在独立保函项下的欺诈行为会侵害止付申请人在保函申请关系、指示关系项下的权利，故构成侵害债权的情形，止付申请人有主张侵权救济的权利。"[1]

2. 管辖权问题

合肥中院审理本案时，《独立保函司法解释》尚未生效，故应按一般侵权纠纷来确定管辖权的问题。我国法律并未专门规定涉外侵权纠纷的管辖问题，但独立保函欺诈纠纷同时也是财产权益纠纷，故应适用《民事诉讼法》第265 条确定管辖权事项。该条规定："因合同纠纷或者其他财产权益纠纷，对在中华人民共和国领域内没有住所的被告提起的诉讼，如果合同在中华人民共和国领域内签订或者履行，或者诉讼标的物在中华人民共和国领域内，或者被告在中华人民共和国领域内有可供扣押的财产，或者被告在中华人民共和国领域内设有代表机构，可以由合同签订地、合同履行地、诉讼标的物所在地、可供扣押财产所在地、侵权行为地或者代表机构住所地人民法院管辖。"据此，本案可由侵权行为地法院管辖。根据《〈民事诉讼法〉司法解释》第 24 条的规定，侵权行为地包括侵权行为实施地和侵权结果发生地。

在独立保函欺诈纠纷中，主要的争议行为是受益人向开立人提供疑似虚

---

[1] 张勇健、沈红雨："《关于审理独立保函纠纷案件若干问题的规定》的理解和适用"，载《人民司法（应用）》2017 年第 1 期。

假的证明材料和单据，被怀疑骗取保函项下的款项，即此时的侵权行为应是受益人索款的行为。独立保函欺诈的直接侵犯对象是开立人，目的是诈取保函项下的款项，导致开立人利益受损，实质上是使申请人的合法权益受侵害，故侵权结果为申请人财产损失。本案的受益人置业公司向哥斯达黎加银行索赔保函项下款项，若构成欺诈，则会导致安建公司合法权益的损害，因此侵权行为实施地为哥斯达黎加，侵权结果发生地为中国，故中国法院对案件享有管辖权。

置业公司和第三人哥斯达黎加银行辩称本案已在哥斯达黎加取得生效判决和裁决，因而不能在中国法院起诉。但由于我国法律不禁止平行诉讼，且该判决尚未在中国法院得到承认与执行，故中国法院享有该案的管辖权。与基础合同有关的争议的处理也不影响法院对独立保函欺诈纠纷行使管辖权。

关于独立保函欺诈纠纷管辖权是否受基础合同争议解决条款制约的问题，在本案中没有得到体现，但在实践中，该问题常常成为当事人争议的焦点。独立保函纠纷案件中涉及三方当事人的法律关系，分别为申请人与受益人的基础合同法律关系和申请人与开立人的保函合同法律关系。由于保函的独立性和合同的相对性，基础合同条款只约束合同双方当事人，对合同以外的第三人没有约束力。因此，基础合同的争议解决条款，除非取得开立人的同意，否则不适用于独立保函欺诈纠纷。

在"澳大利亚杜罗公司等诉大连华锐公司欺诈纠纷管辖权异议案"中，[1] 受益人杜罗公司主张纠纷是由合同违约引起的，与基础合同密切相关。其认为按照最高法院《第二次全国涉外商事海事审判工作会议纪要》第 7 条的规定，[2] 申请人大连华锐公司就保函欺诈纠纷提起侵权诉讼，人民法院无管辖权。我们认为，该规定的作用在于解决诉讼竞合的问题，当事人根据合同违约既可提起违约之诉也可提起侵权之诉，在提起侵权之诉时同样受制于合同的仲裁条款，但仍然只约束基础合同的当事人。

---

〔1〕 参见最高法院（2017）最高法民辖终 264 号民事裁定书。

〔2〕《第二次全国涉外商事海事审判工作会议纪要》第 7 条规定："涉外商事合同的当事人之间签订的有效仲裁协议约定了因合同发生的或与合同有关的一切争议均应通过仲裁方式解决，原告就当事人在签订和履行合同过程中发生的纠纷以侵权为由向人民法院提起诉讼的，人民法院不享有管辖权。"

当然，这个问题目前已经有了明确答案，《独立保函司法解释》对独立保函欺诈纠纷管辖权作出了具体规定，其第 21 条第 2 款规定："独立保函欺诈纠纷案件由被请求止付的独立保函的开立人住所地或被告住所地人民法院管辖，当事人书面协议由其他法院管辖或提交仲裁的除外。当事人主张根据基础交易合同或独立保函的争议解决条款确定管辖法院或提交仲裁的，人民法院不予支持。"

3. 本案的法律适用问题

本案的审理法院将案件识别为侵权纠纷。由于本案审理时，《独立保函司法解释》尚未生效，故应适用一般侵权行为的冲突规范。根据《法律适用法》第 44 条，"侵权责任，适用侵权行为地法律，但当事人有共同经常居所地的，适用共同经常居所地法律。侵权行为发生后，当事人协议选择适用法律的，按照其协议"。当事人在保函中已约定适用 URDG458 这一国际惯例，法院应当尊重当事人的意思自治。对于 URDG458 中未规定的事项，根据《法律适用法》第 44 条的规定应适用侵权行为地法律，即中国法。

《独立保函司法解释》的施行弥补了法律适用的空白，其第 22 条第 2 款规定："涉外独立保函欺诈纠纷，当事人就适用法律不能达成一致的，适用被请求止付的独立保函的开立人经常居所地法律；独立保函由金融机构依法登记设立的分支机构开立的，适用分支机构登记地法律；当事人有共同经常居所地的，适用共同经常居所地法律。"该条的顺序与《法律适用法》第 44 条的规则相似，首先尊重当事人的意思自治，然后是当事人共同经常居所地法律，但最后不是适用侵权行为地法，而是适用开立人或其分支机构的属人法。

本案一、二审法院还认为，由于在案件审理时，URDG458 及我国法律、司法解释中尚无关于独立保函欺诈的相关规定，本案可参考适用《联合国独立保证与备用信用证公约》的有关规定。但我们认为，我国并未加入该公约，本案当事人亦未约定适用该公约或将该公约有关内容作为国际交易规则订入保函，且公约的相关规则并未构成国际惯例，故《联合国独立保证与备用信用证公约》在本案中不应得到适用。

4. 置业公司的行为是否构成保函欺诈

置业公司是否存在欺诈索款的行为是法院是否决定颁发止付令所考虑的核心问题。原则上，"见索即付"是独立保函的基本特征，只要受益人提交保函规定的单据和证明，开立行在进行表面审查后就有义务无条件给付保函项下的款项。根据 URDG458 第 11 条规定："担保人和指示方对向他们提示单据的形式、完整性、准确性、真实性、伪造或法律效力，或单据上所作的一般的和/或特殊规定或对任何人的意志或行为或不行为，不予负责。"据此，开立行只有审单的义务，而无权对实体问题特别是基础合同是否存在违约或侵权等情形作出认定。这就给当事人提供了利用保函的表面一致和见索即付的要求进行欺诈性索款的机会，因此，需要引入保函欺诈例外的原则加以纠正。但由于保函本身是一种商业信用，需要较强的稳定性，对银行的信誉也有很大的影响，因此，在处理保函欺诈纠纷时，司法机关应当遵循"先赔付、后争议"的原则，不能轻易认定当事人构成保函项下的欺诈性索款而使受益人无法正当行使保函债权。

　　本案当事人是否构成欺诈索款需要从两个方面进行认定：第一，当事人是否提供了符合保函要求的单据和证明；第二，在基础合同中违约的受益人是否仍有权请求支付保函款项，该行为是否构成欺诈。本案履行保函的目的是保证"施工期间材料使用的质量和耐性，赔偿或补偿造成的损失，和/或承包方未履行义务的赔付"。即受益人根据应提交材料的规定提交说明执行保函理由的证明文件，仅需证明施工质量或其他违约行为给受益人造成了损失。而申请人主张欺诈需要证明索赔提交的证明文件为虚假或伪造的单据且索赔请求没有事实基础和可信依据，但审理期间安建公司未提交相应证据，故无法认定外经公司的主张具有事实依据。相反，置业公司提交的《项目工程检验报告》已说明外经公司在合同中存在违约。

　　安建公司还主张，双方基础合同争议在受益人索款时仍处于待审状态，且随后仲裁庭裁决受益人存在严重违约，以此认为置业公司违反诚实信用原则。安建公司认为置业公司在基础合同争议尚在仲裁阶段时索付保函，是对保函独立性的利用，已构成欺诈。开立行在审查独立保函时不可避免地要对基础合同进行审查，但不涉及对事实的认定和争议的处理。开立行付款义务不受申请人对受益人对基础合同抗辩的影响。另外，安建公司主张，哥斯达黎加建筑师和工程师联合协会裁决认定置业公司在履行合同过程中严重违约。由于该裁决尚未在我国境内承认与执行，不能作为受益人存在欺诈的证据。

需要指出的是，即便基础合同违约也并不必然导致保函项下的索款均为欺诈性索款。最高法院在裁决中指出"即使基础合同存在正在进行的诉讼或者仲裁程序，只要相关争议解决程序尚未做出基础交易债务人没有付款或者赔偿责任的最终认定，亦不影响受益人保函权利的实现。进而言之，即使生效判决或者仲裁裁决认定受益人构成基础合同项下的违约，该违约事实的存在亦不必然成为构成保函'欺诈'的充分必要条件。"[1]保函担保的事项是施工质量和安建公司及其分公司的其他违约行为，而受益人的违约事实与工程质量问题并不存在必然的因果关系。只要受益人证明申请人在基础合同中存在违约事实且提供保函要求的证明，即可主张保函项下的权利。

鉴此，最高法院认为，根据安建公司提供的证据，尚不足以认定置业公司存在欺诈情形。

四、参考意见

独立保函发挥着担保债务履行、促进合同目的实现的功能，体现了国际商事发展对商业信用的需求，因而在国际商事发展中愈加重要。随着全球化进程的推进，各方市场主体对颁布独立保函纠纷裁判规则的需求日益迫切，如何妥善从法理上界定独立保函的性质并就主要争议问题制定相应的裁判规则，成为司法实践中的难题。

具体而言，争议主要集中在定性、管辖权和认定标准三个方面。在识别上，独立保函作为特殊的银行担保，其独立于基础合同的法律管辖，不应认为是合同履行过程中产生的纠纷。这是因为基础合同只是受益人主张保函项下权利的基本条件，但非必要条件，且当事人只要提供符合保函合同要求的证明文件，即可主张索赔，它与合同纠纷并无必然联系。管辖权的确定在实践中同样容易与基础合同争议解决条款相混淆。基于合同的相对性，基础合同的争议解决条款并不对第三人（即开立行）发生效力，除非开立行明确表示接受基础合同争议解决条款的管辖。《独立保函司法解释》的颁布有力地保障了独立保函纠纷管辖权判断标准的统一性和可预见性，反映出人民法院充分尊重当事人对争议解决条款的意思自治，有利于有效协调管辖权冲突，减

---

〔1〕 参见最高法院（2017）最高法民再134号民事判决书。

少平行程序的发生。为保护保函的独立性和见索即付的制度价值,在判断是否构成独立保函欺诈涉及对基础合同的审查时,法院应坚持"有限及必要原则",审查范围应限于司法解释规定的当事人明知其无索赔权而导致独立保函付款的事实。受益人基础合同项下的违约情形,并不必然构成独立保函项下的欺诈索款,即受益人基础合同项下的违约情形并非构成保函欺诈的充分条件。

在存在多个担保人的情形下,可能出现判决的域外效力问题。如在本案中,开立行为中国籍银行,转开行为哥斯达黎加籍银行。申请人在转开行向受益人给付保函项下款项后有权向开立行进行求偿。但是,如果一国法院作出了止付判决,而另一国法院作出了不构成欺诈的判决,将导致保函履行的冲突。本案中,哥斯达黎加行政诉讼法院在受理外经公司的止付请求后作出了中止支付保函的裁定,置业公司向建行安徽分行请求履行保函。如果哥斯达黎加法院最终裁定受益人构成欺诈并指令终止支付,而中国法院裁定不存在欺诈并认定受益人有权按保函规定索偿,则建行安徽分行将陷入两难的局面。平行诉讼下导致的判决结果的不一致,将会给判决的互相承认带来困难,最终必然损害一国的司法主权和当事人的合法权益,这一问题需要立法者与司法者予以注意。

五、思考题

(1) 安建公司提交的裁定置业公司违约的仲裁裁决是否可以作为证据在中国法院的诉讼中使用?

(2) 本案中独立保函与独立反担保函的关系如何?应如何认定侵权行为地?

16 - 5

拓展案例

案例一："张某玲、金某儒、王某珍、薛甲、薛乙与奥海阿诺斯 霍若山航运有限公司海上人身损害赔偿责任纠纷案"

16－6 　　　　　　　　　16－7

一、基本案情

2013 年 11 月 28 日，奥海阿诺斯霍若山航运有限公司（以下简称"奥海航运公司"）下属伊朗籍船舶在京唐港与一艘中国船舶发生碰撞，[1]船上人员薛某君失踪且经其近亲属申请，由天津海事法院依法判决宣告死亡。

2014 年 4 月，薛某君的近亲属向天津海事法院提起诉讼，要求奥海航运公司作出赔偿。该案主要涉及伊朗籍船舶所属公司即被告的海上人身损害赔偿侵权责任及赔偿数额认定的问题。关于本案的法律适用，天津海事法院意见如下：

"本案为海上人身损害赔偿责任纠纷。被告系在外国注册的公司法人，故本案为具有涉外因素的侵权案件。根据《法律适用法》第 44 条规定，'侵权责任，适用侵权行为地法律，但当事人有共同经常居所地的，适用共同经常居所地法律。侵权行为发生后，当事人协议选择适用法律的，按照其协议。'本案侵权行为地在中国河北省唐山市京唐港海域，原被告双方无共同经常居所地且在事故发生后亦未就适用法律达成协议。因此，本案适用中华人民共和国法律。"

最终，天津海事法院根据《侵权责任法》及其司法解释判决奥海航运公

---

〔1〕 京唐港，是唐山港下属港口之一。位于唐山市东南 80 公里处的唐山海港开发区境内，渤海湾北岸。

司赔偿原告死亡赔偿金（含被扶养人生活费）、丧葬费、精神损害抚慰金、宣告死亡费用，共计人民币 818 468 元。

二、法律问题

（1）本案原告是否适格？

（2）本案应怎样确定法律适用？

三、重点提示

本案为侵权案件，确切而言属于由船舶碰撞引起的损害赔偿纠纷。关于这一类型的侵权纠纷的法律适用问题，《海商法》第 273 条作出了明确规定："船舶碰撞的损害赔偿，适用侵权行为地法律。船舶在公海上发生碰撞的损害赔偿，适用受理案件的法院所在地法律。"我们认为，该条对不同海域和船舶的法律适用作出了具体明确规定，且相对《法律适用法》属于特别法，应优先适用。而本案审理法院却直接适用了一般侵权行为的法律适用规定。虽然两种裁判逻辑均不影响案件的审理结果，但审理法院显然忽略了海事侵权案件的特殊性，法律逻辑不够严谨。

至于在当事人死亡情况下，其近亲属是否有权代为提起侵权损害赔偿诉讼的问题，《侵权责任法》第 18 条已作出规定。[1]

案例二："江苏太湖锅炉股份有限公司与卡拉卡托工程有限公司、中国银行无锡分行保函欺诈纠纷案"

16 - 8

16 - 9

---

〔1〕《民法典》于 2021 年 1 月 1 日生效，《侵权责任法》同步废止。《侵权责任法》第 18 条的规定由《民法典》第 1181 条取代。

一、基本案情

江苏太湖锅炉股份有限公司（以下简称"太湖公司"）为中国公司，卡拉卡托工程有限公司（以下简称"卡拉卡托公司"）为印度尼西亚公司，两公司于 2010 年 3 月订立合作合同。太湖公司随后依约向中国银行无锡分行（以下简称"中行无锡分行"）申请开立了受益人为卡拉卡托公司的预付款保函。双方在合同中还约定该保函适用 URDG458。

好景不长，2011 年卡拉卡托公司以太湖公司违约为由要求中行无锡分行兑付保函。同年，太湖公司向江苏省无锡市中级人民法院（以下简称"无锡中院"）提起诉讼，称双方已经通过会议纪要修改了合同，卡拉卡托公司索付保函的行为不符合合同约定，构成欺诈，请求法院止付保函。

无锡中院认为，根据 URDG458 第 27 条[1] 的规定，与本案保函有关的争议应适用中国法。而有关预付款保函欺诈的争议，无锡中院认为依据我国法律规定应识别为侵权纠纷。无锡中院进而根据《法律适用法》第 44 条的规定，认为在当事人未就法律适用达成合意又无共同经常居所地的情况下，本案应适用侵权行为地法。无锡中院进一步认为，鉴于本案预付款保函系由中行无锡分行开具并由其对外兑付，所涉保函索付如存在欺诈，太湖公司将成为被诉侵权行为造成或可能造成损害的实际结果承受人，故侵权行为地在中国境内，应适用中国法。

经审理，无锡中院认为卡拉卡托公司已经向承兑行提供了针对预付款保函的书面索付请求，并附有载明太湖公司的具体违约情形的书面声明，该请求符合索付保函的要求，不存在太湖公司诉称的欺诈事实。据此，无锡中院判决驳回太湖公司的诉讼请求。

太湖公司不服该判决，向江苏省高级人民法院（以下简称"江苏高院"）提起上诉。经审理，江苏高院认可了无锡中院确定法律适用的裁判逻辑。就卡拉卡托公司是否存在欺诈的问题，江苏高院认为，"法院审查基础合同仅限于受益人是否存在明知基础交易债务人不存在违约事实或其他付款到期事实，

---

[1] URDG458 第 27 条规定，"除非在保函或反担保函中另作规定，制约的法律应是担保人或指示人（依情况而定）的营业处所地法律"。

仍然滥用索赔权恶意索赔的情形。未按合同约定的形式和程序作出修改合同的会议纪要不产生变更合同的效力。在基础合同中保函条款约定的性质、支付条件等存在争议的情形下，受益人按银行出具保函时的条件提出索付，不构成保函欺诈，应按'先赔付、后争议'规则兑付保函。"据此，江苏高院判决驳回上诉，维持原判。

二、法律问题

（1）本案应怎样确定法律适用？

（2）卡拉卡托公司是否存在欺诈？

三、重点提示

本案原告提起的是保函欺诈之诉，属侵权之诉，应依据《法律适用法》第44条的规定确定法律适用。但判断本案是否存在保函欺诈，需要先行判断保函的效力，这属于合同的问题，应根据《法律适用法》中有关合同争议的法律适用规则确定法律适用。据此，本案中存在两个法律适用问题。在此基础上，可结合本案案情，讨论卡拉卡托公司是否存在保函欺诈情形。

| 专题十七 |

知识产权侵权的法律适用

🞠 知识概要

知识产权又被称作"智慧财产权",是针对开发者智力成果的一项权利,包括专利权、商标权和著作权,旨在对发明者和创作者的智力成果和发明创造授予法律上的权利,给予法律上的保护,以尊重劳动成果,鼓励技术创新。从属性上来看,其既是一项人身权利,也是一项财产权利。知识产权具有严格的地域性特征,是"一种通过国家授权而获得的垄断权利,这种权利的授予手段仅仅在授予该权利的国家的境域范围内有效"。[1]这意味着权利人所享有的知识产权权利,包括权利的内容和范围,都受制于授予该权利的国家的法律规定,并且仅在该国有效,在国外则无效。各国对知识产权的内容和保护的规定各不相同,独立性和地域性是知识产权的核心特征。即使针对同一客体,权利人在不同国家所获得的也是各不相同且相互独立的权利。

随着技术流动愈加频繁和知识产权跨国侵权愈加常见,知识产权的国际保护受到高度重视。由此,在全球化背景下,知识产权在一定条件下也具有国际性,其主要表现为各国签订的国际公约或双边互惠协定为各国知识产权的保护规定了最低标准。相关公约还规定了知识产权国际申请的途径和效力,为知识产权在其他国家获得保护创造了条件。[2]在处理跨境知识产权纠纷时,

---

〔1〕 万鄂湘主编:《〈中华人民共和国涉外民事关系法律适用法〉条文理解与适用》,中国法制出版社 2011 年版,第 344 页。

〔2〕 当前知识产权相关国际公约众多,影响较大的有:《保护工业产权巴黎公约》《商标国际注册马德里协定》《专利合作条约》《商标注册用商品和服务国际分类尼斯协定》《建立工业品外观设计国际分类洛迦诺协定》《保护文学和艺术作品伯尔尼公约》《保护表演者、录音制品制作者和广播组织罗马公约》《世界知识产权组织版权条约》《与贸易有关的知识产权协定》等。

一国法院可能适用知识产权授予国的法律来确定权利人的知识产权权属和内容，由此，知识产权法在一定条件下开始具有域外效力。当然，知识产权法地域性的突破并不意味着知识产权本身地域性的突破。地域性仍然是知识产权的基本特征，除非存在国际公约或双边条约，经一国法律所保护的某项权利原则上只在该国范围内发生法律效力。

知识产权的地域性以及各国间的知识产权种类、内容、标准的差异性决定了跨国知识产权纠纷的法律冲突是不可避免的，因而需要通过适当的冲突规范来解决跨国知识产权纠纷的法律适用问题。在《法律适用法》实施之前，我国关于知识产权的国际私法立法相当缺乏，将知识产权侵权视作一般的侵权纠纷来加以审理，忽视了知识产权本身的特性。《法律适用法》专章规定了知识产权纠纷的冲突规范，弥补了法律适用的空白，完善了我国国际私法立法体系。该法第48条规定，"知识产权的归属和内容，适用被请求保护地法律"。该条旨在解决知识产权的原始取得，决定权利人知识产权的效力和范围的，只能是权利人请求对其智力成果予以保护的国家法律。第49条延续了合同法律适用的一般规则，"当事人可以协议选择知识产权转让和许可使用适用的法律。当事人没有选择的，适用本法对合同的有关规定"，即根据第41条适用最密切联系原则和特征履行方法。

对于知识产权侵权，《法律适用法》没有沿用第44条关于一般侵权行为的法律适用规则，而是根据知识产权的特性制定了特殊的冲突规则。该法第50条规定，"知识产权的侵权责任，适用被请求保护地法律，当事人也可以在侵权行为发生后协议选择适用法院地法律"。适用哪一个国家的法律取决于被侵权人希望自己的权利在哪个国家获得保护，其可能不是权利原始国的法律，也不一定是当事人起诉的法院地的法律或侵权行为地的法律。那么，如何确定被请求保护地就成为适用本条冲突规则的核心问题。此外，《法律适用法》还引入了意思自治原则，出于诉讼效率和便利的考虑，法院允许当事人在侵权行为发生之后协议选择适用法院地法。法院地并非必然与涉诉知识产权具有实际联系，也不一定最能保护当事人的合法权益。但是，适用法院地法既尊重了当事人的意思自治，又能弥补被请求保护地有多个或者与其侵权行为地和法院地无实际联系的局限性，同时也能防止当事人随意选择法律造成法律适用的混乱。最后需要提及，依据该条规定，如果一个侵权行为同时侵犯当事人在一个以上的国家所享有的知识产权，那么，法院在判定侵权及赔偿责任的时候，就需要分别适用相关国家的法律，这会增加查明和适用外国法的难度，增加司法成本。

📑 经典案例

"浦江亚环锁业有限公司、莱斯防盗产品国际有限公司与浦江亚环锁业有限公司、莱斯防盗产品国际有限公司侵害商标权纠纷案"

17-1   17-2

一、基本案情

2003年5月21日，经中国国家商标局核准，许某荣注册了"PRETUL及椭圆图形"商标，核定使用商品为第6类。2010年3月27日，经国家商标局核准，该商标转让给中国香港莱斯防盗产品国际有限公司（以下简称"莱斯公司"）。

墨西哥储伯荷拉密斯塔斯公司（以下简称"储伯公司"）系一家成立于墨西哥的公司，该公司在包括墨西哥在内的多个国家和地区注册了第6类和第8类"PRETUL"或"PRETUL及椭圆图形"商标。其中，该公司在墨西哥的注册时间是2002年11月27日。

2010年8月10日，中国浦江亚环锁业有限公司（以下简称"亚环公司"）与储伯公司分别签订两份售货确认书，约定亚环公司向储伯公司出售两批挂锁。2010年12月31日、2011年1月6日，经莱斯公司申请，宁波海关分别查获亚环公司自该海关出口至墨西哥的这两批挂锁。经莱斯公司申请并提交担保金，宁波海关于2011年1月13日扣留了该两批货物。该两批挂锁的锁体、钥匙及所附的产品说明书上均带有"PRETUL"商标，挂锁包装盒上则均标有"PRETUL 及椭圆图形"商标。该产品包装盒及产品说明书还用西班牙文特别标明："进口商：储伯公司"和"中国制造"以及储伯公司的地址、电话、传真等内容，相关的包装盒及产品说明书上均未标注有亚环公司的名称、地址、电话等信息。

2011 年 1 月 30 日，莱斯公司以亚环公司未经许可，擅自生产、销售带有"PRETUL"商标挂锁的行为侵害其注册商标专用权为由，向宁波中院提起诉讼，要求亚环公司停止侵权并赔偿经济损失 45 万元。

在庭审中，亚环公司辩称，储伯公司在墨西哥系"PRETUL"商标的权利人，亚环公司生产挂锁的行为是严格根据储伯公司的特定订单，按照订单上所载的设计方案、数量和期限进行的，属于加工承揽行为。亚环公司进一步指出，在定牌加工产品的包装盒上标注商标，不构成商标的使用；且该批产品亦不在内地销售，不会引起内地消费者的混淆和误认，也不会对莱斯公司的商标权构成实际损害。

2011 年 3 月 24 日，储伯公司向审理法院出具一份商标授权申明，称该公司系墨西哥注册商标"PRETUL"的合法所有人，该公司申明亚环公司生产的标有"PRETUL"商标的所有型号的挂锁均是根据该公司的授权而生产，并全部出口墨西哥。亚环公司承认并同意：①上述产品不得在中国境内销售；②所有相关商标及知识产权属于储伯公司；③不得直接或间接向全世界范围内任何商标注册机构或版权登记机构申请注册或登记；④储伯公司有权随时撤销上述授权。

宁波中院认为，本案系涉港侵害商标权纠纷，根据《〈法律适用法〉司法解释（一）》（2013）第 19 条的规定，本案应参照涉外侵害商标权纠纷处理。关于本案的法律适用问题，宁波中院认为，因被请求保护地在内地，根据《法律适用法》第 50 条的规定，本案应适用内地法律。对于亚环公司是否构成侵权，该法院认为，亚环公司在其加工的挂锁锁体、钥匙及所附的产品说明书上标注"PRETUL 及椭圆图形"商标，属于《中华人民共和国商标法》（以下简称"《商标法》"）意义上的商标使用行为。但由于知识产权的地域性，宁波中院认为虽然储伯公司于墨西哥在第 6 类商品上取得了"PRETUL"商标权，但因该商标未在我国注册，这项商标权不受我国法律保护。同时，宁波中院认为，莱斯公司现依法在我国受让取得了"PRETUL 及椭圆图形"

注册商标，该商标现仍在有效期内，应受我国法律保护。宁波中院进而对两方的商标进行比较后认为，亚环公司使用的"PRETUL 及椭圆图形"商标与莱斯公司的该注册商标构成相同，亚环公司未经莱斯公司许可，在同类商品上使用与莱斯公司享有的注册商标相同的商标，构成对莱斯公司商标专用权的侵犯。据此，宁波中院判决亚环公司立即停止对莱斯公司的侵权行为，并赔偿莱斯公司经济损失 5 万元。

宁波中院宣判后，亚环公司和莱斯公司均向浙江高院提起上诉。浙江高院认为，《最高人民法院关于审理商标民事纠纷案件适用法律若干问题的解释》第 9 条第 2 款并未对"相关公众"作地域限制，《中华人民共和国知识产权海关保护条例》第 3 条第 1 款明确规定"国家禁止侵犯知识产权的货物进出口"。浙江高院据此认定，即使亚环公司生产的挂锁全部销往境外，也不能排除其对莱斯公司商标权的侵犯。对于损害赔偿，浙江高院认为一审法院的认定偏低，故判决撤销一审判决，亚环公司立即停止对莱斯公司商标权的侵害并赔偿莱斯公司经济损失 8 万元。

二审宣判后，亚环公司向最高法院申请再审。经审理，最高法院认为，亚环公司受储伯公司委托，按照其要求生产挂锁，在挂锁上使用"PRETUL"相关标识并全部出口至墨西哥，该批挂锁并不在内地市场上销售；换言之，该标识不会在内地领域内发挥商标的识别功能，不具有使内地的相关公众将贴附该标志的商品与莱斯公司生产的商品的来源产生混淆和误认的可能性。据此，最高法院认定，亚环公司不构成对莱斯公司的商标侵权，判决撤销一、二审判决，驳回莱斯公司全部诉讼请求。

二、法律问题

本案当事人亚环公司为中国内地公司，莱斯公司为中国香港特别行政区公司，故本案为涉港商标权侵权纠纷，应参照我国有关涉外民事案件的程序和法律进行审理。亚环公司受储伯公司委托生产了两批带有"PRETUL 及椭圆图形"商标的挂锁，并将所生产的挂锁全部出口至墨西哥，莱斯公司认为此举侵犯了其在内地的商标专用权，下列问题遂成本案焦点：

（1）本案被告亚环公司与第三人储伯公司成立何种法律关系？对亚环公司的知识产权担保义务有什么要求？

（2）如何确定本案应该适用的法律？

（3）本案知识产权被请求保护地在哪里？

（4）亚环公司是否侵犯了莱斯公司的商标专用权？

三、法理分析

1. 关于亚环公司与储伯公司的法律关系和知识产权担保义务

就本案亚环公司是否侵犯莱斯公司的商标专用权争议，亚环公司认为，其加工行为是基于储伯公司的委托，并完全按照其指示生产，其产品并未在内地销售，因而不构成对有关权利人的商标侵犯。需要指出，在全球化背景下，一国企业按照另一国企业的需求进行代工生产的现象十分普遍，在实践中加工者是否需要承担其产品在所属国的知识产权担保义务特别值得关注。

从亚环公司与储伯公司之间的合作方式可知，二者之间形成跨境加工承揽合同关系，即境内加工方接受境外委托方的委托，按照境外委托方指定的方式生产产品，并贴上委托方指定的商标，最终再将产品全部交付境外委托方，并由委托方在境外销售，境外委托方负责向境内加工方支付加工费。这种生产模式也被称作"贴牌生产"（Original Equipment Manufacturer，OEM）。

本案中，案涉挂锁全部出口墨西哥，不在内地销售，委托方储伯公司在墨西哥拥有"PRETUL"商标权。这种情况下，亚环公司是否需要保证其代工生产的产品不侵犯在内地注册的商标权？从《商标法》第57条的规定来看，[1]似乎只要"未经商标注册人的许可，在同一种商品上使用与其注册商标相同的商标的"就属于侵犯商标权的行为。但我们认为，这种理解显然忽视了知识产权和涉外贴牌生产模式的特点，细言之：

知识产权的保护具有地域性，特别是对于专利权、商标权而言更为明

---

〔1〕《商标法》第57条规定，"有下列行为之一的，均属侵犯注册商标专用权：①未经商标注册人的许可，在同一种商品上使用与其注册商标相同的商标的；②未经商标注册人的许可，在同一种商品上使用与其注册商标近似的商标，或者在类似商品上使用与其注册商标相同或者近似的商标，容易导致混淆的；③销售侵犯注册商标专用权的商品的；④伪造、擅自制造他人注册商标标识或者销售伪造、擅自制造的注册商标标识的；⑤未经商标注册人同意，更换其注册商标并将该更换商标的商品又投入市场的；⑥故意为侵犯他人商标专用权行为提供便利条件，帮助他人实施侵犯商标专用权行为的；⑦给他人的注册商标专用权造成其他损害的"。

显。[1]在考虑对某项知识产权进行保护时，必须考虑权利人控诉的行为对其究竟造成了多大的影响，以及该影响是否处在受保护的地域内。据此，不应一概认为只要出现《商标法》第57条规定的情形就认定侵犯了注册商标专用权。

在涉外贴牌生产模式中，受托企业是按照委托方的要求生产产品，张贴商标，标注品牌。在经济全球化背景下，这一贴牌生产模式已属常见。对于委托企业而言，这种模式有利于降低生产成本，拓宽市场，增加营收；对于受托企业而言，这种模式有利于学习先进技术，增加企业业务。

需要注意的是，贴牌生产的商品可能流入受托企业所在国，也可能销往他国。这两种情况下，对受托企业的知识产权注意义务应该予以不同的考量。如果商品流入受托企业所在国，很容易对在该国注册的知识产权带来影响，理所应当赋予受托企业更多的注意义务。如果贴牌生产的商品均销往国外，此时对国内注册的知识产权的影响十分有限。这种情况下，若权利人认为其知识产权受到侵犯，须予以证明。根据知识产权地域性的特点，权利人亦可以向商品销售目的国法院起诉，主张这些商品侵犯其在当地的知识产权。

另一方面，在涉外贴牌生产模式中，较之受托方，委托方对这些产品是否涉嫌知识产权侵权显然更为清楚。故对两者的知识产权注意义务也应予以区别对待，不应对受托方做过高要求。

值得一提的是，我国已加入的《联合国国际货物销售合同公约》对类似问题亦有所规定。按照该公约第42条的规定，[2]亚环公司依据储伯公司的要求进行生产，使用商标，生产的商品全部发往墨西哥，则应该适用墨西哥法认定其是否违法。确定的是，由于案涉商标系储伯公司在墨西哥注册的商标，

---

〔1〕《保护文学和艺术作品伯尔尼公约》第5条第2项确定了著作权可在各缔约国之间获得自动保护，该公约截至2019年7月4日已有177个缔约国，因此著作权较易获得国际保护。

〔2〕《联合国国际货物销售合同公约》第42条规定，"（1）卖方所交付的货物，必须是第三方不能根据工业产权或其他知识产权主张任何权利或要求的货物，但以卖方在订立合同时已知道或不可能不知道的权利或要求为限，而且这种权利或要求根据以下国家的法律规定是以工业产权或其他知识产权为基础的：（a）如果双方当事人在订立合同时预期货物将在某一国境内转售或做其他使用，则根据货物将在其境内转售或做其他使用的国家的法律；或者（b）在任何其他情况下，根据买方营业地所在国家的法律。（2）卖方在上一款中的义务不适用于以下情况：（a）买方在订立合同时已知道或不可能不知道此项权利或要求；或者（b）此项权利或要求的发生，是由于卖方要遵照买方所提供的技术图样、图案、程式或其他规格"。

储伯公司自然可以在墨西哥使用这些商标，作为卖方的亚环公司依照买方储伯公司提供的规格要求进行生产，不承担相应的知识产权保证义务。而且，依据该条规定，作为卖方的亚环公司依照买方储伯公司提供的规格要求进行生产，无需承担相应的知识产权保证义务。[1]

2. 本案应适用的法律

莱斯公司主张，亚环公司的行为侵犯了其在中国内地的商标权，故本案为涉港商标权侵权纠纷。根据《法律适用法》第 50 条的规定，"知识产权的侵权责任，适用被请求保护地法律，当事人也可以在侵权行为发生后协议选择适用法院地法律。"据此，如果当事人协议选择适用法院地法，就应该适用其选择的法律。如果当事人没有选择法律或选择了法院地法以外的法律，则适用被请求保护地的法律。本案争议发生后，双方当事人未就争议的法律适用作出选择，故应适用被请求保护地的法律。因此，为了确定法律适用，需明确被请求保护地为何处。

3. 被请求保护地的确定

审理本案的三级法院均未就法律适用问题作出详细阐述，只有一审法院简单提及，但也仅指出因被请求保护地为中国内地，故适用内地法律。我们认为，知识产权具有严格的地域性，被请求保护地是确定知识产权侵权纠纷法律适用的关键，会直接影响到案件的最终结果，因此法院应该对此作出充分的论述和阐释，以增加判决的专业性和权威性。

在本案中，莱斯公司认为亚环公司在内地使用"PRETUL"商标的行为侵犯了其在内地的注册商标专用权，进而主张亚环公司承担商标侵权的法律责任。由此可见，莱斯公司主张的是其在中国内地的商标权受到侵害，即它希望受保护的是它在中国内地的商标权，故本案被请求保护地为中国内地。

综上所述，本案应适用内地法律审理。

4. 商标侵权的认定

本案的主要问题在于亚环公司是否侵犯了莱斯公司的商标专用权，其核心是判断亚环公司的行为是否属于《商标法》意义上的商标使用行为。《商标

---

　　[1]　不过，由于储伯公司不是本案的原被告，该公约在本案中不能得到适用，我们仅将其列在这里，以做参考分析。

法》第 48 条明确了商标使用的含义和作用,[1] 即必须用于识别商品的来源,避免将不属于识别商品来源的使用行为纳入商标使用的范畴,不当地扩大解释《商标法》中的商标使用。本案中,亚环公司与储伯公司订立承揽合同,负责加工挂锁并使用储伯公司的相关标识,其生产的所有产品全部运往境外,不在境内销售,因而不存在需要境内相关公众对该商品的标识进行识别的情形,与莱斯公司的产品在中国境内不存在混淆和误认的可能性。

最高法院认为,作为区分商品或服务来源的标识,商标的基本功能在于其可识别性,亚环公司依据储伯公司的授权,在中国境内的加工行为仅为"物理贴附"行为,为储伯公司在其享有商标专用权的墨西哥使用该商标提供了必要的技术性条件,在中国内地并不具有识别商品来源的功能。因此,亚环公司在委托加工产品上使用相关标识的行为,既不具有区分所加工商品来源的意义,也不能实现识别该商品来源的功能,因而不能认定为《商标法》意义上的使用行为。

综上,最高法院认为亚环公司的行为并不构成对莱斯公司的商标侵权,判决撤销一、二审判决,驳回莱斯公司的诉讼请求。

四、参考意见

知识产权侵权纠纷可能涉及多个法域,包括知识产权的被请求保护地、法院地、侵权行为地和知识产权原始国等。被请求保护地并不必然等同于法院地,法院地往往只是当事人基于管辖权规则、诉讼便利的需要,或者因对方当事人在法院地有可供执行的财产而选择在该国法院提起诉讼的结果;换言之,在实体问题上,法院地未必是当事人希望保护其知识产权的国家。侵权行为地可能有多个,《民通意见》第 187 条就规定侵权行为地包括侵权行为实施地和侵权结果发生地。而知识产权的原始国是指知识产权最先申请并获得保护的国家,由于专利国际保护的存在以及知识产权保护的国际性,一项知识产权可能在多个国家获得保护,但是在每个国家保护的范围和内容均不相同。因此,在知识产权侵权纠纷中,法院应该明确被侵权人希望其知识产

---

[1] 《商标法》第 48 条规定:"本法所称商标的使用,是指将商标用于商品、商品包装或者容器以及商品交易文书上,或者将商标用于广告宣传、展览以及其他商业活动中,用于识别商品来源的行为。"

权在哪个国家获得保护，以此确定法律适用。必须说明的是，要判断被请求保护地并不容易，需要法官根据案情个案分析，不能简单地认定为法院地、侵权行为地或知识产权原始国。法院应该严格遵守知识产权的地域性，明晰个案中的被请求保护国，并注重论述、说理。

在司法实践中，我国法院常常缺乏对知识产权被请求保护地的界定，援引《法律适用法》第50条后直接认定案件适用我国法律，而无更多说明。正如本案一审法院，在判决书中仅说明"因被请求保护地在中国内地，所以根据《法律适用法》适用中国内地法律"，但其并未说明中国就是原告请求对其知识产权予以保护的国家的理由。尽管我们也认为内地确是被请求保护地，但法院应该对此予以具体说明和阐释，才能体现裁判文书的严谨性和专业性。

另一方面，实务中，关于《法律适用法》第50条的适用亦存在问题。如在"保罗弗兰克实业有限责任公司与深圳市兴翔发贸易有限公司、湖南家润多超市有限公司株洲店侵害商标权纠纷案"中，[1]湖南省株洲市中级人民法院认为由于原告向该法院起诉，故本案适用中国法律，这显然混淆了法院地和被请求保护地。再如，在"威臣车蜡有限公司等诉浙江天猫网络有限公司侵害商标权及不正当竞争纠纷案"中，[2]浙江省杭州市中级人民法院认为，原告住所地为日本，原告与被告未就该案法律适用作出选择，故该案应适用中国法律，其同样未说明被请求保护地在中国。在"斑马株式会社诉佛山市南海区联星文化用品厂等侵害商标权纠纷案"中，[3]广东省佛山市禅城区人民法院认为原告主张其注册商标的专用权在中国境内被侵害，并向该法院提起诉讼，故本案应适用中国法律，这明显混淆了被请求保护地和侵权行为地。

我们认为，对于被请求保护地的认定，不应以当事人在何处起诉或何地发生侵权行为为标准，而应该根据当事人主张其知识产权在哪国应得到保护为标准。

知识产权的成立方式既包括自动获得，也包括登记注册后成立。两种情形下，对被请求保护地的认定存在差别。对于自动产生的权利，例如版权和邻接权而言，被请求保护地法是指该被请求保护的权利地的法律；对于非自

---

[1]　参见湖南省株洲市中级人民法院（2017）湘02民初338号民事判决书。
[2]　参加浙江省杭州市中级人民法院（2018）浙01民终1823号民事判决书。
[3]　参见广东省佛山市禅城区人民法院（2017）粤0604民初3200号民事判决书。

动产生的权利，例如专利权、商标权、植物新品种、集成电路布图设计等而言，被请求保护地法则是指该权利的注册地或登记地的法律。[1]

此外，在适用《法律适用法》时，应处理好该法第44条和第50条的关系。第44条是一般侵权行为的法律适用，而第50条是知识产权侵权的法律适用。根据特别条款优先于一般条款的原则，对于知识产权侵权，第50条应该优先适用。但实践中，有一些法院在审理案件时或径直适用了第44条一般侵权行为的规定，或无视法律关系的涉外性，而直接适用中国有关知识产权保护的法律。如"欧司朗股份公司诉四川蓝景光电技术有限责任公司等侵害商标权纠纷案"中，[2]成都市中级人民法院认为，该案为涉外侵权纠纷，侵权行为发生在中国，应适用我国《商标法》。虽然对于本案而言，是否经由冲突规范的指引确定准据法，其结果可能是一致的，但是，这样的法律适用逻辑存在明显的瑕疵。权利人可能因为侵权人在法院地有可供执行的财产等原因选择在被请求保护地以外的国家起诉。在这种情况下，法院适用的被请求保护地法就不是法院地法。

五、思考题

（1）如果本案莱斯公司在墨西哥注册了商标，亚环公司的行为是否构成商标侵权？应适用哪一国家的法律？

（2）《法律适用法》第50条引入当事人意思自治原则，是否有合理性？会产生什么样的实践意义？

17－3   17－4

---

〔1〕 万鄂湘主编：《〈中华人民共和国涉外民事关系法律适用法〉条文理解与适用》，中国法制出版社2011年版，第349页。

〔2〕 参见四川省成都市中级人民法院（2013）成民初字第1404号民事判决书。

17 - 5　　　　　　　　　17 - 6

📑 **拓展案例**

"江苏常佳金峰动力机械有限公司、上海柴油机股份
有限公司侵害商标权纠纷案"

17 - 7

一、基本案情

江苏常佳金峰动力机械有限公司（以下简称"常佳公司"）、上海柴油机股份有限公司（以下简称"上柴公司"）都为中国公司。上柴公司系我国注册商标"东风"文字和图形组合商标的商标权人。印度尼西亚 Ptadiperkasabuana 公司（以下简称"印尼公司"）系印度尼西亚注册商标"DONGFENG（东风）"的商标所有人。

2013 年 10 月 1 日，印尼公司委托常佳公司以"DONGFENG（东风）"商标及标志，生产一批柴油机及柴油机组件。印尼公司向常佳公司出具了商标持有证明，双方同时约定该批产品全部出口至印度尼西亚，且仅可以在印度尼西亚销售。

2013 年 10 月 8 日，常佳公司向常州海关申报出口该批柴油机配件，上柴公司以常佳公司申报出口的该批柴油机配件涉嫌侵犯上柴公司的注册商标权为由，向常州海关提出扣留申请。常州海关根据上柴公司的申请于当月 23 日将常佳公司申报出口的上述柴油机配件予以扣留。2014 年 1 月，上柴公司向江苏省常州市中级人民法院（以下简称"常州中院"）提起诉讼，请求法院判令常佳公司立即停止对上柴公司注册商标专用权的侵害并赔偿经济损失 105 万元。

经审理，常州中院认为，非识别商品来源意义上的使用行为，不构成《商标法》意义上的商标使用行为，不落入商标权的保护范围。常州中院进一步认为，基于商标权的地域性，上柴公司对其持有的"东风"商标在我国享有商标专用权。常州中院指出，本案中，常佳公司贴牌生产的商品全部用于境外销售、在我国境内不进入市场流通领域的附加商标行为，在我国境内不具有识别商品来源的功能，因而不构成《商标法》意义上的商标使用行为，故常佳公司的行为未落入上柴公司案涉商标权的保护范围，不构成侵权。据此，常州中院判决驳回上柴公司的全部诉讼请求。

上柴公司不服一审判决，向江苏高院提起上诉。江苏高院认为，国内加工企业生产全部用于出口的贴牌商品，以认定国内加工企业不构成商标侵权为宜。但是，江苏高院指出，在作出上述不侵权认定时，仍要以国内加工企业对境外委托贴牌的商标本身已尽到合理的审查或注意义务为前提。江苏高院进一步认为，常佳公司系明知上柴公司案涉"东风"商标为驰名商标，仍然接受境外委托，在被控侵权柴油机及柴油机组件上使用与上柴公司"东风"商标相同的商标，未尽到合理注意与避让义务，实质性损害了上柴公司的利益，侵犯了上柴公司的注册商标专用权。据此，江苏高院判决撤销一审判决，常佳公司立即停止对上柴公司"东风"注册商标专用权的侵害，赔偿上柴公司经济损失 10 万元及为制止侵权行为所支付的合理开支 116 750 元。

常佳公司不服二审判决，向最高法院申请再审。经审理，最高法院认为：

第一，考虑到定牌加工是一种常见的、合法的国际贸易形式，除非有相反证据显示常佳公司接受委托未尽合理注意义务，其受托加工行为对上柴公司的商标权造成了实质性的损害，一般情况下不应认定上述行为侵害了上柴公司的商标权。

第二，常佳公司作为定牌加工合同中的受托人，在接受印尼公司的委托加工业务时，已经审查了相关权利证书资料，充分关注了委托方的商标权利状态。可见，常佳公司接受委托从事定牌加工业务，对于相关商标权利状况已经适当履行了审慎适当的注意义务。

第三，常佳公司根据印尼公司授权委托从事案涉定牌加工业务，对于上柴公司在印度尼西亚境内基于案涉商标争取竞争机会和市场利益，并不造成实质影响。虽然商标具有识别商品或服务来源的基本功能，但归根到底，相关公众需求的并非商品标识本身，而是其指示或承载的商品及其良好品质。即便综合国际贸易现实需要进行综合衡量，也没有足够理由认定常佳公司从事案涉定牌加工行为已对上柴公司造成实质损害，并进而有必要作为商标法意义上的侵权行为予以认定。

据此，最高法院认定常佳公司不构成对上柴公司知识产权的侵犯，判决撤销二审判决，维持一审判决。

二、法律问题

（1）本案纠纷是否具有涉外因素？

（2）本案应怎样确定法律适用？

（3）原告的诉讼请求可否得到支持？

三、重点提示

本案各审法院均未对案件是否具有涉外因素进行说明，可见本案法院都认为本案不具有涉外因素。我们认为，这一立场有待商榷。虽然本案的原被告都是中国企业，但争议商标却与一印尼公司具有密切联系，这有可能满足《〈法律适用法〉司法解释（一）》第 1 条对"涉外性"的认定条件。对此，法院应做考虑并加以说明。如认为满足"涉外性"的要求，则本案的法律适用问题应以《法律适用法》第 50 条为依据。在此基础上，法院再行判断可否支持原告的诉讼请求。

自然人经常居所地的确定

📖 知识概要

属人法是国际私法历史最为悠久的系属公式。最初的属人法指人的住所地法，属人法的连结点就是自然人的住所。1804 年《法国民法典》首次采用国籍替代住所作为确定当事人身份关系的连结点。1851 年意大利法学家孟西尼发表题为《国籍乃国际法的基础》的著名演说，提出法律适用上的国籍国法说，从而引起欧洲各国在属人法连结点上的变革。但是，美国始终坚持以住所地法为属人法，从而开启了属人法上本国法和住所地法的分野。[1]住所地主义与国籍原则的冲突，呼唤着两大法系属人法制度的统一。当人们致力于寻求一种更为中庸的方式以达到属人法领域的和谐统一时，经常居所地（habitual residence）法应运而生。[2]

我国《法律适用法》将经常居所地作为确定自然人属人法的首要连结点，这一做法被称为该部立法的一大亮点。[3]据学者统计，在《法律适用法》共 52 条的规定中，经常居所地法出现 42 次，分布在 25 条的规定之中。[4]然而，令人遗憾与困惑的是，虽然该法将经常居所地置于如此重要的地位，但通篇没有对这一术语予以定义，从中无法得知究竟何为经常居所地。

---

〔1〕 霍政欣：《国际私法学》，中国政法大学出版社 2020 年版，第 161 页。

〔2〕 杜新丽："从住所、国籍到经常居所地——我国属人法立法变革研究"，载《政法论坛》2011 年第 3 期。

〔3〕 黄进、姜茹娇主编：《〈中华人民共和国涉外民事关系法律适用法〉释义与分析》，法律出版社 2011 年版，序言第 4 页。

〔4〕 何其生："我国属人法重构视阈下的经常居所问题研究"，载《法商研究》2013 年第 3 期。

从学理上讲，经常居所是指自然人出于临时定居的目的，自愿并经常居住的某一个国家或地区。[1]因此，经常居所需要满足两个要求，一是自然人具有定居的目的，二是已存在居住于某地的事实。为了弥补立法的此项缺失，《〈法律适用法〉司法解释（一）》在第 13 条中专门对经常居所进行了定义："自然人在涉外民事关系产生或者变更、终止时已经连续居住 1 年以上且作为其生活中心的地方，人民法院可以认定为涉外民事关系法律适用法规定的自然人的经常居所地，但就医、劳务派遣、公务等情形除外。"从上述条款可以看出，其采用的是一种叠加标准，即包含两个构成要素，一是"连续居住 1 年以上"；二是"作为其生活中心"。尽管如此，上述条款在司法实践中依然存在一些不够明确的地方，较为明显的一点在于：对于"连续居住满 1 年"而言，何为"连续"？是"绝对连续"或者"相对连续"？短暂性的离开居所是否构成计算时间的中断或中止？[2]

📖 经典案例

"郑某珠与林某伟、胡某娜民间借贷纠纷案"

18 – 1　　　　　　　　18 – 2

一、基本案情

胡某娜与林某伟原为我国内地居民，并于 1982 年 8 月 16 日在广东省中山市登记结婚。二人分别于 1994 年和 2003 年移居香港特别行政区，本案纠纷发生时，两人均为香港特别行政区永久居民。郑某珠系中国内地居民。

2013 年 4 月 23 日，郑某珠与林某伟于中山市签订了一份借款合同，约

---

〔1〕　See Shah v. Barnet LBC〔1983〕2 AC 309.
〔2〕　霍政欣：《国际私法学》，中国政法大学出版社 2020 年版，第 164 页。

定：①郑某珠向林某伟借出 100 万元用于流动资金补充，抵押物为"场内设备"，借款期限为 2013 年 4 月 23 日至 2014 年 4 月 23 日。②若林某伟逾期还款，自逾期之日起每日按千分之一罚金作罚，天天兑现。林某伟还应承担郑某珠因此而产生的诉讼费、律师费等。③本合同经双方签字后发生法律效力，如因履行本合同发生纠纷，由郑某珠所在地法院处理。此外，郑某珠与林某伟口头约定借款期内的利息为月息 2.5%（当时中国人民银行公布的同期一年期的贷款基准利率为年利率 6%）。合同签订后，郑某珠在中山市通过银行转账的方式将借款打入林某伟的账户，并于借款后每月收取林某伟支付的利息，共计 25 万元。

在该合同约定的借款期限届满后，林某伟并未按期还款。多次追讨无果后，郑某珠于 2014 年 7 月 10 日将林某伟诉至中山一院，并追加其妻胡某娜为共同被告，要求二人承担连带赔偿责任。同月 28 日，胡某娜向香港特别行政区区域法院提出离婚申请，以双方分居满 2 年以上为由要求与林某伟离婚。

庭审时，林某伟并未到庭，胡某娜向中山一院提出：她以香港特别行政区为居籍，现无业，居于香港；林某伟为中山市塑料包装厂经理，居于中山市，两人约于 2004 年开始分居；因为胡某娜的母亲一直在香港生活，胡某娜和林某伟的子女也在香港读书，故她一直在香港生活，与林某伟长期分居，即使两人都在中山市的时候，也是分居在不同的地方；因她的母亲不同意她与林某伟离婚，所以直到母亲去世后，才提出与林某伟离婚。

此外，胡某娜向法院辩称：①她与原告没有发生过借贷关系，原告提交的借款合同上也没有她的签名，她也从未收到过原告的借款，林某伟是以个人名义向原告借款，应由林某伟个人偿还借款；②她与林某伟都是香港特别行政区永久居民，根据香港特别行政区《已婚者地位条例》的规定，香港特别行政区实行分别财产制作为法定的夫妻财产制度，林某伟与原告之间的借贷关系属于林某伟的个人债务，不应由她承担。

中山一院查明，香港特别行政区区域法院于 2014 年 11 月 14 日作出暂准离婚令，解除胡某娜与林某伟的婚姻，但未就夫妻财产问题作出处理。由于胡某娜和林某伟均未在 6 周之内提出上述判令不应转为绝对判令的充分因由，该判令已于 2015 年 2 月 25 日转为最后绝对判令，上述婚姻亦据以解除。

中山一院认为本案为涉港合同纠纷，本案当事人未就法律适用达成一致，内地法律与本案纠纷具有最密切联系，根据《法律适用法》第41条的指引，本案应适用内地法律。在胡某娜与林某伟是否应当共同承担债务，即二人夫妻财产关系如何认定的问题上，胡某娜与郑某珠出现分歧。而该问题的解答，落脚点在于如何认定胡某娜的经常居所地。胡某娜认为，她的经常居所地为香港，她与林某伟的夫妻财产关系应适用共同居籍地法，即香港特别行政区法律。

中山一院根据郑某珠的申请，调取了胡某娜的出入境资料。资料显示，截至2013年4月23日，胡某娜已持续在内地居住生活超过1年以上，她在2011年4月23日至2013年4月23日间的绝大部分时间居住在内地，且持续居留的时间较长，她在香港居留的时间较少，且一般持续居留时间比较短。

经审理，中山一院未采纳胡某娜的意见，认为胡某娜长期居住于中山市，居住时间超过1年以上，其虽有短暂居住于香港的事实，但大部分时间居住于内地，且已将中山市作为其生活中心，中山市因而被认定为胡某娜的经常居所地。据此，中山一院依据胡某娜与林某伟的共同经常居所地法（即内地法律）确定二人的夫妻财产关系。中山一院进而根据《婚姻法》第19条第3款、《最高人民法院关于适用〈中华人民共和国婚姻法〉若干问题的解释（二）》（以下简称"《〈婚姻法〉司法解释（二）》"）第24条的规定认定胡某娜应承担连带清偿责任。中山一院最终判决，林某伟向郑某珠清偿借款本金100万元及逾期还款利息，胡某娜对林某伟的上述债务向郑某珠承担连带清偿责任。

胡某娜不服一审判决，向广东省中山市中级人民法院（以下简称"中山中院"）提起上诉，并提出其经常居住地的认定应依照《〈民事诉讼法〉司法解释》第4条的规定予以确定。[1]她认为，本案起诉前的1年内，其并未连续在内地居住1年以上，其有3个月在香港居住，故一审法院的对其经常居住地的认定有误。经审理，中山中院维持了一审法院关于胡某娜经常居所地及夫妻财产关系的法律适用，但认为一审法院在计算林某伟与郑某珠的债权债务时有误。故中山中院判决撤销一审判决，林某伟向郑某珠清偿借款本金

---

[1]《〈民事诉讼法〉司法解释》第4条规定："公民的经常居住地是指公民离开住所地至起诉时已连续居住1年以上的地方，但公民住院就医的地方除外。"

767 560 元及逾期还款利息，胡某娜对上述债务承担连带清偿责任。

中山中院宣判后，胡某娜向广东高院提起再审申请。胡某娜在再审中再次主张应依据《〈民事诉讼法〉司法解释》的规定认定其经常居住地，并指出《〈民事诉讼法〉司法解释》是新法、上位法，《〈法律适用法〉司法解释（一）》是旧法、下位法，《〈民事诉讼法〉司法解释》应优先适用。经审理，广东高院未予采纳此主张，维持了一、二审判决关于其经常居所地的认定，判决驳回胡某娜的再审申请。

二、法律问题

本案两被告均为香港特别行政区居民，故本案为涉港民间借款纠纷，应参照我国有关涉外民事案件的程序和法律进行审理。郑某珠与林某伟之间口头约定了高额利息，林某伟偿还利息后无力偿还本金，郑某珠向法院起诉要求林某伟清偿借款，并要求林某伟之妻胡某娜承担连带清偿责任。下列问题遂成为本案焦点：

（1）本案合同纠纷应适用何处法律进行审理？

（2）依据我国内地法律，郑某珠与林某伟之间的债权债务数额为多少？二人口头约定的利息是否有效？为什么？如果无效，已经偿还的利息该如何处置？

（3）胡某娜与林某伟的夫妻财产关系应如何认定？

（4）胡某娜在中山市并非连续不断地居住 1 年，是否可以认定中山市为其经常居所地？依据是什么？

（5）胡某娜是否需要与林某伟连带承担债务？

（6）胡某娜认为应适用《〈民事诉讼法〉司法解释》认定其经常居住地的主张是否成立？

三、法理分析

1. 合同纠纷应适用的法律

《法律适用法》第 41 条规定："当事人可以协议选择合同适用的法律。当事人没有选择的，适用履行义务最能体现该合同特征的一方当事人经常居所地法律或者其他与该合同有最密切联系的法律。"本案中，双方在合同中没有约定纠纷发生时适用的法律，庭审过程中林某伟未出庭参与诉讼，故可认定双方未协议选择该合同适用的法律。这种情况下，须进一步考察最能体现合同特征的一方当事人经常居所地或其他与该合同具有最密切联系的地方。从本案证据可知，案涉合同为借款合同，最能体现合同特征的一方当事人应为借款方，因此，本案合同纠纷应适用郑某珠的经常居所地的法律——内地法。另外，本案合同的签订地和履行地均在中山市，内地与该合同亦在客观上具有最密切联系，故本案所涉的民间借款合同纠纷应适用我国内地法律。

2. 郑某珠与林某伟的债权债务数额

在确定本案纠纷适用内地法律后，须进一步明确郑某珠与林某伟之间的债权债务关系。本案证据显示，郑某珠与林某伟签订的借款合同的借款额为100万元，后郑某珠足额将款项转入林某伟的银行账户。同时，郑某珠与林某伟口头约定借款期内的利息为月息2.5%，林某伟已付利息25万元，但未归还本金。由此可见，二人之间的确存在债权债务关系，但债务数额为多少呢？

二人约定的利率为月息2.5%，这一利率远高于我国内地同期银行贷款利率（年息6%）。根据《最高人民法院关于人民法院审理借贷案件的若干意见》第6条的规定，[1]"民间借贷的利率可以适当高于银行的利率，各地人民法院可根据本地区的实际情况具体掌握，但最高不得超过银行同类贷款利率的4倍（包含利率本数）。超出此限度的，超出部分的利息不予保护。"郑某珠与林某伟约定的利率超过了中国人民银行公布的同期同类贷款基准利率的4倍（年利率24%），超过部分不受保护。

不过，本案的特别之处在于双方约定利率的方式为口头约定，在借款合

---

〔1〕　该意见已随2015年9月1日起施行的《最高人民法院关于审理民间借贷案件适用法律若干问题的规定》废止，该规定第26条对民间借贷的司法保护上限做了新规定，即"借贷双方约定的利率未超过年利率24%，出借人请求借款人按照约定的利率支付利息的，人民法院应予支持。借贷双方约定的利率超过年利率36%，超过部分的利息约定无效。借款人请求出借人返还已支付的超过年利率36%部分的利息的，人民法院应予支持。"2020年8月20日，新修订的《最高人民法院关于审理民间借贷案件适用法律若干问题的规定》开始实施，该规定对民间借贷的司法保护上限再次做出调整，依据该规定第26条，"出借人请求借款人按照合同约定利率支付利息的，人民法院应予支持，但是双方约定的利率超过合同成立时一年期贷款市场报价利率4倍的除外。前款所称'一年期贷款市场报价利率'，是指中国人民银行授权全国银行间同业拆借中心自2019年8月20日起每月发布的一年期贷款市场报价利率。"2021年1月1日，新《最高人民法院关于审理民间借贷案件适用法律若干问题的规定》开始实施，原第26条规定调整为第25条，内容维持不变。

同中没有体现。根据《合同法》第 211 条第 1 款的规定,[1]"自然人之间的借款合同对支付利息没有约定或者约定不明确的,视为不支付利息。"按照该条规定,郑某珠与林某伟之间口头约定的利率无效,该借款合同视为无利息,郑某珠已收取的"利息"应视为林某伟偿还本金。据此,林某伟在本案中的逾期未还债务为 75 万元,林某伟应该以此作为基数向郑某珠支付逾期利息。借款合同中约定的逾期还款利率为日息千分之一,同样超过同期银行贷款利率的 4 倍,超过部分不应得到支持,因此,林某伟只须按照年利率 24% 向郑某珠支付逾期还款利息即可。

3. 胡某娜与林某伟夫妻财产关系的认定

在确定了林某伟与郑某珠的债权债务数额之后,本案还须判断胡某娜是否需要对林某伟的债务承担连带赔偿责任。这一问题的解决须先行明确胡某娜与林某伟之间的夫妻财产关系。

胡某娜与林某伟现均为香港特别行政区居民,应该按照内地国际私法规范确定他们夫妻财产关系的法律适用。《法律适用法》第 24 条规定:"夫妻财产关系,当事人可以协议选择适用一方当事人经常居所地法律、国籍国法律或者主要财产所在地法律。当事人没有选择的,适用共同经常居所地法律;没有共同经常居所地的,适用共同国籍国法律。"可见,按照《法律适用法》的规定,涉外夫妻财产关系的法律适用顺序为:①当事人协议选择一方经常居所地、国籍国或主要财产所在地法律;②若无前述协议,适用双方共同经常居所地法律;③若双方没有共同经常居所地的,适用共同国籍国法律。

具体到本案,由于林某伟未出庭参加诉讼,胡某娜亦未能举证二人已对其夫妻财产关系的法律适用达成协议,可推断二人之间无此协议。此时须考虑第二步,即二人是否具有共同经常居所地。何处为胡某娜与林某伟的经常居所地因而成为本案争议焦点。

4. 胡某娜与林某伟是否具有共同经常居所地

由于《法律适用法》对经常居所地未做定义,而最高法院颁布的《〈法律适用法〉司法解释(一)》也存在不明确之处,这导致对胡某娜与林某伟

---

[1] 《民法典》于 2021 年 1 月 1 日生效,《合同法》同步废止。《合同法》第 211 条的规定由《民法典》第 680 条取代。

的经常居所地的认定并非易事。

本案中，林某伟长期在内地经商，法院认定其经常居所地为中国内地。胡某娜则主张自己的经常居所地应为中国香港特别行政区，并以此为由进行上诉及申请再审。

胡某娜向各审法院辩称，其与林某伟感情不和，长年分居。法院调取的出入境资料显示，截至 2013 年 4 月 23 日，胡某娜已持续在中国内地居住生活超过 1 年以上，在 2011 年 4 月 23 日至 2013 年 4 月 23 日期间的绝大部分时间内，她居住在内地，持续居留的时间较长，其在香港特别行政区居留的时间较少，且一般持续居留时间比较短。这种情况是否满足《〈法律适用法〉司法解释（一）》中连续居住满 1 年的要求？对此，三级法院均认为，"上述法律规定中'连续居住 1 年以上'并非不可间断"。[1]据此，三级法院认定，胡某娜与林某伟的经常居所地均为内地，二人的夫妻财产关系应由内地法律进行认定。

5. 胡某娜是否需要与林某伟共同承担债务

根据内地《婚姻法》第 19 条第 3 款的规定，[2]"夫妻对婚姻关系存续期间所得的财产约定归各自所有的，夫或妻一方对外所负的债务，第三人知道该约定的，以夫或妻一方所有的财产清偿。"这是内地法律对于夫妻分别财产制的规定。本案中，胡某娜并没有足够的证据证明其与林某伟约定了分别财产制，即使约定了夫妻分别财产制，亦无证据证明郑某珠知晓该约定。就此情况，《〈婚姻法〉司法解释（二）》第 24 条第 1 款规定："债权人就婚姻关系存续期间夫妻一方以个人名义所负债务主张权利的，应当按夫妻共同债务处理。但夫妻一方能够证明债权人与债务人明确约定为个人债务，或者能够证明属于婚姻法第 19 条第 3 款规定情形的除外。"据此，按照上述法律及司法解释规定，胡某娜应与林某伟连带承担对郑某珠的债务。

---

〔1〕　参见广东省中山市第一人民法院（2014）中一法民三初字第 149 号民事判决书，广东省中山市中级人民法院（2016）粤 20 民终 684 号民事判决书，广东省高级人民法院（2017）粤民申 80 号民事裁定书。

〔2〕　《民法典》于 2021 年 1 月 1 日生效，《婚姻法》同步废止。《婚姻法》第 19 条的规定由《民法典》第 1065 条取代。

6. 胡某娜主张适用《〈民事诉讼法〉司法解释》认定其经常居住地是否成立

就胡某娜在二审和再审申请中提出的对其经常居住地的认定应适用《〈民事诉讼法〉司法解释》,而非《〈法律适用法〉司法解释(一)》的问题,中山中院和广东高院均未采纳,但没有更详细的说明。

我们认为,《〈法律适用法〉司法解释(一)》对经常居所地和《〈民事诉讼法〉司法解释》对经常居住地的起点的规定确有细微不同:《〈法律适用法〉司法解释(一)》对自然人经常居所地的认定是从他开始在某地生活开始计算,《〈民事诉讼法〉司法解释》对自然人经常居住地的认定是从他离开其住所地开始计算。但二者的主要区别在于它们的适用范围不同,《民事诉讼法》及其司法解释解决的是民事诉讼中出现的程序问题,而《法律适用法》及其司法解释解决的是涉外民事关系中产生的法律适用问题。因此,即使二者的含义有近似之处,但归根到底,它们解决的是不同领域的问题,不能混同。本案需要解决的是涉外民事关系中的法律适用问题,故应适用《法律适用法》及其司法解释的规定。

另一方面,虽然《民事诉讼法》是我国的基本法,位阶高于《法律适用法》,但司法解释的效力位阶并无法律上的规定,不能当然地认为《〈民事诉讼法〉司法解释》的效力高于《〈法律适用法〉司法解释(一)》。

四、参考意见

《法律适用法》一改以前我国涉外民事关系中属人法多样化的状况,在某种程度上,可以说经常居所地法完全取代了住所地法,并部分地取代国籍国法,逐步简化了属人法,由此,我国属人法连结点从多元走向单一。[1]

《法律适用法》之所以将经常居所地确立为自然人属人法的首要连结点,主要基于以下几个方面的考量:①在当代社会,经常居所通常与自然人的联系更为紧密,在属人法事项上适用经常居所地法通常符合当事人的预期,亦具有合理性。②在司法实践中,当事人出于便利等因素考虑,通常在其经常居所地法院提起民事诉讼。在属人法事项上适用经常居所地法,有利于扩大

---

〔1〕 何其生:"我国属人法重构视阈下的经常居所问题研究",载《法商研究》2013 年第 3 期。

法院地法的适用，减轻司法负担。③我国是一个多法域国家，对于我国公民而言，大陆居民与港澳台居民在属人法事项上用国籍确定应适用的法律，没有实际意义。④由于海牙国际私法会议在晚近国际条约中使用旨在弥合本国法与住所地法的惯常居所（经常居所）地法作为属人法，我国立法的做法可视为体现了晚近国际私法的发展趋势。[1]

不过，对这一连结点，有一个问题不得不考虑，即经常居所是一个模糊不清的概念，具有不确定性。[2]《〈法律适用法〉司法解释（一）》对此给出了两个叠加适用的标准，即"连续居住满1年"和"将其作为生活中心"。但是，这一规定仍留有不确定之处，法官须在个案中综合案情进行具体判断。

在这一问题上，审理本案的三级法院均没有因循僵硬的时间要求，并未要求自然人1年不间断地居住于某地。换言之，三个法院均认为"连续居住满1年"的连续状态是一种"相对连续"，而非"绝对连续"。我们同意这种观点，在交通便利、人员出入境极其频繁的当下，如果要求一个自然人1年内无任何外出经历显然过于苛刻。同理，在规定外出务工、就医等例外情形的情况下，在外短暂居住也应无碍对其经常居所地的认定。

五、思考题

（1）对于经常居所地认定中的另一个条件，即当事人"将其作为生活中心"，法院该如何认定？这是事实问题，还是主观意图问题？

（2）按照《法律适用法》第24条，如果胡某娜与林某伟没有共同经常居所地，二人的夫妻财产关系将适用共同居籍地法——香港特别行政区法律，那么，按照香港特别行政区法律的规定，胡某娜是否需要与林某伟共同承担债务？

（3）本案中，假设二人既缺乏夫妻财产关系法律适用的协议，又没有共同经常居所地，也不存在共同居（国）籍，他们的夫妻财产关系应如何认定？

---

〔1〕　Zhengxin Huo, "Reshaping Private Internationl Law in China: The Statutory of Tort Conflicts", *Journal of East Asia and International Law*, 5 (2012), pp. 93～94. Zhengxin Huo, "An Improvement: The New Conflict of Laws Act of the People's Republic of China", *Int'l & Comp. LQ*, 60 (2011), p. 1065, 1070.

〔2〕　黄栋梁："我国2010年《涉外民事关系法律适用法》中的属人法问题"，载《时代法学》2011年第4期。

拓展案例

"郭某闵、李某珍与青岛昌隆文具有限公司
股东资格确认纠纷案"

18 - 3

一、基本案情

郭某闵为美籍华人,现居住在青岛市崂山区,李某珍为我国台湾地区居民,青岛昌隆文具有限公司(以下简称"昌隆公司")为大陆注册公司。

昌隆公司的争议股东之一郭某伟于 2013 年 8 月在我国台湾地区去世。就其股权继承问题,郭某伟之父郭某闵与郭某伟之妻李某珍发生争议。二人遂于当年向青岛中院提起诉讼,请求法院确认郭某伟持有昌隆公司的股份。就股权继承问题,郭某闵主张判令由自己继承郭某伟持有的昌隆公司的股份;李某珍则主张自己应继承郭某伟持有股权的一半,剩余部分在各直系亲属间平均分配。

青岛中院首先确认了郭某伟为昌隆公司的股东之一,生前持有份额为 29.526%。该法院还需要处理涉外继承关系和夫妻财产关系。《法律适用法》将经常居所作为连结点,因此,如何判断上诉人李某珍与郭某伟的经常居所地即成为本案关键。青岛中院认为,根据《法律适用法》第 24 条的规定,夫妻财产关系,对于没有选择适用法律的,适用共同经常居所地法律。青岛中院进一步认为,根据郭某伟与李某珍的出入境记录,李某珍在郭某伟死亡前长期在青岛居住,故夫妻财产关系的认定应适用共同经常居所地法律,即大陆法律。青岛中院进而依据《婚姻法》第 17 条的规定,认定郭某伟所持有的股份为夫妻共同所有,李某珍拥有其中一半份额,另一半份额由继承人郭某闵与李某珍按照法定继承方式各继承二分之一。

郭某闵、昌隆公司不服一审判决，向山东高院提起上诉。山东高院在判决书中对"经常居所地"进行了如下论述：

在自然人经常居所的判定上，最高法院司法解释采取的是一种叠加标准，即包含两个构成要素：一是"连续居住1年以上"；二是"作为其生活中心的地方"。只有具备了上述两个要素，才能被认为是经常居所。但是，对于何为"连续居住1年以上"，是绝对连续还是相对连续，是要求连续居住12个月甚至365天以上，还是要求居住时间不少于多少个月或日，上述司法解释并未明确，需要本院在本案中予以判断确认。对于如何认定"作为生活中心的地方"，亦需要本院加以解释。

山东高院认为，所谓"连续居住1年以上"，并不是指一种绝对连续状态，而是指的一种相对持续的居住状态。在居住期间，即使当事人因工作派遣、短期学习、出国旅游、赴外就医等原因导致其不能始终居住在某一地，但只要其居住状态是相对持续的，且达到1年以上，就不影响对其经常居所的判断。而对于"作为其生活中心的地方"这一标准，则既要注重考察当事人的主观意愿，又要看当事人的客观生活状况，然后进行综合判断。即从当事人的主观意愿、家庭生活、社会关系、主要职业、财产状况等各方面进行综合考察。就两个标准之间的关系而言，本院认为，二者除了是并列条件的关系外，还是判断时重要的相互参考因素。也就是说，在判断是否连续居住时，除了要看当事人在某地居住的连续状态，还要看当事人主观上是否有将其作为生活中心的居住意图。在判断当事人是否将某地作为生活中心时，除了要看当事人主观上的居住意愿，还要看当事人的持续居住状态。

山东高院进一步分析，在郭某伟生前，从郭某伟和李某珍二人的出入境记录、财产状况、投资状况等来看，虽然并非一直在中国大陆地区停留，但从二人停留的时间和相对连续状态来看，均可以认定为在中国大陆地区已连续居住1年以上且以中国青岛作为其生活中心。综合以上两个方面，山东高院判定，郭某伟和李某珍的经常居所地均为大陆地区。据此，山东高院维持了一审法院对二人夫妻财产关系的法律适用。经审理，山东高院驳回了郭某闵、昌隆公司的上诉。

二、法律问题

（1）本案应怎样确定法律适用？

（2）郭某伟、李某珍是否具有共同居所地？

三、重点提示

本案的重点在于判断郭某伟、李某珍的经常居所地为我国台湾地区或大陆地区，《〈法律适用法〉司法解释（一）》(2013) 第 15 条给出了一定的判断标准，可结合该条规定以及经典案例中的论述探讨此问题。

| 专题十九 |

收养的法律适用

📖 知识概要

收养，是指自然人依法领养他人子女的身份法律行为，使本无父母子女关系的人之间产生法律拟制的父母子女关系。[1] 收养须符合实质要件与形式要件，而目前大多数国家对收养的实质要件和形式要件不作区分，制定统一的法律适用规则。[2] 涉外收养，指的是收养人与被收养人至少有一方具有外国国籍或为无国籍人或在国外有惯常居所的收养。收养的法律适用问题主要包括收养的成立、效力及解除。从世界范围内来看，在收养的成立上，各国的做法主要包括适用法院地法、适用收养人属人法、适用被收养人属人法、适用收养人和被收养人各自的属人法、适用收养发生地法等；收养效力的法律适用，分为适用收养人本国法、分别适用收养人和被收养人属人法、原则上适用收养人或被收养人本国法或他们的共同本国法、适用收养人或被收养人住所地法、适用收养发生地法等几种做法；关于收养的解除，有些国家采用与收养成立相同的准据法，有些采用与收养效力相同的准据法，还有些国家主张适用法院地法。

在我国，上世纪 90 年代颁布与修正的《中华人民共和国收养法》（以下简称"《收养法》"）最早出现了涉外收养的有关规定，其第 21 条规定："外

---

〔1〕 马俊驹、余延满：《民法原论》，法律出版社 2010 年版，第 858 页。

〔2〕 万鄂湘主编：《〈中华人民共和国涉外民事关系法律适用法〉条文解释与适用》，中国法制出版社 2011 年版，第 206 页。

国人依照本法可以在中华人民共和国收养子女。外国人在中华人民共和国收养子女，应当经其所在国主管机关依照该国法律审查同意……"司法部与民政部共同发布的《外国人在中华人民共和国收养子女实施办法》及更名后的《外国人在中华人民共和国收养子女登记办法》也同样规定，外国人在我国境内收养我国公民子女重叠适用收养人与被收养人属人法。不过，这些规定仅为当时存在的大量外国人在中国收养中国儿童的情况而制定，不涵盖涉外收养的其他类型。

2021年1月1日，《民法典》正式生效，《收养法》同步废止。外国人在华收养子女的规定体现在《民法典》第1109条，其规定如下："外国人依法可以在中华人民共和国收养子女。外国人在中华人民共和国收养子女，应当经其所在国主管机关依照该国法律审查同意。收养人应当提供由其所在国有权机构出具的有关其年龄、婚姻、职业、财产、健康、有无受过刑事处罚等状况的证明材料，并与送养人签订书面协议，亲自向省、自治区、直辖市人民政府民政部门登记。前款规定的证明材料应当经收养人所在国外交机关或者外交机关授权的机构认证，并经中华人民共和国驻该国使领馆认证，但是国家另有规定的除外。"由此可见，《收养法》关于外国人在我国收养子女须重叠适用我国法律与被收养人所在国法律的原则被《民法典》继受，后者在此基础上对收养人所提交的所在国材料作出了更加细致的规定。[1]

2010年颁布的《法律适用法》第一次系统地对涉外收养的法律适用进行了规范。该法第28条规定："收养的条件和手续，适用收养人和被收养人经常居所地法律。收养的效力，适用收养时收养人经常居所地法律。收养关系的解除，适用收养时被收养人经常居所地法律或者法院地法律。"该法涵盖了各种涉外收养情形，弥补了先前立法的不足。[2]此外，我国于2000年签署了1993年海牙《跨国收养方面保护儿童及合作公约》，并于2005年批准这一公约。

〔1〕 霍政欣：《国际私法学》，中国政法大学出版社2020年版，第253页。
〔2〕 霍政欣：《国际私法学》，中国政法大学出版社2020年版，第253~254页。

经典案例

"郑某甲与刘某等同居关系子女抚养纠纷案"

19 – 1

一、基本案情

郑某甲与刘某均为我国内地居民且两人经常居所地均位于内地。郑某甲与刘某同居怀孕，于 2008 年在中国香港特别行政区浸会医院产下一非婚生子郑某乙，后携子返回内地生活。2009 年，郑某甲在未经刘某同意的情况下，通过陈某甲介绍，将非婚生子郑某乙送给居住于福州市鼓楼区的陈某乙、林某收养，陈某乙、林某当天也将 5 万元放在郑某甲住处，将郑某乙抱走，并将郑某乙改名为陈某丙。但陈某乙、林某一直未办理合法有效的收养手续。

刘某后经多方查找获得郑某乙下落，于 2012 年以其儿子郑某乙被人拐卖为由向福州市公安局鼓楼分局刑侦大队报案。后该分局将郑某乙交给郑某甲，并明确嘱咐郑某甲要履行抚养义务。但是，郑某甲又将郑某乙交给陈某乙、林某抚养至今。另查明，现郑某乙的香港出生证明、更名为陈某丙的护照、回港证、港澳居民来往通行证原件均在陈某乙、林某处；陈某乙与林某于 2012 年登记结婚，于 1998 年已非婚生育一女陈某丁，现年 17 岁。

为争夺郑某乙的抚养权，刘某于 2014 年将郑某甲、陈某乙及林某诉至福建省福州市鼓楼区人民法院（以下简称"鼓楼法院"），要求对郑某乙进行抚养与监护。

鼓楼法院认为，本案系解除收养关系纠纷，涉及父母子女人身法律关系。鼓楼法院进而认为，本案应根据《法律适用法》第 25 条、第 28 条、第 30 条的指引确定法律适用。由于本案的原、被告均系中国内地居民，即使本案所涉的非婚生子女郑某乙出生在香港特别行政区，系我国香港特别行政区居民，但其出生后至本案发生时的经常居所地在福州市，故鼓楼法院认为本案当事人的经常居所地均为内地，本案应适用内地法律审理。鼓楼法院从而依据《收养法》《婚姻法》《民法通则》的相关规定认定，陈某乙、林某与郑某乙之间的收养关系不成立，判决确认刘某与郑某乙的亲子关系，郑某乙交由刘某抚养。

一审判决宣判后，郑某甲表示不服，向福州中院提起上诉。二审中，郑某甲辩称，郑某乙出生在香港，系香港特别行政区居民，且在内地无户口登记，本案涉及香港未成年人的监护、抚养权的转移、改变，应由香港特别行政区法院管辖；本案的法律适用错误，被收养人郑某乙为香港特别行政区居民，应适用香港特别行政区法律。

经审理，福州中院认为，本案的原、被告均为内地公民，中国内地法院具有管辖权；且郑某甲在一审提交答辩状期间未提出管辖权异议。故驳回郑某甲的主张，依据《民事诉讼法》127条的规定，该管辖权异议不成立。关于本案的法律适用，福州中院认为一审法院的裁判正确，本案确应适用内地法律审理。对于案件的实体问题，福州中院认为陈某乙、林某和郑某乙之间不成立合法的收养关系，一审判决将本案案由认定为解除收养关系纠纷有误，应予以纠正，但不影响本案的实体处理结果。据此，福州中院判决驳回上诉，维持原判。

二、法律问题

本案当事人之一郑某乙为香港特别行政区居民，故本案为涉港民事案件，应参照涉外民事关系的相关规定对本案进行审理。郑某乙在与刘某于香港同居期间怀孕，生下一子郑某乙。郑某甲将孩子带回内地，并送于陈某乙、林某收养，刘某希望获得郑某乙的抚养权，遂与郑某甲、陈某乙、林某产生争议。下列问题成为本案焦点：

(1) 郑某甲的管辖权异议是否成立？

(2) 我国内地法院认定本案收养关系是否有效，应适用何处法律？

(3) 根据认定收养关系的准据法，本案中的收养关系是否有效？

(4) 本案的监护问题应适用何处法律？

三、法理分析

1. 管辖权异议是否成立

郑某甲在二审中提出管辖权异议，主张本案应由香港特别行政区法院审理。根据《民事诉讼法》第 21 条的规定，"对公民提起的民事诉讼，由被告住所地人民法院管辖；被告住所地与经常居住地不一致的，由经常居住地人民法院管辖。对法人或者其他组织提起的民事诉讼，由被告住所地人民法院管辖。同一诉讼的几个被告住所地、经常居住地在两个以上人民法院辖区的，各人民法院都有管辖权。"根据案情，本案被告郑某甲、陈某乙、林某的经常居住地均位于内地，故内地法院享有管辖权。一审法院位于被告陈某乙、林某的经常居所地，对本案行使管辖权符合《民事诉讼法》第 21 条的规定。

此外，根据《民事诉讼法》第 127 条的规定，[1]管辖权异议应在提交答辩状期间提出，否则视为当事人认可受理法院享有管辖权。在一审中，被告并未提出管辖权异议，并应诉答辩，且本案不存在违反级别管辖与专属管辖的情形。可见，即便一审法院原本缺乏管辖权，在被告应诉答辩后也拥有了管辖权。

2. 认定收养关系是否成立应适用的法律

郑某甲将其子交于陈某乙、林某收养，刘某欲请求法院解除他们之间的收养关系。《法律适用法》第 28 条规定："收养的条件和手续，适用收养人和被收养人经常居所地法律。收养的效力，适用收养时收养人经常居所地法律。收养关系的解除，适用收养时被收养人经常居所地法律或者法院地法律。"据此，在本案中，判定收养关系是否成立，应同时适用收养时收养人陈某乙、林某和被收养人郑某乙的经常居所地法。收养人的经常居所地为内地自不待言，被收养人虽出生在香港，为香港特别行政区永久居民，但其自出生至今一直居住在福州，依据《〈法律适用法〉司法解释（一）》第 15 条，郑某乙的经常居所地应为福州。综上，本案所涉收养关系，应适用我国内地法律。

---

〔1〕《民事诉讼法》第 127 条规定，"人民法院受理案件后，当事人对管辖权有异议的，应当在提交答辩状期间提出。人民法院对当事人提出的异议，应当审查。异议成立的，裁定将案件移送有管辖权的人民法院；异议不成立的，裁定驳回。当事人未提出管辖异议，并应诉答辩的，视为受诉人民法院有管辖权，但违反级别管辖和专属管辖规定的除外"。

3. 收养关系是否有效

如前所述，本案中的收养关系应适用我国内地法律。依据《收养法》第6条，[1]收养人应同时具备以下条件：①无子女；②有抚养教育被收养人的能力；③未患有在医学上认为不应当收养子女的疾病；④年满30周岁。这是内地法规定成立收养关系的实质要件。在本案中，陈某乙和林某收养郑某乙时已有一女，不符合法律规定收养人应具备的条件。

同时，该法第15条第1款对成立收养关系的形式要件作了规定，"收养应当向县级以上人民政府民政部门登记。收养关系自登记之日起成立。"而陈某乙和林某一直未办理合法有效的收养郑某乙的登记手续。

由此可见，陈某乙和林某的收养行为既不合条件，又不合手续。该法第25条进一步规定：[2]"违反《中华人民共和国民法通则》第55条和本法规定的收养行为无法律效力。收养行为被人民法院确认无效的，从行为开始时起就没有法律效力。"据此，陈某乙、林某与郑某乙之间的收养关系应属无效。

需要指出，一审法院认为本案属于解除收养关系纠纷，这一表述并不正确。如前所述，本案所涉收养关系自始无效，因此，并不存在解除的问题。

4. 监护问题的法律适用

由于陈某乙、林某与郑某乙的收养关系不成立，自然不应由其抚养郑某乙。如何确定郑某乙的监护问题成为下一步需要解决的问题。

《法律适用法》第30条规定："监护，适用一方当事人经常居所地法律或者国籍国法律中有利于保护被监护人权益的法律。"郑某甲、郑某乙及刘某的经常居所地和国籍国（法域）包括我国内地和香港特别行政区，因此，法院应在这两地法律中选择有利于保护郑某乙权益的法律。

内地有关监护的法律见于《民法通则》中，该法第16条规定：[3]"未成年人的父母是未成年人的监护人。未成年人的父母已经死亡或者没有监护能力的，由下列人员中有监护能力的人担任监护人：①祖父母、外祖父母；

---

〔1〕《民法典》于2021年1月1日生效，《收养法》同步废止。《收养法》第6条由《民法典》第1098条取代。

〔2〕《民法典》于2021年1月1日生效，《收养法》同步废止。《收养法》第25条由《民法典》第1113条取代。

〔3〕《民法典》生效后，《民法通则》同步废止。《民法通则》第16条的规定由《民法典》第27条取代。

②兄、姐；③关系密切的其他亲属、朋友愿意承担监护责任，经未成年人的父、母的所在单位或者未成年人住所地的居民委员会、村民委员会同意的。"该法第 18 条规定：[1] "监护人应当履行监护职责，保护被监护人的人身、财产及其他合法权益，除为被监护人的利益外，不得处理被监护人的财产。监护人依法履行监护的权利，受法律保护。监护人不履行监护职责或者侵害被监护人的合法权益的，应当承担责任；给被监护人造成财产损失的，应当赔偿损失。人民法院可以根据有关人员或者有关单位的申请，撤销监护人的资格。"

而根据香港特别行政区《未成年人监护条例》第 21 条，"任何非婚生未成年人的生父，不得视为该未成年人的父亲，除非（a）他凭借法院根据第10（1）条所发出而现行有效的命令拥有管养该未成年人的权利；……"

由此可见，根据内地法律，刘某作为郑某乙的父亲，且无丧失监护能力的情形，对郑某乙具有监护权；而按照香港特别行政区法律，由于刘某与郑某甲并没有婚姻关系，刘某对郑某乙无监护权。郑某甲多次将儿子送给他人抚养的行为已表明，其已无履行监护职责的意愿，对孩子的成长无积极作用。若适用香港特别行政区法律，可能使郑某乙彻底失去得到父母关爱与保护的可能。据此，我们认为，内地法律是更有利于保护被监护人权益的法律，应适用于本案所涉的监护问题。基于同样的理由，郑某乙交由刘某监护更有利于其成长。

四、参考意见

《法律适用法》将收养的法律适用问题分为收养的条件和手续、效力以及解除三个方面，这与世界上许多国家在收养上的国际私法立法相吻合。

在收养的条件和手续方面，我国规定了重叠适用的冲突规范，要求同时符合收养人与被收养人经常居所地法律，如此严格规定，其立法意图是防止"跛脚收养"的出现，以维护家庭关系的稳定性。应当注意的是，由于该款调整的是收养成立事项，因此，收养的条件和手续应符合的是收养成立时的双方经常居所地法律，而非纠纷发生时的经常居所地法。

---

〔1〕《民法典》生效后，《民法通则》同步废止。《民法通则》第 18 条的规定由《民法典》第34 条取代。

在收养的效力方面，该法规定适用收养时收养人经常居所地法律。这是因为收养的效力指的是收养成立后收养人与被收养人的权利与义务，由于一般是被收养人前往收养人经常居所地一起生活，这些权利义务在收养后往往与收养人经常居所地有着更为密切的联系。

在收养的解除方面，我国采用的是无条件选择适用的冲突规范，要求适用收养时被收养人经常居所地法律或法院地法律。我国法院审理涉外收养关系案件时，由于我国通常是被收养儿童的送养国，若适用收养时被收养人经常居所地法律，则通常意味着适用中国法；若适用法院地国法，同样意味着适用中国法，所以，无论选择适用收养时被收养人经常居所地法律，还是法院地法律，实际均指向我国法律。总体而言，这样的规则设计有利于保护我国儿童的利益。

尽管如此，我们认为，这一款规定还存在提升和完善的空间。在收养时被收养人经常居所地法律和法院地法律之间，优先适应哪一个，《法律适用法》并未作出规定，亦即该法采用的是无条件选择适用的冲突规范。这样的规定在我国作为被收养儿童的送养国的情况下，均会重叠指向我国法律。但是，随着社会的发展，越来越多的中国人收养外国儿童，我国作为非送养国的情况逐渐增多。在这种情况下，如果我国法院出于避免查明外国法以简便审理程序的考虑，根据无条件选择规范，任意地选择适用法院地法，那么，儿童权益就有可能得不到合理保护，从而有悖于收养法律制度旨在保护被收养儿童利益的立法宗旨。

综上，我们认为，未来修改法律时可以借鉴《法律适用法》关于涉外监护与扶养中有利于保护弱势一方利益的规定，在涉外收养的法律适用规则中加入"有利于保护被收养人利益"的原则作为补充，从而将上述规定转变为有条件选择适用的冲突规范。

五、思考题

（1）如果郑某乙被"收养"时经常居所地为香港，那么本案中的"收养关系"是否成立？

（2）《收养法》与《法律适用法》中关于收养的相关规定存在冲突，在司法实践中应如何处理两者的关系？

📖 **拓展案例**

"陈某甲、陈某丙继承纠纷案"

19 - 2

一、基本案情

陈某甲自幼父亲早亡，一直由侨居菲律宾的叔父陈某渺寄款接济，陈某渺 1984 年回国期间自愿办理收养陈某甲的手续，并进行了公证，此时陈某甲已 34 岁。陈某渺晚年期间，主要由其独子陈某乙以及包括陈某丙在内的孙辈们照料。后陈某乙、陈某渺先后去世，陈某丙的兄弟姐妹均放弃继承权。陈某丙认为陈某甲不应参与继承。两方争执不下，陈某甲遂于 2016 年向福建省厦门市思明区人民法院（以下简称"思明法院"）提起诉讼，请求法院确认其对被继承人陈某渺享有法定继承权并依法分割陈某渺名下位于厦门市思明区的财产。

该案的主要问题涉及经常居所地位于菲律宾的陈某渺的遗产继承问题，法院需要先行认定陈某甲与陈某渺是否存在收养关系。思明法院认为，《收养法》于 1991 年发布，1992 年 4 月 1 日开始实施，后于 1998 年修正，故对本案中形成于 1984 年的"收养关系"进行判定时，应参考《最高人民法院关于办理过继和收养关系公证的通知》（1979 年 6 月 5 日发布、实施）、《最高人民法院司法行政厅关于收养子女公证问题的函》（1965 年 4 月 2 日发布、实施）等规定："华侨、港澳同胞要求过继和收养他们亲友的子女，确是为了接管产业和照顾生活的，不受年龄限制，只要双方当事人自愿，被收养人同意，经查属实，公证处应为其出具过继或收养关系证明书"、"关于收养子女的公证问题，没有统一规定……请根据实际情况研究，如认为坚持要求公证的，可以办理公证……"据此，思明法院认为公证书可作为陈某甲系陈某渺养子也即法定继承人之依据，故陈某甲主张确认其享有法定继承权，可予支持。思明法院因而确认陈某甲对被继承人陈某渺享有法定继承权并酌情对遗产进行了分割。

陈某丙不服该判决，向厦门中院提起上诉。二审中，陈某丙诉称，一审法院适用中国法律确认收养的效力，明显错误。他认为，依据《〈法律适用法〉司法解释（一）》第2条规定："涉外民事关系法律适用法实施以前发生的涉外民事关系，人民法院应当根据该涉外民事关系发生时的有关法律规定确定应当适用的法律；当时法律没有规定的，可以参照涉外民事关系法律适用法的规定确定。"陈某渺系菲律宾人，而且在公证处出具公证的1984年，我国并无收养涉外民事法律关系应当适用的法律规定，依照上述规定，应当参照《法律适用法》第28条之规定，适用收养人经常居所地即菲律宾法律，来确定收养的效力。

经审理，厦门中院认为，根据本案情况，陈某甲自幼一直由侨居菲律宾的叔父陈某渺寄款接济，陈某渺1984年回国期间自愿办理收养陈某甲的手续，此时陈某甲虽已成年，但基本符合当时的收养政策及司法解释，可以认定陈某渺与陈某甲的收养关系于当时成立且具有法律效力。陈某丙上诉主张适用《法律适用法》第28条，即适用收养人陈某渺经常居所地菲律宾的法律来确定收养的效力，由于该法系2010年颁布、2011年施行，并不具溯及力，不予采纳。据此，厦门中院判决驳回上诉，维持原判。

二、法律问题

（1）本案应怎样确定法律适用？
（2）陈某甲与陈某渺是否存在收养关系？
（3）陈某甲可否继承陈某渺的遗产？

三、重点提示

本案属于涉外遗产纠纷，但需要先解决陈某甲是否具有继承权的问题。更确切地说，需先行确定陈某甲与陈某渺之间是否存在收养关系。由于二人办理收养手续时，《法律适用法》与《收养法》均未颁布，陈某丙认为审理法院应依据《〈法律适用法〉司法解释（一）》第2条的规定参考适用《法律适用法》第 28 条的规定，从而应依据菲律宾法认定二人收养关系是否成立。但是，《法律适用法》并不具有溯及力，《〈法律适用法〉司法解释（一）》第 2 条为法官提供了一定的自由裁量权，可以在具体案件中选择是否参考适用《法律适用法》。

我们认为，对于本案的法律适用，法院可本着尊重当事人意愿的原则，并结合案件实际情况作出判断。由于历史原因，在当时确实存在立法空白的情况下，陈某甲与陈某渺已遵照当时关于华侨收养国内子女的各项规定，我们认为，不宜再对当事人提出过多要求。

婚姻家庭关系中的弱者权益保护

📚 知识概要

现代国际私法的发展和完善除体现在保障法律适用的客观性之外，还体现在注重法律适用结果的公平公正，即在冲突法正义和实质正义之间寻求适当的平衡。因此，当代国际私法上的冲突规范不再过于依赖某一硬性连结点，往往会根据法律关系的性质和特点引入弹性连结因素，如最密切联系原则、意思自治等。此外，还有一些原则性规定被当代国际私法用于促进实质正义的实现，保护弱方当事人合法权益原则就是其中之一。概言之，弱者是指在涉外民商事法律关系中由于自然或社会原因而导致利益实现困难，因而需要法律给予特别保护的当事人。[1]

涉外民事关系（尤其是身份关系）的法律适用规则多采用属人法，并主要以当事人的国籍国、住所地和经常居所地为连结点。但是，由于被扶养人、被监护人往往是妇女、儿童、老人和残障人士等，他们在身份关系中处于弱势一方，需要引入新的法律适用规则以保障其合法权益，弱者权益保护原则因而被当代国际私法引入。弱者权益保护原则以人权保障为导向，通过利益分析，强调保护法律关系中处于弱势地位的一方，已在国际私法立法的诸多方面得到体现，在婚姻家庭关系中尤为明显。

我国早期国际私法立法中已存在弱者权益保护的法律规定，如《民法通则》第 148 条规定："扶养适用与被扶养人有最密切联系的国家的法律。"由于被扶养人在扶养关系中属于弱势一方，适用与其具有密切联系的国家的法

---

〔1〕 曲波：《国际私法本体下弱者利益的保护问题》，法律出版社 2009 年版，第 8 页。

律对于被扶养人来说更为熟悉，更便于其主张权利，其目的显然在于保护弱者的权益。[1]《法律适用法》开创性地引入了弱者权益保护原则，直接规定"扶养，适用一方当事人经常居所地法律、国籍国法律或者主要财产所在地法律中有利于保护被扶养人权益的法律"。这一规定顺应了国际私法的立法潮流，替代了传统的最密切联系原则，对扶养关系的法律适用设置了更为直观、合理的标准。连结点的选择也扩大到以任意一方当事人经常居所地、国籍国和主要财产所在地为基础，以最有利于被扶养人权益保护为导向。该原则同样在父母子女关系和监护关系中得到确立。

但是，在司法实践中如何适用弱者权益保护原则存在较大的困难。由于如何在诸多连结点中确定某一连结点所指引的法律最能保护弱方当事人的权益缺少客观依据，在司法实践中运用弱者权益保护原则确定法律适用并非易事，通常要求法官在充分比较各个连结点指向的实体法律后，再选择适用最符合弱者利益的法律，这不可避免地会加剧法官的司法负担，并对法官的外国法查明能力提出更高要求。在司法实务中，我国不少法官基于对法院地法的偏好，倾向于以法院地法最有利于保护弱者利益为由适用之，但往往缺少充分的比较分析，这显然偏离了该原则的宗旨。同时，由于我国法官在国际私法案件中对法律适用的阐释说理不充分是一个较为突出的问题，弱者权益保护原则的适用因而有可能成为扩大法院地法适用的"技术手段"。

经典案例

"赵某与房某关于赵某怡抚养权纠纷案"[2]

一、基本案情

1990年赵某在美国取得博士学位后留美工作，并在此期间，加入美国国籍。1997年，赵某和中国公民房某在美国登记结婚，婚后育有一女，起名赵

---

[1]　万鄂湘：《〈中华人民共和国涉外民事关系法律适用法〉条文理解与适用》，中国法制出版社2011年版，第215页。

[2]　本案例为真实案例，但因未作出判决，故没有判决书。案例详情参考齐湘全："涉外离婚案件中子女监护权分配的法律问题与解决路径——以赵君怡监护权争议案为例"，载《中国律师与法学家》2007年第4期。

某怡。后因感情破裂，房某在新泽西州法院提起离婚诉讼并获准。2003 年，新泽西州法院作出民事判决书，认定原被告的律师已经订立一个包含全部事项的《离婚安排协议》，考虑到双方自愿履行该协议且双方认为条款公平公正，基于明显良好和充足的理由，法庭准许将该协议作为判决的一部分。在《离婚安排协议》中，赵某和房某约定：双方将对赵某怡实行共同法定监护；妻子将被指定为孩子首要住所的父母一方，丈夫将被指定为孩子替代住所的父母一方；妻子生病超过一定期限，或者未带赵某怡出外度假，丈夫将有照料孩子的首要特权。此外，赵某和房某还约定《离婚安排协议》的解释、管理和管辖均依据新泽西州法律。

2003 年离婚后，赵某回国。2005 年 5 月，房某将女儿送回中国和赵某共同生活。2006 年 5 月，赵某以房某为被告向北京市昌平区人民法院（以下简称"昌平法院"）提起诉讼，请求变更孩子的抚养权。赵某认为，赵某怡来到北京与其共同生活 1 年多，且已在北京上学，被告远在美国，无法切实照料赵某怡的生活起居、教育成长。赵某称，女儿同赵某共同生活，父女感情融洽，并且赵某有充足的条件照顾女儿的生活，并使女儿接受良好的教育，赵某怡在其照料下，学习成绩优良，身体健康。因此，赵某请求法院依法判令双方婚生女赵某怡交由其抚养。昌平法院立案受理。

在赵某向昌平法院提起变更抚养权之诉后，房某因担心失去对赵某怡的抚养权，于 2006 年 5 月 25 日上午与他人一起将赵某怡从上学的路上领走。得知消息后的赵某选择了报警。后因赵某怡的护照在赵某处，房某无法带女儿回美国，她只得独自回到美国，并向新泽西州法院再次提起诉讼，请求法院确认其监护权及美国法院对案件的专属管辖权。经审理，新泽西州法院驳回了房某的诉讼请求，认为应以孩子的最大利益为重，中国法院对此案享有管辖权，并判决原告房某已不享有对孩子的第一监护权。

房某遂转向中国法院寻求法律救济。2007 年，房某向昌平法院另案起诉，请求法院判令赵某返还赵某怡的美国护照。法院开庭前夕，赵某到美国驻华使馆寻求外交保护，将赵某怡的护照交给美国驻华使馆。美国驻华使馆的参与，使审理法院陷入被动，不得不取消庭审，诉讼无法进行下去。

二、法律问题

本案当事人中，赵某、赵某怡为美国人，赵某与房某在美国结婚、离婚，故本案为涉外监护权确认纠纷。赵、房二人的离婚安排协议在先，赵某对女儿的实际抚养在后。当事人前后 4 次起诉，涉及涉外离婚判决及离婚安排协议的承认与执行以及监护权的变更，下列问题为本案焦点：

（1）赵某能否在中国法院提起变更抚养权之诉？

（2）美国法院对房某的监护权确认之诉是否享有管辖权？

（3）中国法院是否应该受理房某提起的返还护照之诉？

（4）本案中，中国法院应如何认定赵某怡的监护人？

三、法理分析

1. 赵某能否在中国法院提起变更抚养权之诉

赵某与房某的离婚以及子女的监护协议都是基于美国法院的判决，但是，该判决尚未得到中国法院的承认与执行。根据《最高人民法院关于中国公民申请承认外国法院离婚判决程序问题的规定》第 1 条、第 2 条的规定，"对与我国没有订立司法协助协议的外国法院作出的离婚判决，中国籍当事人可以根据本规定向人民法院申请承认该外国法院的离婚判决"、"外国法院离婚判决中的夫妻财产分割、生活费负担、子女抚养方面判决的承认执行，不适用本规定"。中国公民房某有权向我国法院申请承认该离婚判决。但即使该离婚判决得到了中国法院的承认，美国新泽西州法院作出的判决中关于子女抚养与监护的部分仍应该以中美两国存在互惠关系或司法协助协议为前提，单独向我国法院申请承认与执行。

因此，在赵某向昌平法院提起诉讼时，他与房某在中国仍然处于婚姻存续的状态，他们共同对赵某怡行使抚养权，自然不存在抚养权的分配问题。退一步而言，即使他们之间的离婚判决已经得到中国法院的承认，抚养权的分配事项也应该单独向我国法院申请承认与执行，或请求我国法院重新审理，因而也不存在"变更"之说。鉴此，赵某向昌平法院提起变更抚养权之诉，昌平法院受理此案的做法值得商榷。

2. 美国法院对房某的监护权确认之诉是否享有管辖权

在房某向美国法院提起的确认监护权和管辖权的诉讼中，美国新泽西州法院驳回了房某的诉讼请求，理由为本案事实已经发生了变化，监护权发生了转移。根据美国新泽西州法律，监护人连续 6 个月不履行监护职责，则监护权发生转移。房某从 2005 年 5 月开始将女儿送到中国与赵某共同生活,至案件起诉时已超过 1 年,根据该州法律规定,房某已丧失作为赵某怡第一监护人的资格。赵某怡在华期间,与赵某共同生活、学习,赵某已实际履行抚养义务。且根据双方《离婚安排协议》的约定,妻子生病超过一定期限,或者未带赵某怡出外度假,丈夫将拥有照料孩子的首要特权。房某缺乏抚养和照顾孩子的能力,丈夫赵某有权行使第一监护权,因此,双方的监护权已经发生变更。

新泽西州法院同时提到"以孩子最大利益为重是一项举证责任",需充分考虑监护权的行使对被监护人的利益保护问题。据赵某陈述可知,赵某怡已在北京上学,并且在赵某的照料下成绩优异、身体健康,而远在美国的房某并未能尽到抚养的义务。因此,由赵某担任监护人更有利于保证孩子的生存和发展的最大利益,这体现了保护弱者的考量。

另外,新泽西州法院在判决中还表明,被监护人的居住地已经发生了变化,根据最密切联系原则应由其居住地法院即中国法院行使管辖权。同时,房某对赵某在中国法院的起诉进行了应诉答辩,这视为接受中国法院的管辖。根据以上理由,新泽西州法院驳回了房某的诉讼请求。

3. 中国法院是否应该受理房某提起的返还护照之诉

本案中,房某为获得赵某怡的监护权,企图将她带离中国,但由于孩子的护照由赵某保管,故赵某怡无法离开中国。如前所述,赵某与房某的婚姻关系在中国尚处于存续状态。因此,赵某和房某为赵某怡的共同抚养人,都有权保管未成年子女的护照,故在中国并不存在变更监护权和抚养权的问题,也不存在返还护照的问题。事实上,房某可在中国法院重新起诉离婚并解决子女的抚养问题,或先提起监护权确认之诉,而不是返还之诉。

4. 中国法院应如何认定赵某怡的监护人

本案中,昌平法院受理房某的起诉后未作出判决。实际上,赵某与房某的离婚判决尚未得到中国法院的承认。因此,为取得赵某怡的监护权和抚养权,赵某应首先向我国法院申请承认与执行美国法院的离婚判决。

由于美国法院后来驳回了房某对赵某怡享有监护权的请求,即确认了赵某对女儿享有监护权,赵某可就此判决向中国法院申请承认与执行。但由于我国法律规定,除离婚关系以外的其他财产关系、子女抚养问题的判决的承认与执行需要以存在司法协助条约或互惠关系为前提，因此，该判决当时很难在中国法院得到承认。

对于监护关系的确认，由于其仅涉及身份关系，而不涉及财产关系，应当同离婚关系一同得到承认，使被监护人的监护关系处于确定的状态。此外，若该监护关系无法得到承认，法院有权审理赵某与房某的监护权纠纷，且应重新考虑法律适用的问题，这样更有利于保护被监护人的合法权益。

假设本案中，二人中某一位先向昌平法院申请承认与执行新泽西州法院作出的离婚判决。获准后，再就赵某怡的抚养权问题向昌平法院提起抚养权确认诉讼，审理法院应如何认定赵某怡抚养权的归属？

根据当时的法律，本案应依照《民通意见》190条确定应适用的法律。《民通意见》190条规定，"监护的设立、变更和终止，适用被监护人的本国法律。但是，被监护人在我国境内有住所的，适用我国的法律"。又据《民法通则》第15条的规定，[1]"公民以他的户籍所在地的居住地为住所，经常居住地与住所不一致的，经常居住地视为住所"。当时，赵某怡已在北京居住1年多，故赵某怡的住所在中国。据此，本案应适用中国法。

《民通意见》第11条规定，"认定监护人监护能力，应当根据监护人的身体健康状况、经济条件，以及与被监护人在生活上的联系状况等因素确定"。结合案情，考虑到原第一监护人房某已无能力抚养赵某怡，且赵某怡已在中国居住和生活超过1年，其父赵某对其照顾有加，由赵某抚养更有利于其身心的全面发展，故我们认为，由赵某对赵某怡行使法定监护权更为适宜。

如果本案发生在《法律适用法》实施之后，根据该法第30条，"监护，适用一方当事人经常居所地法律或者国籍国法律中有利于保护被监护人权益的法律"，本案需要比较中国法和美国新泽西州法，适用两者中更有利于保护赵某怡权益的法律。当然，结合第2问的法理分析，可知本案适用中国法或美国法，实际均会产生由赵某取得监护权的结果。

四、参考意见

弱者权益保护原则在当代涉外民事司法实践中的作用愈加重要。作为现

---

〔1〕《民法典》于2021年1月1日生效，《民法通则》被同步废止。《民法通则》第15条的规定由《民法典》第25条取代。

代国际私法的基本原则之一，其旨在突破传统的单一连结因素所带来的困境，增加法律适用的灵活性，更好地实现结果的公平公正。对于本案而言，由中国法院或美国法院审理，适用中国法律或美国法律，事实上对案件的结果似无实质影响，因为两国法院及立法均在监护问题上贯彻弱者权益保护原则。

在管辖问题上，美国法院从保护未成年人的角度出发放弃了对案件的管辖权。具体而言，在房某第二次在美国新泽西州法院起诉确认孩子的监护权时，虽然根据住所、国籍等因素，美国法院仍有可能享有管辖权，但为避免管辖权冲突，同时考虑到被监护人已经在中国居住1年以上并且生活幸福健康，由中国法院管辖更为合适，新泽西州法院放弃了管辖权。这有效避免了争议关系复杂化，有利于争议的解决。随着社会人口国际流动的加速，涉外婚姻、跨国收养等情形也越来越多，当代国际私法需要更公正合理的规则调整这一系列与人身密切相关的法律关系。弱者权益保护原则的确立，保障了弱势群体的权益避免因法律冲突而减损，在司法实践中应予以充分的重视。但弱者权益保护原则的运用会在实践中增加法律适用的难度、主观性与不确定性，其实际效果还有待司法实践的检验。[1]

另一个值得注意的问题是，新泽西州法院在赵某与房某的离婚判决中认可了其离婚安排协议中的法律选择条款的效力。这一法律选择不仅适用于双方的离婚事项，也适用于赵某怡监护权的分配。监护权的分配根据意思自治原则确定应适用的法律是开创性的，[2]在尊重当事人意思自治方面体现了更大的包容度。就这一问题，我国仅仅允许夫妻双方有限度地选择夫妻财产关系、协议离婚所适用的法律。以比较法的视角观之，随着社会经济的发展，意思自治原则逐渐从涉外合同领域向侵权、婚姻家庭、继承、物权等领域扩展。意思自治原则扩张至婚姻家庭领域是一种发展趋势。[3]意思自治原则增强了婚姻家庭关系法律适用的灵活性，体现了对当事人自主处理婚姻家庭关系的尊重，美国法上的做法对我国国际私法的发展具有重要的借鉴意义。

〔1〕 霍政欣：《国际私法学》，中国政法大学出版社2020年版，第260页。

〔2〕 齐湘全："涉外离婚案件中子女监护权分配的法律问题与解决路径——以赵君怡监护权争议案为例"，载《中国律师与法学家》2007年第4期。

〔3〕 黄进、姜茹娇主编：《〈中华人民共和国涉外民事关系法律适用法〉释义与分析》，法律出版社2011年版，第143页。

五、思考题

（1）弱者权益保护原则有何弊端？

（2）离婚协议中有关身份关系的协议或判决，即本案中有关赵某怡监护权的分配的协议，可否同离婚判决一样，直接向我国法院申请承认与执行？

拓展案例

"胡某琴与余某英监护权纠纷"

20－1

一、基本案情

郑某亿于 2004 年 8 月 2 日出生，系郑某江与葛某萍之子。胡某琴是郑某亿的祖母，系加拿大国籍。余某英是郑某亿的外祖母，系中国国籍。2011 年 12 月 16 日，郑某江、葛某萍因车祸死亡。2014 年 3 月 5 日，上海市静安区江宁路街道新安居民委员会指定余某英为郑某亿的监护人。胡某琴不服该指定，诉至上海市静安区人民法院（以下简称"静安法院"），要求指定其为郑某亿的监护人。该法院于 2014 年 6 月判决对胡某琴的诉讼请求不予支持。[1] 2014 年 3 月 31 日，胡某琴与余某英达成调解协议，双方约定：外祖母余某英暂为郑某亿的监护人，祖父母胡某琴、郑某雄有探视权利；在祖父母回上海期间 2～3 个星期（20 天左右）看望孩子一次；祖父母可到学校了解孩子的读书情况等。

2015 年 2 月，余某英在未与郑某亿祖父母商量的情况下，将郑某亿带至加拿大。胡某琴认为此举侵犯了其探视权，余某英不适宜继续担任郑某亿的

---

〔1〕　参见上海市静安区人民法院，（2014）静民一（民）特字第 3 号民事判决书。

监护人，遂于该年向上海市闵行区人民法院（以下简称"闵行法院"）提起诉讼，请求法院判令撤销余某英的监护人资格。在庭审中，胡某琴诉称：①余某英擅自将郑某亿带往加拿大，致使郑某亿在国内的学习中断，亦造成其生活不安定，同时这一行为妨碍他人行使探视权；②现郑某亿居住在加拿大，而余某英缺乏在国外的生活经验，对外交流存在障碍，显然余某英不再适合担任郑某亿的监护人；③自己有能力抚养郑某亿，且郑某亿随其生活更有利于成长。

闵行法院认为，因申请人胡某琴系加拿大国籍，本案为涉外监护纠纷，应根据《法律适用法》第 30 条的规定确定法律适用。闵行法院进一步认为，被监护人郑某亿自出生起，便随父母及外祖父母共同在上海生活，父母去世后，一直由外祖父母实际照料其日常的生活和学习，从有利于郑某亿的身心健康及成长角度看，适用我国法律更有利于保护郑某亿的权益。

闵行法院遂依据《民法通则》第 16 条、第 18 条的规定，[1] 认为：胡某琴、余某英都可以担任郑某亿的监护人，但双方经过协商，达成了由余某英担任郑某亿的监护人的协议，该协议系双方真实意思表示，不违反法律规定，合法有效，具有法律约束力；现胡某琴申请撤销余某英的监护人资格，但未能充分举证证明余某英担任监护人后有不履行监护职责或者侵害被监护人合法权益的行为；对于胡某琴要求探望郑某亿的诉求，余某英应当提供相应的便利，拒不配合的，胡某琴可以通过合法途径解决。据此，闵行法院判决驳回胡某琴的诉讼请求。

二、法律问题

（1）本案应怎样确定法律适用？
（2）原告的诉讼请求能否得到支持？

三、重点提示

本案为涉外监护纠纷，应根据《法律适用法》第 30 条的规定确定法律适

---

〔1〕《民法典》于 2021 年 1 月 1 日生效，《民法通则》同步废止。《民法通则》第 16 条、第 18 条的规定分别由《民法典》第 27 条、第 35 条取代。

用问题，需比较适用加拿大法或中国法哪一个更利于保护被监护人权益。这需要考虑被监护人的成长、学习环境与习惯，监护人与被监护人的关系，适用法律的结果对被监护人之影响等各种因素。在此基础上，才能再行讨论可否支持原告的诉讼请求。但闵行法院未对加拿大法予以查明，更没有将适用加拿大法与中国法的结果进行比较，就得出中国法更有利于保护郑某亿的权益，值得商榷。

| 专题二十一 |

继承的法律适用

🔖 知识概要

在民法中，继承是指将死者生前所有的于死亡时遗留的财产依法转移给他人所有的制度。[1]继承既具有人身性，又具有财产性，事关众多家庭的团结稳定，其重要性不言而喻。由于各国的历史文化传统、道德观念等方面千差万别，涉外继承中的法律冲突不可避免，因此，继承的法律适用问题一直是国际私法领域的重要问题。国际私法上的继承问题包括法定继承、遗嘱继承及无人继承财产的处理等问题。

法定继承是指继承人的范围、继承顺序、遗产的分配等均由法律直接规定的继承制度。涉外法定继承的法律适用分为区别制和同一制两种原则：同一制指遗产中的不动产及动产的继承均适用同一冲突规范所指向的实体法，即被继承人的属人法，其优点是法律适用简单方便，但判决有可能在不动产所在地国难以得到承认与执行；区别制则是指，将遗产区分为不动产和动产，不动产适用不动产所在地法，动产适用被继承人的属人法，其优点是维护财产所在国的利益，有利于判决的承认与执行，但在遗产分布于多个国家时，法律适用就会变得繁琐。[2]遗嘱继承是指被继承人通过合法有效的遗嘱，指定特定的继承人继承其遗产的方式。涉外遗嘱继承在遗嘱能力、遗嘱方式、

---

〔1〕 魏振瀛主编：《民法》，北京大学出版社 2017 年版，第 592 页。

〔2〕 详见霍政欣：《国际私法学》，中国政法大学出版社 2020 年版，第 262~263 页。

遗嘱的撤销、遗嘱的实质有效性等方面均存在法律适用问题。[1]无人继承财产指的是继承开始后，无人继承且无人受遗赠的遗产。在确定无人继承财产的法律适用上，一般应依照继承的准据法。对于无人继承财产的归属，各国或适用遗产所在地法，或以被继承人的属人法为准据法进行判断。[2]

在《法律适用法》颁布前，我国关于涉外法定继承的法律适用条款规定于《继承法》与《民法通则》中。1985 年颁布的《继承法》第 36 条规定："中国公民继承在中华人民共和国境外的遗产或者继承在中华人民共和国境内的外国人的遗产，动产适用被继承人住所地法律，不动产适用不动产所在地法律。外国人继承在中华人民共和国境内的遗产或者继承在中华人民共和国境外的中国公民的遗产，动产适用被继承人住所地法律，不动产适用不动产所在地法律。中华人民共和国与外国订有条约、协定的，按照条约、协定办理。"1986 年《民法通则》第 149 条规定："遗产的法定继承，动产适用被继承人死亡时住所地法律，不动产适用不动产所在地法律。"

可见，在 2010 年以前，我国关于涉外遗嘱继承的法律适用规则处于空白状态。《法律适用法》第四章对涉外继承问题作出了规定。该法第 31 条规定："法定继承，适用被继承人死亡时经常居所地法律，但不动产法定继承，适用不动产所在地法律。"第 32 条、第 33 条对遗嘱继承的法律适用分别进行了规定："遗嘱方式，符合遗嘱人立遗嘱时或者死亡时经常居所地法律、国籍国法律或者遗嘱行为地法律的，遗嘱均为成立。""遗嘱效力，适用遗嘱人立遗嘱时或者死亡时经常居所地法律或者国籍国法律。"第 34 条和第 35 条是关于遗产管理和无人继承财产的法律适用："遗产管理等事项，适用遗产所在地法律。""无人继承遗产的归属，适用被继承人死亡时遗产所在地法律。"《法律适用法》的颁布实现了在一部法律中系统地规定涉外继承领域的主要问题。

至于《继承法》第 36 条与《法律适用法》冲突的问题，根据《法律适用法》第 51 条规定，适用《法律适用法》的规定。

---

〔1〕 霍政欣：《国际私法学》，中国政法大学出版社 2020 年版，第 264～266 页。

〔2〕 霍政欣：《国际私法学》，中国政法大学出版社 2020 年版，第 268～269 页。

◈ 经典案例

案例一："李刘某华诉汇丰银行（中国）有限公司上海
国际贵都大饭店支行储蓄存款合同纠纷案"

21 -1

一、基本案情

刘某森系我国台湾地区居民，后移居美国华盛顿州西雅图。其父刘某林、其母徐某珍先后于 2002 年 12 月 22 日、2012 年 12 月 31 日在上海市过世。2013 年 3 月 2 日，刘某森在西雅图去世，未留有遗嘱，死亡时婚姻状态为离婚。据悉，刘某森生前未育有子女，其在世的近亲属仅剩同母异父的姐姐李刘某华。

2013 年 10 月，李刘某华持在美国和我国台湾地区办理的相关公证和认证文件向上海市静安公证处申请办理继承权公证，以申请继承刘某森名下坐落于上海市的一处房产。在办理继承权公证的过程中，汇丰银行（中国）有限公司上海国际贵都大饭店支行（以下简称"汇丰银行"）向公证机关出具证明，证明刘某森在其处开立储蓄存款账户，截至 2014 年 4 月 21 日，账户内人民币总余额 251 273.61 元。李刘某华遂向汇丰银行要求支付该笔存款及利息，汇丰银行以李刘某华证明手续不全为由拒付。李刘某华遂于次年 2 月将汇丰银行诉至静安法院，请求法院判令汇丰银行向其支付刘某森在该行的 251 273.61 元存款及利息。

由于刘某森未留遗嘱，其遗产应按照法定继承的方式分配。静安法院依据《法律适用法》第 31 条认为，本案应适用美国法律；又依据《法律适用法》第 6 条的规定进一步确认本案应适用美国华盛顿州法律。为查明应适用的华盛顿州法的具体内容，静安法院委托华东政法大学外国法查明中心（以下简称"华政外国法查明中心"）进行查明。经该中心查明，适用于本案的华盛顿州法是《华盛顿州法典（修订）》中第 11 章"遗嘱和信托法律制度"第 11.04.015 条"动产和不动产继承和分配"第 2 款（c）项之规定，依之，"如果未留遗嘱的死者死亡时没有未亡直系卑亲属或未亡父母，那么死者父母的未亡直系卑亲属可以继承"。据此，李刘某华作为第二顺序唯一法定继承人，可以继承被继承人刘某森的遗产。

汇丰银行对该外国法查明的结果提出异议，认为华政外国法查明中心查明的《华盛顿州法典（修订）》不全面，没有说明为什么不适用该法典相关"遗产管理人"和"小额财产分配"制度。静安法院认为，根据《法律适用法》第 34 条的规定，"遗产管理等事项，适用遗产所在地法律"。结合本案，遗产管理事项应适用中国法律，且本案不涉及遗产管理与小额财产分配之争议，故汇丰银行所持异议未得到静安法院采纳。

综上，静安法院认为，李刘某华作为被继承人刘某森第二顺序的唯一法定继承人，其继受取得被继承人刘某森在汇丰银行处的储蓄合同权利，其请求汇丰银行支付被继承人刘某森的存款本息，合法有据，应当予以支持。据此，静安法院判决汇丰银行向李刘某华支付被继承人刘某森的存款人民币 251 273.61 元及相应利息。

二、法律问题

本案当事人一方及被继承人为我国台湾地区居民，故本案为涉台继承纠纷，应参照我国有关涉外民事案件的程序和法律进行审理。李刘某华欲继承同母异父的弟弟刘某森生前存于汇丰银行处的存款遭拒，遂诉至静安法院。下列问题即成为本案焦点：

（1）案涉存款的继承应适用何处法律？

（2）李刘某华是否有权继承刘某森的这笔存款？

（3）汇丰银行对外国法查明结果提出的异议是否成立？

三、法理分析

1. 本案的法律适用问题

本案中，刘某森未留有遗嘱，其遗产应按法定继承方式分配。根据《法律适用法》第 31 条："法定继承，适用被继承人死亡时经常居所地法律，但不动产法定继承，适用不动产所在地法律。"李刘某华欲继承的财产为一笔位于我国大陆的存款，属于动产，故应适用刘某森死亡时经常居所地法律，即美国法律。由于美国是多法域国家，还需进一步确定具体的法域。根据《法律适用法》第6条，"涉外民事关系适用外国法律，该国不同区域实施不同法律的，适用与该涉外民事关系有最密切联系区域的法律。"本案中，刘某森生前的经常居住地在美国华盛顿州西雅图，法院由此认定华盛顿州与本案有最密切联系，并因此认定本案的法定继承问题应适用该州法律。

2. 李刘某华是否有权继承刘某森的这笔存款

按照《法律适用法》的冲突指引，本案的动产继承问题应适用美国华盛顿州法律。又根据《法律适用法》第10条："涉外民事关系适用的外国法律，由人民法院、仲裁机构或者行政机关查明。当事人选择适用外国法律的，应当提供该国法律。不能查明外国法律或者该国法律没有规定的，适用中华人民共和国法律。"据此，静安法院应依职权查明涉及的外国法。

在本案中，静安法院委托华政外国法查明中心进行查明。华政外国法查明中心出具了一份《法律意见书》，《法律意见书》载明："与本案最相关的华盛顿州法是《华盛顿州法典（修订）》中第11章'遗嘱和信托法律制度'第11.04.015条'动产和不动产的继承和分配'的规定。根据该条第2款（c）项的规定，'如果未留遗嘱的死者死亡时没有未亡直系卑亲属或未亡父母，那么死者父母的未亡直系卑亲属可以继承；如果他们与死者的血缘关系在同一等级，他们应平等继承，或如果不属同一等级，血缘关系较远者应采取代位继承'。"该中心认为："被继承人刘某森在美国死亡，死亡时为单身，无配偶，无子女，也无其他兄弟姐妹，其父母与祖父母或外祖父母也均先于其死亡。原告已经在美国办理刘某森死亡、离婚、无子女证明的公证和认证手续，在我国台湾地区办理了原告与刘某森及双方父母身份关系等公证和认证。本案适用华盛顿州法律来确认，被告应向原告支付刘某森在被告处的存款本息。"

根据华政外国法查明中心的查明结果，按照《华盛顿州法典（修订）》的相关规定，在刘某森第一顺位继承人均离世的情况下，作为第二顺位唯一继承人的李刘某华有权继承死者的财产，即汇丰银行应向李刘某华支付刘某森生前存于其处的存款及利息。

3. 汇丰银行的异议可否被采纳

对于华政外国法查明中心出具的《法律意见书》，汇丰银行提出两点异议：①查明《华盛顿州法典（修订）》不全面，没有说明为什么不适用相关"遗产管理人"制度和"小额财产分配"制度；②直接认定本案争议的事实，超越了外国法查明的范畴。

就第一点异议而言，本案是有关动产继承的纠纷，并没有涉及遗产管理及小额财产分配的争议，因此，我们认为，该点异议不能成立。退一步来讲，如果本案涉及遗产管理，则本案的法律适用结果将会发生变化。依据《法律适用法》第34条："遗产管理等事项，适用遗产所在地法律。"案涉存款位于上海，如果本案是遗产管理纠纷，则应适用我国大陆地区法律，而非美国华盛顿州法律。

就第二点异议而言，外国法的查明需要结合案情才能查找到最相关的法律，查明的内容以及就查明内容发表的意见仅是专家意见，并不影响当事人对案件事实的举证与质证，也不影响法院建立在证据合法性、客观性、关联性基础上对案件事实的认定。同时，我国法律并没有对查明外国法之专家意见的范围作出限制。因此，我们认为，该点异议亦不能成立。

四、参考意见

对于涉外法定继承的法律适用，我国立法明确采用了区别制，即动产适用被继承人死亡时经常居所地法律，不动产适用不动产所在地法律。本案中，争议继承财产为死者生前的存款，为动产。按照《法律适用法》第31条，本案应适用被继承人死亡时经常居所地法律，即美国法律。但由于美国是一个多法域国家，这种情况下，根据《法律适用法》第6条还应确定与本案具有最密切联系的区域才能确定法律适用。本案中，与案件具有最密切联系的美国区域为美国华盛顿州，因此，本案应适用美国华盛顿州法律。

依据《法律适用法》第10条的规定，本案属于法院依职权查明的事项。根据《〈法律适用法〉司法解释（一）》第17条第1款的规定，"人民法院通过由当事人提供、已对中华人民共和国生效的国际条约规定的途径、中外法律专家提供等合理途径仍不能获得外国法律的，可以认定为不能查明外国法律"。本案中，静安法院委托华政外国法查明中心进行外国法查明符合该条所称的"合理途径"。

至于汇丰银行所称"华政外国法查明中心提交的《法律意见书》直接对本案争议的事实做出了认定,超越了外国法查明的范畴",我们认为,外国法查明机构作为当前重要的外国法查明途径,其作用应当得到重视。正如前文所言,国际商事法庭已经将法律查明服务机构查明确定为其正式的外国法查明途径。必须说明的是,外国法查明服务机构所提供的查明结果仅供法庭及当事人参考,当事人亦可举证证明查明结果的不当之处。不过,外国法查明的主要内容为外国法律与判例,法律查明服务机构在进行外国法查明时应恪守中立立场,不宜对争议事实作出判断,否则有越界之嫌。

五、思考题

(1)如果在本案作出判决后,汇丰银行举证证明华政外国法查明中心提交的《法律意见书》关于适用的华盛顿州的法律是已经过期的旧法,该州新法规定发生实质性变化,其能否获得法律救济?在这种情况下,华政外国法查明中心需要承担法律责任吗?为什么?

(2)本案中,李刘某华回到大陆的本意是想继承刘某森生前在上海留下的一处房产,现假设该房产的占有人拒绝返还房产,双方发生纠纷诉至上海某法院。该案应该如何确定法律适用?

(3)对于法定继承,我国立法采用了区别制,试评价这种做法的利弊。

案例二:"谢某、黄甲遗嘱继承纠纷案"

21-2

21-3

21-4

一、基本案情

2011 年 10 月 20 日,在香港特别行政区执业律师涂某、社区干事戴某的见证下，香港特别行政区居民黄某于香港立下书面遗嘱：

"兹郑重声明：将本人所有以前订立之嘱书及遗产处置办法，尽行作废，并立此嘱书，为本人最后之嘱书：①本人将本人名下在各处所有之不动产及动产，除清付本人之丧葬及其他费用（包括债项在内）外，全部尽行遗赠余之儿子黄甲承受及享用；②本人以香港为永久居留地，本遗嘱系应根据香港法律处理；③本人指定及委派余之儿子黄甲为本人此遗嘱之全权执行人，此嘱。"

2015年8月12日，黄某于香港特别行政区去世。黄甲处理完黄某的丧事后，开始执行该遗嘱。次年2月12日，在黄甲的申请下，香港特别行政区高等法院原讼法庭作出遗嘱认证："确定将死者的全部及个别遗产和财物的管理授予上述遗嘱内指名唯一执行人黄甲。"由于立遗嘱人的遗产中有一处不动产位于福建省安溪县凤城镇，为使遗嘱作为证据在内地能有效使用，黄甲持该遗嘱及香港特别行政区高等法院原讼法庭的遗嘱认证到香港卢某律师楼申请公证。该年8月3日，中国司法部委托公证人卢某对遗嘱及遗嘱认证进行了公证证明。同年10月5日，中国法律服务（香港）有限公司就该遗嘱及遗嘱认证办理了内地司法部委托香港特别行政区律师办理内地使用的文书的转递手续。

案涉房产于1992年兴建，登记在黄某名下。黄甲在处理此处遗产时，谢某（黄甲的母亲）提出异议，认为她对此处房产也拥有份额，并要求分得遗产。黄甲认为，立遗嘱人的遗嘱是生前处置他名下财产的行为，是其真实的意思表示，其合法性应得到确认。因此，黄甲于2016年向福建省安溪县人民法院（以下简称"安溪法院"）起诉谢某及他的兄弟姐妹黄乙、黄丙、黄丁、黄戊，请求法院确认黄某于2011年10月20日在香港所立的遗嘱有效，遗嘱项下房产归黄甲所有。

在庭审中，黄甲诉称，由于本案的立遗嘱人是香港特别行政区居民，死亡时也在香港，根据《法律适用法》的规定，本案所涉遗嘱的效力及形式均应适用香港特别行政区法律。

谢某、黄乙、黄丙、黄丁、黄戊辩称，本案系涉港遗产继承纠纷案件，黄甲提供的遗嘱虽明确约定适用香港特别行政区法律，但依据内地《继承法》第36条第2款之规定，本案应适用不动产所在地法律，即适用内地法律；案涉遗嘱不符合《继承法》第17条规定的形式,且遗嘱签字人员身份及其签字的真实性无法确认,该遗嘱应为无效遗嘱,本案应按法定继承方式分割黄某遗产。

安溪法院查明,黄某生前与谢某在安溪县按农村风俗举办婚礼,未办理结婚登记,但从上世纪五十年代起一直以夫妻名义共同生活,共生育黄甲、黄乙、黄丙、黄丁及黄戊二男三女。至上世纪七八十年代,黄某、谢某及两人所生的二子三女才先后移居香港。黄某与谢某移居香港后,亦未办理结婚登记。

安溪法院认为,根据《法律适用法》第32条、第33条的规定,我国对涉外遗嘱继承明确确立了遗嘱继承规范采用不区分动产与不动产的"统一主义",本案的立遗嘱人黄某为香港特别行政区居民,且在香港居住,立遗嘱(遗嘱行为地)及死亡时的经常居所地均在香港,故判定黄某所立遗嘱是否合法有效,应适用香港特别行政区法律。安溪法院进一步认为,黄甲所提供的遗嘱,有香港执业律师的见证,且经过香港特别行政区高等法院原讼法庭的认证(该认证亦已经过公证),遗嘱的内容符合香港特别行政区相关法例。

就案涉房屋的产权归属问题,安溪法院认为这一问题的解决需先明确黄某与谢某的婚姻效力及夫妻财产关系。就婚姻效力而言,两人未登记结婚,但一直以夫妻名义生活。安溪法院认为,根据《法律适用法》第21条,二人的结婚条件应适用共同居籍地法律,即香港特别行政区法律。安溪法院进而指出,由于黄某与谢某之间的关系不符合《香港法例》第181章《婚姻条例》规定的夫妻结婚形式,不属于香港法律规定的实质意义上的"夫妻"。

安溪法院还认为,即便认定二人为夫妻,依据《法律适用法》第24条的规定,应适用二人的共同居籍地法律确定他们的夫妻财产关系。安溪法院进一步认为,《香港法例》第182章《已婚者地位条例》中规定夫妻财产实行的是财产分别制,故黄某名下的财产属于黄某的个人财产,而非夫妻共同财产。

综上,安溪法院判决黄某遗嘱有效,案涉房产归黄甲所有。

一审被告均表示不服一审判决,向福建省泉州市中级人民法院(以下简称"泉州中院")提起上诉。二审中,黄戊提供《常住人口登记表》等证据证明,谢某曾与黄某在安溪县按农村风俗举办婚礼并以夫妻名义共同居住生活。泉州中院认为,依据《最高人民法院关于适用〈中华人民共和国婚姻法〉

若干问题的解释（一）》（以下简称"《〈婚姻法〉司法解释（一）》"）第 5 条的规定，黄某与谢某已构成事实婚姻。就案涉房屋的产权归属问题，泉州中院认为，依据《法律适用法》第 36 条规定，该问题应适用不动产所在地法律，即内地法律。泉州中院进而依据《婚姻法》第 17 条的规定，[1] 认定案涉房产为夫妻共有财产，黄某只可处置案涉房产 50% 的份额。就遗嘱的效力问题，泉州中院认可了一审法院的裁判逻辑，但同时指出，虽然遗嘱载明黄某名下所有财产均由黄甲继承，但遗嘱效力只能及于自己的财产，故该遗嘱部分有效。据此，泉州中院判决撤销一审判决，确认遗嘱部分有效，案涉房产由黄甲与谢某各自享有 50% 的份额。

黄甲随后向福建高院申请再审。福建高院维持了二审法院对案涉房屋产权归属问题的法律适用和裁判逻辑，裁定驳回黄甲的再审申请。

二、法律问题

本案当事人均为香港特别行政区居民，故本案为涉港继承纠纷，应参照我国有关涉外民事案件的程序和法律进行审理。黄某生前留下遗嘱，载明由黄甲继承其名下财产。黄某死后，黄甲与黄某的其他直系亲属就黄某名下一处位于安溪县的房产的继承问题产生争议，下列问题遂成为本案焦点：

（1）黄某是否有权处置案涉房产？

（2）黄某所立遗嘱的效力应如何认定？

（3）案涉房产应如何处置？

三、法理分析

1. 黄某是否有权处置案涉房产

本案核心问题为遗嘱继承问题，但在此之前首先需要判定黄某是否有权通过立遗嘱的方式将房产交由黄甲继承，即判断黄某与谢某是否存在婚姻关系，谢某对案涉房产是否也享有所有权。

本案中，黄某和谢某没有登记结婚，但根据黄戊提供的证据，上世纪五

---

[1]《民法典》于 2021 年 1 月 1 日生效，《婚姻法》同步废止。《婚姻法》第 17 条的规定由《民法典》第 1062 条取代。

十年代时，二人曾在大陆居住期间举行婚礼并一直以夫妻名义共同生活。《法律适用法》第 21 条规定，"结婚条件，适用当事人共同经常居所地法律；没有共同经常居所地的，适用共同国籍国法律；没有共同国籍，在一方当事人经常居所地或者国籍国缔结婚姻的，适用婚姻缔结地法律"。第 22 条规定，"结婚手续，符合婚姻缔结地法律、一方当事人经常居所地法律或者国籍国法律的，均为有效"。在举行婚礼时，二人尚未移居香港，均为内地常住居民，故对二人婚姻效力的判断应适用内地法律。依据《〈婚姻法〉司法解释（一）》第 5 条规定，"未按婚姻法第 8 条规定办理结婚登记而以夫妻名义共同生活的男女，起诉到人民法院要求离婚的，应当区别对待：①1994 年 2 月 1 日民政部《婚姻登记管理条例》公布实施以前，男女双方已经符合结婚实质要件的，按事实婚姻处理……"因此，黄某与谢某构成事实婚姻。

对于黄某与谢某的夫妻财产关系，我们认为，二审法院与再审法院的裁判逻辑值得商榷。根据裁判文书，我们试归纳其裁判逻辑如下：第一步，两法院均依据《法律适用法》第 36 条的规定，认为应适用不动产所在地法（内地法）处理本案的不动产产权争议；第二步，因已经确定了适用内地法，故依据内地《婚姻法》第 17 条的规定认为他们之间实行夫妻共同财产制；最后，两法院依据内地《婚姻法》及其司法解释认为，案涉房产虽登记在黄某名下，但为黄某与谢某婚姻关系存续期间所得，为夫妻双方共有财产，双方各拥有 50% 的所有权。

我们认为，虽然本案争议标的为不动产，但并非所有涉及不动产的涉外纠纷均须按照《法律适用法》第 36 条确定法律适用。结合案情，本案实质为遗嘱继承纠纷。本案的关键在于黄某是否可以处置案涉房产，这一问题又着眼于对二人夫妻财产关系的认定。我们认为，应当适用《法律适用法》第 24 条确定二人夫妻财产关系的法律适用，再依据准据法确定二人实行的是何种夫妻财产制，进而确定黄某是否对案涉房产享有完整产权。泉州中院与福建高院因本案涉及不动产争议而将整个案件的所有问题都依据《法律适用法》第 36 条确定法律适用的裁判逻辑，实难认同。

《法律适用法》第 24 条规定，"夫妻财产关系，当事人可以协议选择适用一方当事人经常居所地法律、国籍国法律或者主要财产所在地法律。当事人没有选择的，适用共同经常居所地法律；没有共同经常居所地的，适用共同国籍国法律"。黄某一家先后于上世纪七八十年代移居香港，案涉房产兴建于1992年。彼时黄某一家的经常居所地应为香港特别行政区。由于黄某与谢某未曾就夫妻财产关系的法律适用达成一致，故两人的夫妻财产关系应该适用两人的共同经常居所地法律，即香港特别行政区法律。考察香港特别行政区法律，《香港法例》第182章《已婚者地位条例》规定夫妻财产实行分别财产制，故黄某名下的财产归其个人所有，而非黄某与谢某的夫妻共同财产。据此，黄某拥有案涉房产的完整产权，自然有权处置。

2. 遗嘱效力的认定

被继承人黄某立遗嘱的时间为2011年10月，发生于《法律适用法》实施之后，故应适用该法的相关规定确定法律适用。《法律适用法》第32条规定："遗嘱方式，符合遗嘱人立遗嘱时或者死亡时经常居所地法律、国籍国法律或者遗嘱行为地法律的，遗嘱均为成立。"第33条规定："遗嘱效力，适用遗嘱人立遗嘱时或者死亡时经常居所地法律或者国籍国法律。"黄某的遗嘱立于香港，立遗嘱与死亡时经常居所地也位于香港，他亦为香港特别行政区居民，因此，受案法院应适用香港特别行政区法律判定其遗嘱是否合法有效。

黄某的遗嘱有香港执业律师涂某、社区干事戴某的见证，经香港特别行政区高等法院原讼法庭进行认证，并经中国司法部委托公证人出具了公证文书，足以证明遗嘱依据香港特别行政区法律是合法有效的。

3. 案涉房产如何处置

二审判决和再审裁定均认为，黄某仅拥有案涉房产50%的份额，故其未经谢某同意，在遗嘱中擅自处分后者份额内的房产的行为无法律效力。据此，两级法院判令诉争房产50%的份额仍归谢某所有，另50%按照遗嘱归黄甲所有，其他人对该房产无继承权。

我们认为，泉州中院和福建高院在确定黄某与谢某的夫妻财产关系时适用法律欠妥，由此导致上述裁判。前已论述黄某与谢某的夫妻财产关系应适用香港特别行政区法律予以认定，进而确定他们之间实行分别财产制，黄某自然有权在遗嘱中将其名下的案涉房产交由黄甲继承。据此，我们认为，案涉房产应归黄甲所有。

四、参考意见

本案充分体现继承问题具有人身性与财产性的双重性质。虽然本案的核心问题为财产继承及不动产产权归属，但在解决此问题之前，法院须先行解决婚姻效力及夫妻财产关系等问题。二审和再审法院混同了继承问题的人身属性与财产属性，依据不动产所在地法认定本案的诸多问题，导致本案的法律适用结果出现了偏差。

由于政治、经济、文化及宗教信仰的情况不同，各国在继承领域的法律存在巨大差异。出于同样原因，在该领域制定统一的实体法亦不具现实性。就遗嘱继承而言，为避免在各国继承领域法律差异之下遗嘱因法律冲突而无效，《法律适用法》关于涉外遗嘱继承的法律适用规则采用了复数连结点，并对冲突规范的时间限定做了灵活处理。关于遗嘱的形式要件，《法律适用法》使用了无条件选择适用的冲突规范，有 5 个连结点可供选择。这表明我国立法不希望承载着遗嘱人生前意愿的遗嘱仅因形式上的问题而归于无效；在遗嘱效力方面，该法也采用了无条件选择适用的冲突规范，有遗嘱人立遗嘱时经常居所地、遗嘱人死亡时经常居所地、遗嘱人立遗嘱时国籍国、遗嘱人死亡时国籍国 4 个连结点可供选择，同样体现了对当事人意愿的充分尊重与合法权益的维护。同时，由于遗嘱有效不仅符合被继承人的意愿，也能避免处理法律适用问题给法院带来的司法负担，因而《法律适用法》的上述规定值得肯定。

与涉外法定继承不同，《法律适用法》对涉外遗嘱继承的法律适用采用的是"同一制"。遗嘱是遗嘱人对其所有的财产作为一个整体进行处分的体现，若采用区别制，区分动产与不动产，有可能使一项遗嘱继承适用不同的法律，这不仅不方便，而且不动产适用不动产所在地法，有可能导致违背被继承人意愿的结果。因此，在遗嘱继承中采用同一制更为合理。[1]

五、思考题

（1）如黄某去世时未留遗嘱，案涉房产应如何继承？
（2）香港特别行政区为何原则上实行夫妻分别财产制？

---

〔1〕 霍政欣：《国际私法学》，中国政法大学出版社 2020 年版，第 269 页。

📚 **拓展案例**

案例一："李乙等与詹某继承纠纷案"

21－5

一、基本案情

李甲与傅某系原配夫妻，未育有子女，傅某于1963年去世。之后，李甲与唐某结婚，亦未育有子女，后唐某去世。李甲于2010年10月25日在我国台湾地区收养詹某为养女，并经台湾地区法院作出民事裁定确认收养效力。李甲于2013年4月2日在台北市去世，未留遗嘱，生前经常居所地亦在台北市。詹某于当月19日到台湾地区户籍部门办理了收养登记。

李乙系李甲哥哥的儿子，高某系李乙的妻子，李丙系二人之女。李甲去世时，在中国银行北京上地信息路支行（以下简称"中国银行"）账户内留有存款人民币12 454 026.51元及利息。

后李乙、高某、李丙认为詹某有虐待李甲的行为，于2014年将詹某诉至北京市海淀区人民法院（以下简称"海淀法院"），请求剥夺詹某的继承权，由其三人继承李甲的这笔存款。经审理，海淀法院认为，李甲为台湾地区居民，其遗产继承参照适用《法律适用法》的规定。海淀法院进一步认为，李甲生前未留遗嘱，应当按照法定继承的方式分配遗产。海淀法院遂根据《法律适用法》第31条，确定该案应适用李甲死亡时经常居所地法律，即台湾地区法律。海淀法院最终认为，三原告主张的詹某虐待李甲的事实没有证据支撑，并依据台湾地区"民法"第1077条第1项以及第1138条判决李甲名下中国银行账户内存款及利息归被告詹某所有。

二、法律问题

（1）本案应怎样确定法律适用？

（2）原告的诉讼请求能否得到支持？

三、重点提示

本案当事人均为我国台湾地区居民，故本案为涉台遗产纠纷，应参照我国有关涉外民事案件的程序和法律进行审理。由于本案被继承人生前未留有遗嘱，且争议财产为银行存款，本案应遵从《法律适用法》第 31 条有关动产法定继承的法律适用规则确定应适用的法律，再根据准据法以及本案的具体情节、证据，讨论可否支持原告的诉讼请求。

案例二："何某与佛山市顺德区乐从镇小布村民委员会法定继承纠纷案"

21 - 6

一、基本案情

陈某于 1917 年 9 月 6 日出生，系香港特别行政区居民，为家中独女。陈某与何某显结婚，但没有生育、收养子女，何某显于 1952 年死亡。陈某的父母及祖父母均早于其死亡。何某是陈某的堂侄，陈某自 1992 年长期在小布村定居直到终老，期间多由何某照顾，陈某于 1996 年 3 月 26 日死亡，丧葬事宜也由何某处理。

陈某死亡时在顺德市乐从镇留有一处房屋，为砖木结构一层，土地面积 56.25 平方米，房屋所有权证第 3142×××号，集体土地建设用地使用证第 062305100×××号。2016 年 10 月 21 日，小布村委会曾在村内张贴公示，因何某申请继承案涉房屋，要求如有异议在公示之日起 15 日内提出，公示期满小布村委会未收到异议。何某于 2016 年 12 月 14 日向广东省佛山市顺德区人民法院（以下简称"顺德法院"）提起诉讼，要求继承陈某留下的该处房产。

顺德法院经审理认为，陈某为香港特别行政区居民，本案应参照我国有关涉外民事案件的程序和法律进行审理。该法院进一步认为，被继承人陈某没有配偶子女等法定继承人，故本案应根据《法律适用法》第 35 条确定法律适用。该条规定："无人继承遗产的归属，适用被继承人死亡时遗产所在地法律。"顺德法院由此适用内地法律审理此案。顺德法院进而根据何某、街坊和小布村委会证明等证据认定何某系继承人以外的对被继承人照顾扶养较多的人，遂依据《继承法》第 14 条的规定，[1] 认定陈某可分得适当的遗产。该法院同时考虑到陈某所在的小布村委会已出具声明表示不对上述房屋主张权利，何某其他兄弟姐妹也声明不对该房屋主张权利，遂判决陈某的该处房屋遗产由何某分得。

二、法律问题

（1）本案应怎样确定法律适用？
（2）原告的诉讼请求能否得到支持？

三、重点提示

本案被继承人为我国香港特别行政区居民，故本案为涉港遗产纠纷，应参照我国有关涉外民事案件的程序和法律进行审理。争议财产为一处不动产，被继承人生前未留有遗嘱，死后亦无法定继承人，故案涉财产为无人继承的遗产。因此，本案应遵从《法律适用法》第 35 条有关无人继承的遗产之法律适用规则确定应适用的法律，再根据准据法以及本案的具体情节、证据，讨论可否支持原告的诉讼请求。

---

〔1〕《继承法》第 14 条规定，"对继承人以外的依靠被继承人扶养的缺乏劳动能力又没有生活来源的人，或者继承人以外的对被继承人扶养较多的人，可以分给他们适当的遗产"。《民法典》于 2021 年 1 月 1 日生效，《继承法》被同步废止，《继承法》第 14 条的规定由《民法典》第 1131 条取代。

| 专题二十二 |

国际民事诉讼管辖权

📖 知识概要

"国际民事诉讼管辖权"（international civil jurisdiction），也称"涉外民事诉讼管辖权"，是指一国法院或具有审判权的其他司法机关受理、审判具有国际因素的民事案件的权限。国际民事纠纷通常与两个或两个以上国家具有联系，故须解决由哪一国家的法院管辖的问题。[1]

需要指出的是，广义上的管辖权可分为"司法管辖权"（judicial jurisdiction）、"立法管辖权"（legislative jurisdiction）与"执行管辖权"（enforcement jurisdiction）三类。本专题下关于国际民事案件管辖权的概念，是司法管辖权层面上的含义。

涉外民事案件与两个或两个以上的国家有联系，有不止一个国家的法院可能对其行使管辖权，或者没有一个国家的法院对其行使管辖权，这种情况下就会出现国际民事案件管辖权的冲突，前一种情况被称作管辖权的积极冲突，后一种情况被称作管辖权的消极冲突。国际民事案件管辖权的冲突，其产生原因可从主权、法律及经济等三个层面加以解析。解决国际民事管辖权的积极冲突，大体有两种途径，分别为国际途径与国内途径，两种途径各有其特点与优缺点。[2]对于国际民事管辖权的消极冲突，其解决途径一般为通过国内立法，赋予本国法院以相应的管辖权，使得本国法院可以例外地受理

---

〔1〕 霍政欣：《国际私法学》，中国政法大学出版社 2020 年版，第 279 页。

〔2〕 霍政欣：《国际私法学》，中国政法大学出版社 2020 年版，第 285～289 页。

任何其他国家的法院通常不予受理的案件。[1]

我国关于国际民事案件管辖权的法律规定，既有国际法渊源，也有国内法渊源。从国际法渊源上看，我国缔结或参加的有关国际民事案件管辖权的国际条约主要有：1954 年参加的 1951 年《国际铁路货物联运协定》、1980 年参加的 1969 年《国际油污损害民事责任公约》以及 1999 年签署并于 2005 年批准的《统一国际航空运输某些规则的公约》（以下简称"《蒙特利尔公约》"）等。[2]此外，我国与一些国家的双边经贸协定、双边司法协助条约或领事条约中也规定了管辖权的确定原则，如 1987 年《中华人民共和国和法兰西共和国关于民事、商事司法协助的协定》、1981 年《中华人民共和国和美利坚合众国领事条约》等。在这些双边条约中，一般采用"原告就被告"原则确定国际民事案件管辖权以及外国法院判决承认与执行中的间接国际民事诉讼管辖权。[3]

就国内立法而言，我国有关国际民事案件管辖权方面的法律规定主要体现在以下立法及其司法解释中：①1991 年制定、2017 年最近一次修正的《民事诉讼法》；②2014 年 12 月通过并于 2015 年 2 月 4 日起实施的《〈民事诉讼法〉司法解释》；③1999 年制定的《中华人民共和国海事诉讼特别程序法》；④2002 年 12 月通过并于次年 2 月 1 日起实施、2008 年修改的《最高人民法院关于适用〈中华人民共和国海事诉讼程序特别法〉若干问题的解释》；⑤2018 年 6 月制定并于同年 7 月 1 日起实施的《最高人民法院关于设立国际商事法庭若干问题的规定》。依据上述立法与司法解释，我国一般把管辖权分为一般管辖、特殊管辖、专属管辖和协议管辖。[4]

1. 一般管辖

受大陆法传统影响，我国《民事诉讼法》在管辖权上采取"原告就被告"的基本原则，以被告住所地作为一般管辖权的依据。《民事诉讼法》第 21 条第 1 款、第 2 款规定："对公民提起的民事诉讼，由被告住所地人民法院管辖；""对法人或者其他组织提起的民事诉讼，由被告住所地人民法院管

---

〔1〕　刘洁："试析国际民事诉讼管辖权的冲突及其解决途径"，载《求实》2005 年第 S2 期。

〔2〕　《蒙特利尔公约》取代了 1929 年《华沙公约》。

〔3〕　赵相林主编：《国际私法》，中国政法大学出版社 2014 年版，第 373 页。

〔4〕　霍政欣：《国际私法学》，中国政法大学出版社 2020 年版，第 290 页。

辖。"据此，凡被告（自然人、法人或其他组织）的住所地在我国境内的涉外民事案件，我国法院均有管辖权。[1]

2. 特殊管辖

在确定以"原告就被告"原则作为一般管辖权原则的同时，《民事诉讼法》还对某些种类的国计民生诉讼规定了不同的管辖权依据，主要包括对于有关身份关系的诉讼、有关合同和其他财产权益的诉讼等。其中，有关身份关系的诉讼，《民事诉讼法》在原则上采取"原告就被告"原则确定管辖权的基础之上，该法第 22 条以及《〈民事诉讼法〉司法解释》第 15 条、第 16 条做了一定的补充，在一定情形下，可由原告住所地或经常居住地法院行使管辖权。有关合同和其他权益的国际民事纠纷，《民事诉讼法》第 265 条还规定了多种管辖权依据。此外，《民事诉讼法》第 23 ~ 32 条规定了一些特殊的民事案件可以由被告住所地或者有关地方的人民法院管辖。[2]

3. 专属管辖

专属管辖，又称排他性管辖，即强制性地规定只能由内国法院行使独占性管辖权，而不承认其他任何国家的法院对此类国际民事案件具有管辖权。我国《民事诉讼法》第 266 条为既约束纯国内案件又约束涉外案件的专属管辖条款，该条规定，因在我国境内履行的中外合资经营企业合同、中外合作经营企业合同、中外合作勘探开发自然资源合同发生纠纷提起的诉讼，由我国法院管辖。另外，《民事诉讼法》第 33 条规定了三类案件只能由特定地方的人民法院管辖，但这一规定主要针对国内民事纠纷，尤其是关于继承纠纷的管辖权，该条规定是双边性管辖权规则，已不具有"专属性"。[3]

4. 协议管辖

我国目前关于协议管辖的规定见于《民事诉讼法》第 34 条的规定，"合同或者其他财产权益纠纷的当事人可以书面协议选择被告住所地、合同履行地、合同签订地、原告住所地、标的物所在地等与争议有实际联系的地点的人民法院管辖，但不得违反本法对级别管辖和专属管辖的规定。"

但鉴于在当代各国、各地区中，只有我国内地的法院以"人民法院"管

---

〔1〕 霍政欣：《国际私法学》，中国政法大学出版社 2020 年版，第 290 页。
〔2〕 霍政欣：《国际私法学》，中国政法大学出版社 2020 年版，第 290 ~ 292 页。
〔3〕 何其生：《比较法视野下的国际民事诉讼》，高等教育出版社 2015 年版，第 113 页。

辖，这样的措辞显然构成立法上的语言瑕疵，如严格按照字面解释，涉外合同或与涉外财产权益纠纷的当事人只能选择我国内地的法院，而无法选择外法域的法院。[1]

为解决这一立法瑕疵，《〈民事诉讼法〉司法解释》作了弥补性解释，该司法解释第 531 条规定："涉外合同或者其他财产权益纠纷的当事人，可以书面协议选择被告住所地、合同履行地、合同签订地、原告住所地、标的物所在地、侵权行为地等与争议有实际联系地点的外国法院管辖。根据民事诉讼法第 33 条和第 266 条规定，属于中华人民共和国法院专属管辖的案件，当事人不得协议选择外国法院管辖，但协议选择仲裁的除外。"

5. 应诉管辖

《民事诉讼法》还规定我国人民法院可因应诉管辖取得民事案件管辖权。该法第 127 条规定："人民法院受理案件后，当事人对管辖权有异议的，应当在提交答辩状期间提出。人民法院对当事人提出的异议，应当审查。异议成立的，裁定将案件移送有管辖权的人民法院；异议不成立的，裁定驳回。当事人未提出管辖异议，并应诉答辩的，视为受诉人民法院有管辖权，但违反级别管辖和专属管辖规定的除外。"

6. 非方便法院原则

随着我国法院审理的涉外民事案件数量猛增，为适应审判实践的需要，进入 21 世纪以后，我国法院开始引入源自英美法的"非方便法院原则"。[2]依据美国冲突法理论与实践，非方便法院原则指在国际民事诉讼中，如案件由另一国的法院审理更为方便，且更能达到公正之目的，则法院可自由裁量，拒绝行使管辖权，迫使原告到另一个更为合适的法院起诉。[3]

《〈民事诉讼法〉司法解释》第 532 条规定："涉外民事案件同时符合下列情形的，人民法院可以裁定驳回原告的起诉，告知其向更方便的外国法院提起诉讼：①被告提出案件应由更方便外国法院管辖的请求，或者提出管辖异议；②当事人之间不存在选择中华人民共和国法院管辖的协议；③案件不

---

〔1〕　霍政欣：《国际私法学》，中国政法大学出版社 2020 年版，第 294 页。
〔2〕　霍政欣：《国际私法学》，中国政法大学出版社 2020 年版，第 296 页。
〔3〕　霍政欣：《国际私法学》，中国政法大学出版社 2020 年版，第 288 页。

属于中华人民共和国法院专属管辖；④案件不涉及中华人民共和国国家、公民、法人或者其他组织的利益；⑤案件争议的主要事实不是发生在中华人民共和国境内，且案件不适用中华人民共和国法律，人民法院审理案件在认定事实和适用法律方面存在重大困难；⑥外国法院对案件享有管辖权，且审理该案件更加方便。"比较该条司法解释所体现出来的非方便法院原则与英美法上的非方便法院原则，我们认为，二者可谓"形同而神不同"。[1]

7. 国际商事法庭的管辖权

2018年6月27日，为服务和保障"一带一路"倡议的顺利开展，最高法院颁布《关于设立国际商事法庭若干问题的规定》（以下简称"《规定》"）。从《规定》第2条来看，[2]新设立的国际商事法庭在管辖权方面有较为明显的制度创新，其中最为显著的是：在满足一定条件的情况下，国际商事纠纷的当事人可以选择最高法院国际商事法庭作为审理纠纷的法院，这突破了以前的司法实践。[3]

🔖 经典案例

案例一："高某与蔡某离婚案件管辖权异议案"

22 - 1

---

〔1〕 霍政欣：《国际私法学》，中国政法大学出版社2020年版，第297～298页。

〔2〕《关于设立国际商事法庭若干问题的规定》第2条规定："国际商事法庭受理下列案件：①当事人依照民事诉讼法第34条的规定协议选择最高人民法院管辖且标的额为人民币3亿元以上的第一审国际商事案件；②高级人民法院对其所管辖的第一审国际商事案件，认为需要由最高人民法院审理并获准许的；③在全国有重大影响的第一审国际商事案件；④依照本规定第14条申请仲裁保全、申请撤销或者执行国际商事仲裁裁决的；⑤最高人民法院认为应当由国际商事法庭审理的其他国际商事案件。"

〔3〕 参见霍政欣：《国际私法学》，中国政法大学出版社2020年版，第299页。

一、基本案情

蔡某与高某于 1992 年 7 月 3 日在北京市登记结婚。后来两人感情破裂，高某于 2014 年向北京市朝阳区人民法院（以下简称"朝阳法院"）起诉离婚，又于次年 3 月撤诉，期间朝阳法院曾两次开庭审理案件。撤诉后，高某又于当月 10 日向香港特别行政区区域法院对蔡某提出离婚呈请。同年 6 月 19 日，蔡某向朝阳法院提起诉讼，请求判决两人离婚。

在本案法定答辩期间，高某向朝阳法院提出了管辖权异议，称：高某与蔡某均已取得香港特别行政区居民资格；因双方感情彻底破裂，高某已向香港特别行政区区域法院对蔡某提出离婚呈请，案件于当日得到受理并已进入审理程序；现蔡某无视已有的离婚诉讼程序，恶意向朝阳法院另行起诉离婚，涉嫌利用不同司法区域的不同进程和法律规定，达到其规避香港司法程序的目的。高某认为，根据中国法律"一事不再理"的基本原则，高某与蔡某之间的离婚纠纷案件已经由中国境内的其他法院先行受理并审理，朝阳法院不应再行受理本案。综上，为了避免将来出现同案重复审理的局面，高某提出管辖权异议，请求裁定驳回蔡某的起诉。

朝阳法院经审理认为，对公民提起的民事诉讼，由被告住所地人民法院管辖，被告住所地与经常居住地不一致的，由经常居住地人民法院管辖。被告被注销户籍的，由原告住所地人民法院管辖，原告住所地与经常居住地不一致的，由原告经常居住地人民法院管辖。朝阳法院查明：在蔡某起诉前，高某已加入加拿大国籍并于 2015 年 9 月注销户籍，高某注销前户籍位于北京市朝阳区；蔡某户籍地在北京市朝阳区，现没有证据证明蔡某和高某起诉时具有经常居住地。据此，朝阳法院认为，作为原告住所地法院，其对本案享有管辖权。故朝阳法院裁定驳回高某提出的管辖权异议。

上述裁定作出后，高某表示不服，向北京市第三中级人民法院（以下简称"北京三中院"）提起上诉。高某提出两点上诉理由：①一审裁定对高某提出的管辖权异议的事实和理由未予以审查，未作出回应，在香港特别行政区区域法院已经受理高某提起的离婚诉讼的情况下，一审法院仍坚持管辖本案可能形成"平行诉讼"的局面，极易引发同案不同判，从而导致判决难以执行；②一审法院基于蔡某的户籍地在北京市朝阳区裁定其对本案有管辖权，缺乏法律依据。高某的中国户籍确实已经被注销，蔡某的户籍地虽然是北京市朝阳区，但是他已经离开户籍地，并且现有证据也无法证明蔡某具有经常居住地。

蔡某对于高某的上诉理由提出以下几点答辩：

（1）高某于2014年曾在一审法院起诉蔡某离婚，后又于2015年3月撤诉；2015年6月，蔡某在一审法院起诉高某离婚，从而形成本案。蔡某认为，高某在本案诉讼进行过程中，为了规避"被告住所地法院管辖"而注销了中国国籍和北京居民身份证，以加拿大公民身份应诉，同时启用英文名字。根据《民事诉讼法》第5条的规定，高某作为加拿大公民的应诉行为，仍受中国法律约束。蔡某又指出，依据《民事诉讼法》第22条及《〈民事诉讼法〉司法解释》第6条的规定，鉴于原审被告已注销户籍，故法院决定本案由原审原告住所地人民法院管辖，并无不妥。原审原告蔡某的户籍地及其本人名下产权房屋所在地一致，为北京市朝阳区×××，所以，一审法院对本案有管辖权。

（2）关于"一事不再理"和"平行诉讼"问题。蔡某认为，内地与香港特别行政区属于两个不同法域，因此中国内地法院对离婚案件的管辖权，应根据内地的法律规定进行认定。蔡某进一步指出，高某在一审法院起诉、撤诉，又在香港特别行政区起诉的做法，本身违反了"一事不再理"的原则。同时，蔡某主张，高某向香港特别行政区区域法院提起的起诉不符合《香港婚姻诉讼条例》对离婚案件管辖权的规定，他已就此向香港特别行政区区域法院提出管辖权异议，目前尚在审理之中。蔡某强调，无论香港特别行政区区域法院是否有管辖权，都不影响一审法院对本案的审理。

关于香港特别行政区区域法院作出的离婚案件判决能否在内地得到执行的问题，蔡某称：香港回归后，香港特别行政区与内地尚未就相互认可生效判决达成相关安排。对于香港特别行政区的法院作出的离婚判决，内地法院一般仅承认对离婚效力的判决，对于子女抚养、财产分割的部分，当事人需在内地法院另行起诉。2008年8月1日，最高法院与香港特别行政区政府签署的《关于内地与香港特别行政区法院相互认可和执行当事人协议管辖的民商事案件判决的安排》（以下简称"《协议管辖安排》"）生效，从其条文内容可知，《协议管辖安排》没有对认可和执行香港特别行政区的法院作出离婚判决作出规定。因此，蔡某认为，离婚案件允许境（域）内外"平行诉讼"的存在，特别是在夫妻共同财产都在内地的情况下，内地的离婚诉讼更具现实意义。

（3）高某不认可但不能证明蔡某与其分居后有北京朝阳区以外的经常居住地，故朝阳法院以蔡某的户籍地作为审理本案的管辖权依据，并无任何不妥。

综上，蔡某认为一审裁定认定事实清楚、适用法律正确，应当予以维持。

北京三中院认为，本案原审原告蔡某是中国内地公民，原审被告高某为加拿大国籍，故根据《〈民事诉讼法〉司法解释》第522条的规定，本案属于涉外民事诉讼案件。北京三中院进一步认为，《民事诉讼法》未在涉外民事诉讼程序的特别规定中对涉外离婚诉讼的管辖作出具体规定；鉴于本案当事人中的中国公民蔡某的住所地位于北京市朝阳区，且无证据证明蔡某在本案起诉前已离开北京市朝阳区而在北京市朝阳区以外的地址连续居住1年以上，故朝阳法院对本案有管辖权。据此，北京三中院裁定驳回高某的上诉请求。

二、法律问题

本案当事人之一高某为加拿大国籍，故本案为涉外离婚纠纷。高某于香港特别行政区区域法院起诉蔡某离婚后，蔡某又在朝阳法院提起离婚诉讼，高某认为朝阳法院对本案不享有管辖权，提出管辖权异议，下列问题遂成为本案焦点：

（1）朝阳法院对蔡某提起的诉讼是否享有管辖权？

（2）在香港特别行政区区域法院已经受理高某的起诉后，朝阳法院再受理蔡某的起诉，是否构成"平行诉讼"？对朝阳法院的管辖权有什么影响？

（3）如果日后香港特别行政区区域法院与朝阳法院均作出判决，应如何处理？

三、法理分析

1. 朝阳法院是否享有管辖权

本案为涉外离婚纠纷，对于有关身份关系的诉讼，《民事诉讼法》原则上采取了"原告就被告"的原则确定管辖权，但还补充规定了以原告的住所地和经常居住地作为一般管辖权的依据。[1]

_____

〔1〕　霍政欣：《国际私法学》，中国政法大学出版社2020年版，第290页。

根据《民事诉讼法》第 22 条第 1 款及《〈民事诉讼法〉司法解释》第 15 条规定，"下列民事诉讼，由原告住所地人民法院管辖；原告住所地与经常居住地不一致的，由原告经常居住地人民法院管辖：①对不在中华人民共和国领域内居住的人提起的有关身份关系的诉讼"；"中国公民一方居住在国外，一方居住在国内，不论哪一方向人民法院提起离婚诉讼，国内一方住所地人民法院都有权管辖。国外一方在居住国法院起诉，国内一方向人民法院起诉的，受诉人民法院有权管辖"。又根据《〈民事诉讼法〉司法解释》第 551 条的规定，"人民法院审理涉及香港、澳门特别行政区和台湾地区的民事诉讼案件，可以参照适用涉外民事诉讼程序的特别规定"。

另一方面，就如何定义住所地、经常居住地的问题，《〈民事诉讼法〉司法解释》第 3 条、第 4 条作出了规定。依之，自然人的住所地是指公民的户籍所在地，其经常居住地是指公民离开住所地至起诉时已连续居住 1 年以上的地方，但住院就医等地方除外。

结合案情，蔡某向朝阳法院提起离婚诉讼，高某此时已取得加拿大国籍，并注销了户籍，且其表示自己以香港特别行政区为居住地。这属于《民事诉讼法》第 22 条第 1 款及《〈民事诉讼法〉司法解释》第 15 条规定的情形。又由于二人都没有提供证据证明彼此的经常居住地，故无法对他们的经常居住地作出认定。据此，作为原告住所地法院，朝阳法院对蔡某提起的离婚诉讼享有管辖权。

2. 朝阳法院行使管辖权是否构成"平行诉讼"及其后果

国际法意义上的"平行诉讼"（Parallel Proceedings），是指相同当事人就同一争议基于相同事实以及相同目的同时在两个或两个以上国家的法院进行诉讼的现象。[1] 通常有两种表现形式：如果原告在一国法院起诉后，又针对同一被告就同一诉求向有管辖权的另一国法院再行诉讼，这被称作重复型平行诉讼（Repetitive Suits）；如果原告在一国法院起诉后，该案中的被告在另一国法院以原告身份提起诉讼，在两国的诉讼程序中，原被告的身份发生了转换，这被称作对抗型平行诉讼（Reactive Suits）。[2]

---

[1] 李双元、谢石松、欧福永：《国际民事诉讼法概论》，武汉大学出版社 2016 年版，第 334 页。

[2] 徐卉："国际民商事平行诉讼研究"，载《诉讼法论丛》1998 年第 1 期。

前已述及，涉外民事案件与不止一个的国家或地区有联系，这些国家或地区都有可能对案件享有管辖权，这便给予当事人以挑选法院的可能。当多个国家或地区的法院就同一纠纷行使管辖权时，就会产生国际民事案件管辖权的积极冲突。本案中，香港特别行政区区域法院已受理高某的离婚诉讼，朝阳法院再就同一纠纷受理蔡某的离婚诉讼，这构成对抗型平行诉讼。这种情况下，朝阳法院可否继续行使管辖权？

从我国的规定来看，我国并不禁止平行诉讼。根据《〈民事诉讼法〉司法解释》第533条的规定，中国法院和外国法院都有管辖权的案件，一方当事人向外国法院起诉，而另一方当事人向中国法院起诉的，人民法院可予受理。另外，就离婚案件诉讼而言，《〈民事诉讼法〉司法解释》第15条明确规定，国（域）外一方在居住国（地）法院起诉，国（域）内一方向人民法院起诉的，我国（内地）受诉法院有权管辖。再结合《〈民事诉讼法〉司法解释》第551条的规定，可以得出结论：香港特别行政区区域法院受理高某的诉讼并不影响内地法院行使管辖权，故朝阳法院可继续行使管辖权。[1]

3. 如日后两法院均作出判决，应如何处理

同一纠纷交由两个或以上国家或地区的法院进行受理，受法律差异、裁判标准异化等因素的影响，较易出现同案不同判的情况。针对这一问题，《〈民事诉讼法〉司法解释》第533条规定："……判决后，外国法院申请或者当事人请求人民法院承认和执行外国法院对本案作出的判决、裁定的，不予准许；但双方共同缔结或者参加的国际条约另有规定的除外。外国法院判决、裁定已经被人民法院承认，当事人就同一争议向人民法院起诉的，人民法院不予受理。"

据此，对于国际（区际）平行诉讼的案件，须以我国（内地）法院判决为准，除非双方共同缔结或者参加的国际条约另有规定。易言之，如果日后香港特别行政区区域法院与朝阳法院均作出判决，香港特别行政区区域法院的判决将不会得到内地法院的认可与执行，除非两地间存在特殊安排。由此，

---

〔1〕 不过，依据《〈民事诉讼法〉司法解释》第532条的规定，在一些案件中，如果法院认为满足行使"非方便法院原则"的条件，法院可以裁定驳回原告起诉，告知其向更方便的国（域）外法院提起诉讼。

此问题的解答需要进一步分析内地与香港特别行政区之间是否存在相关的安排。

首先，根据当时已生效的《协议管辖安排》第 1 条的规定，只有具有书面管辖协议的民商事案件所作出的须支付款项的具有执行力的终审判决，当事人才可以根据该安排向内地人民法院或者香港特别行政区法院申请认可和执行。

其次，根据该安排第 3 条的规定，因家庭事宜达成的合同不在其调整范围内。

本案中，双方当事人既未达成书面管辖协议，二人之间的纠纷又属家庭事宜的范畴，不属于《协议管辖安排》的调整范围。据此，倘若香港特别行政区区域法院日后作出判决，在现有条件下将无法得到内地法院的认可与执行。

值得一提的是，最高法院与香港特别行政区政府于 2017 年 6 月 20 日签署了《关于内地与香港特别行政区法院相互认可和执行婚姻家庭民事案件判决的安排》（以下简称"《婚姻家庭安排》"），但尚未公布生效时间。根据该安排，内地与香港特别行政区法院有关婚姻家庭的民事案件将可得到相互认可与执行。

同时，就香港特别行政区区域法院与内地法院同时受理同一婚姻家庭民事纠纷的问题，《婚姻家庭安排》也作出了新规定。该安排第 16 条规定："在审理婚姻家庭民事案件期间，当事人申请认可和执行另一地法院就同一争议作出的判决的，应当受理。受理后，有关诉讼应当中止，待就认可和执行的申请作出裁定或者命令后，再视情终止或者恢复诉讼。"另外，该安排第 9 条第 1 款第 4 项规定："申请认可和执行的判决，被申请人提供证据证明有下列情形之一的，法院审查核实后，不予认可和执行：……④被请求方法院已经就同一争议作出判决，或者已经认可和执行其他国家和地区法院就同一争议所作出的判决的。"

据此，如果内地和香港特别行政区法院对同一婚姻家庭民事纠纷予以受理，一地法院的判决希望得到对方法院的认可与执行时，要视对方法院是否已经作出判决而定。如果已作出判决，判决将不会得到认可与执行；反之，则可以得到认可与执行。当然，《婚姻家庭安排》第 9 条还列举了其他几种不予认可和执行的情形，[1] 法院届时须予以考量。

另一方面，2019 年 1 月 18 日，最高法院与香港特别行政区政府签署《关于内地与香港特别行政区法院相互认可和执行民商事案件判决的安排》（以下简称"《民商事安排》"）。根据《民商事安排》第 30 条、第 31 条的规定，该安排生效时，《协议管辖安排》将同时废止，新安排不再以存在书面协议管辖作为相互认可与执行判决的前提；而《婚姻家庭安排》将继续施行。不过，同《婚姻家庭安排》一样，《民商事安排》也尚未公布生效时间。

四、参考意见

国际民事案件往往与两个及以上的国家或地区有联系，不止一个地方的法院可能享有管辖权，极易出现平行诉讼的现象。国际平行诉讼可能带来一系列问题：①当事人需要应付两个以上的诉讼，必然会增加当事人的诉讼负担，包括金钱、时间以及精力的付出都将成倍的增加；②一方当事人可以借由平行诉讼，达到恶意拖延的目的，不利于公平正义的实现；③就同一纠纷，各国法院纷纷投入司法资源进行审理，难免造成司法资源的浪费；④若出现同案不同判的情况，多个判决将如何处理势必成为新的难题。

然而，就国际民事案件而言，平行诉讼并非百害而无一利，它也有其存在的价值：

一方面，在全球化的当代，国际民事案件的败诉方在多个国家拥有财产的情况并不罕见，胜诉方不得不向多国法院寻求救济。因此，如果被告在多个国家都有财产，而每个国家的财产都不足以清偿原告的债权，或者诉讼涉及多个国家的数个被告，对每个被告都有执行的必要时，重复诉讼对保护原

---

[1]《婚姻家庭安排》第 9 条规定，"申请认可和执行的判决，被申请人提供证据证明有下列情形之一的，法院审查核实后，不予认可和执行：①根据原审法院地法律，被申请人未经合法传唤，或者虽经合法传唤但未获得合理的陈述、辩论机会的；②判决是以欺诈方法取得的；③被请求方法院受理相关诉讼后，请求方法院又受理就同一争议提起的诉讼并作出判决的；④被请求方法院已经就同一争议作出判决，或者已经认可和执行其他国家和地区法院就同一争议所作出的判决的。内地人民法院认为认可和执行香港特别行政区法院判决明显违反内地法律的基本原则或者社会公共利益，香港特别行政区法院认为认可和执行内地人民法院判决明显违反香港特别行政区法律的基本原则或者公共政策的，不予认可和执行。申请认可和执行的判决涉及未成年子女的，在根据前款规定审查决定是否认可和执行时，应当充分考虑未成年子女的最佳利益"。

告的利益就显得尤为重要。[1]

当然，当事人也可以选择向财产所在地国的法院申请承认与执行原胜诉判决，但是各国对承认与执行外国法院判决都规定有严格的条件与标准，《承认与执行外国民商事判决公约》亦尚未生效。在这种情况下，向外国法院申请承认与执行判决谈何容易。因此，对于当事人而言，向外国法院提起新的诉讼显然更为方便。他亦可在第一时间申请冻结对方财产，防止对方转移财产，更有利于实现自身权益。从这个角度而言，平行诉讼对于保护权利人的财产权益具有重要的意义。关于申请承认与执行外国法院判决的问题，本书将在下一专题中进行讨论。

另一方面，由于国际民事案件与两个及以上的国家或地区有联系，理论上讲，至少有两个或以上的法院可供原告选择，从而给予原告挑选法院的可能。他可以在可选法院中选择一个对其更有利的法院提起诉讼，这可能使被告陷入先天劣势。被告有可能被迫前往距离遥远的法院应诉，可能遭遇水土不服、语言不通、文化迥异的困难，以及可能面临极不熟悉甚至极其不利的司法制度与法律规则。此时，若不允许被告提起平行诉讼，对被告诉讼权利的实现将极为不利。因此，平行诉讼在一定意义上可以保证被告诉讼权利的实现。

综上所述，国际民事平行诉讼利弊共存，如何平衡这种利弊关系成为立法者、司法者需要考虑的问题，既不能一禁了之，也不能听之任之。我们认为，未来有必要对《〈民事诉讼法〉司法解释》第 533 条予以完善，谨提出以下建议：

首先，我们认为，对于该条司法解释中的"可予受理"应予以严格解释。依照文义解释的方法，"可予受理"意味着法院"可以受理，也可以不受理"。但就当前的司法实践而言，绝大多数法院都将此作为自己可以对某一案件享有管辖权的依据，而忽视了该条司法解释给予法官拒绝审理的自由裁量权。我们认为，法官应该就个案进行评估，考虑接受当事人发起的平行诉讼是否最有利于案件的审理，是否最有利于保障当事人的权益，可否依据非方

---

[1] 赵素萍、赵飞："平行诉讼解决机制研究"，载《哈尔滨工业大学学报（社会科学版）》2006 年第 5 期。

便法院原则主动放弃管辖权等。在对诸多因素进行考量后，法院再行决定是否受理该平行诉讼案件。

其次，在判决的承认与执行阶段，改变以我国法院诉讼或判决绝对优先的立场。[1]在此阶段，如果我国与外国法院均已作出判决，当以我国法院判决为准；如果我国法院受理的案件尚在审理之中，法院应依据《民事诉讼法》第281条、第282条决定是否承认与执行该外国判决，并同时中止我国法院正在进行的诉讼。若经审查，法院认为应当对该外国法院判决予以承认与执行，则终止我国法院的审理程序；反之，则恢复我国法院的审理程序。

最后，完善我国的非方便法院原则。对于某一民商事案件，若存在更方便的审理法院，可依据非方便法院原则建议当事人向该法院提起诉讼，这有利于当事人在一开始就能得到最适当的审判。事实上，我国《〈民事诉讼法〉司法解释》第532条已规定了"中国版"非方便法院原则，但从目前的情况来看，其适用的空间并不大，法院基于该条司法解释驳回原告起诉的机会极其有限。关于非方便法院原则，本书将在下一案例中进行讨论。

五、思考题

（1）如果在本案中，蔡某没有另行向朝阳法院起诉，而香港特别行政区区域法院对二人的离婚诉讼作出判决，并对二人的财产、子女监护等问题作出分配，日后蔡某可否向内地法院申请认可与执行？

（2）《〈民事诉讼法〉司法解释》第533条对国际平行诉讼案件的处理是否合理？这条规定有何利弊？

（3）蔡某所称高某之前曾向朝阳法院起诉离婚，后又撤诉，并改变国籍、注销户籍后以加拿大公民身份应诉蔡某提起的诉讼，这是否构成国际私法上的"法律规避"？

（4）在认定本案为具有涉外因素的民事案件时，北京三中院依据的是《〈民事诉讼法〉司法解释》第522条，而非《〈法律适用法〉司法解释（一）》第1条。北京三中院的做法是否正确？两条司法解释有何区别？

---

[1]　刘仁山、陈杰："我国面临的国际平行诉讼问题与协调对策"，载《东岳论丛》2019年第12期。

22-2

案例二："国泰世华商业银行股份有限公司与
高某合同纠纷管辖权异议案"

一、基本案情

我国台湾地区国泰世华商业银行股份有限公司（以下简称"世华银行"）与大陆公民高某订立有一份保证合同，其中约定：因本保证书涉讼时，合意以台湾地方法院为第一审管辖法院。后来，两方因履行保证合同引发纠纷，世华银行于 2016 年初向上海二中院提起诉讼，请求法院判令高某履行保证义务。

在法定答辩期间，高某向上海二中院提出了管辖权异议，认为双方已约定由台湾地区法院审理彼此间因保证合同产生的纠纷，世华银行应尊重此合意选择。高某同时主张，由台湾地区法院审理此纠纷更为方便，上海二中院应依据《〈民事诉讼法〉司法解释》第 532 条规定的非方便法院原则驳回原告的起诉。

经审理，上海二中院采纳了高某的异议请求，遂运用非方便法院原则驳回世华银行的诉讼请求，告知其向台湾地区法院提起诉讼。[1]世华银行不服一审判决，于同年向上海高院提起上诉，并指出：①台湾地区有多个地方法院，"台湾地方法院"的表述不能确定由哪一个地方法院作为第一审法院，因此这一条款不具有确定性和排他性，不能排除其他法院依法行使管辖权；②高某系大陆公民，户籍地位于上海市政立路，本案涉及大陆公民利益，不

---

〔1〕 由于裁判文书网上仅公布了本案二审裁定书，其中只少量介绍了一审的审理情况，所以我们对一审的具体情况了解不多，无法得知上海二中院的裁判逻辑，故此处介绍有限。

应适用非方便法院原则。据此，世华银行认为，根据《民事诉讼法》关于地域管辖和级别管辖的规定，上海二中院依法对本案享有管辖权。

高某对此提出三点答辩意见：①"台湾地方法院为第一审管辖法院"应理解或解释为我国台湾地区有管辖权的地方法院作为第一审法院。本案中，应为上诉人的住所地法院，即台湾地区台北地方法院，涉案管辖条款应为明确有效。②即使涉案保证书中"台湾地方法院"存在两个以上与争议有实际联系地点的法院，他亦可在台湾地区多个法院中择一起诉。③法院在案件满足《〈民事诉讼法〉司法解释》第532条有关"非方便法院原则"的规定的情况下，可以驳回一审原告的起诉。本案满足该条司法解释的各项条件，故一审法院裁定驳回世华银行的起诉正确。

上海高院认为，依据《〈民事诉讼法〉司法解释》第551条的规定，本案可以参照适用《民事诉讼法》涉外民事诉讼程序的特别规定进行审查。

就案涉管辖条款是否有效的问题，上海高院认为，根据《〈民事诉讼法〉司法解释》第532条的规定，本案当事人之一世华银行住所地在台湾地区，与争议有实际联系，且本案不属于大陆法院专属管辖，故案涉管辖协议应予认可。

就案涉管辖条款是否属于排他性管辖约定的问题，上海高院认为，这一问题在大陆法律中没有规定。上海高院在参考2005年的海牙《选择法院协议公约》第3条的规定后认为，是否构成排他性管辖约定关键在于协议用词是否明确。上海高院进一步认为，案涉条款明确"合意以台湾地方法院为第一审管辖法院"，且当事人间未另作明确规定，应认定为属于排他性管辖协议。就案涉条款没有具体约定由台湾地区哪一个地方法院管辖的问题，上海高院认为，当事人可以根据台湾地区的法律规定与意思确认，同样具有确定性。据此，上海高院未采纳世华银行提出的案涉管辖条款对管辖法院约定不明和不具有排他性的主张。

就本案是否可适用非方便法院原则的问题，上海高院认为，由于被上诉人为大陆公民，案件涉及大陆公民利益，且大陆法院对本案不享有管辖权，故本案不能适用非方便法院原则。

综上所述，上海高院认为一审法院适用非方便法院原则错误，但裁决结果正确，故裁定驳回世华银行的上诉，维持原裁定。

二、法律问题

本案当事人之一世华银行为我国台湾地区公司，故本案为涉台合同纠纷，应参照适用涉外民事诉讼程序的特别规定。世华银行与高某因保证合同的履行引发纠纷，前者向上海二中院提起诉讼，后者对此提起管辖权异议。下列问题遂成为本案焦点：

（1）案涉管辖条款是否有效？

（2）上海二中院对本案当事方之间的合同纠纷是否享有管辖权？

（3）本案是否满足《〈民事诉讼法〉司法解释》规定的非方便法院原则的适用条件？

三、法理分析

1. 案涉管辖条款的效力问题

本案中，世华银行在与高某订立的保证合同中约定："因本保证书涉讼时，合意以台湾地方法院为第一审管辖法院。"《民事诉讼法》第34条和《〈民事诉讼法〉司法解释》第531条对当事人可以协议选择的管辖法院作了规定，依之，在非大陆法院专属管辖的合同或其他财产权益纠纷中，当事方可以协议选择原告住所地法院管辖。台湾地区为本案一审原告的住所地，符合上述法律及司法解释关于选择法院地点的要求。同时，本案纠纷为保证合同纠纷，不属于《民事诉讼法》第33条、第266条规定的大陆法院专属管辖情形。据此，我们认为，案涉管辖条款有效。

2. 上海二中院是否享有管辖权

本案中，双方当事人已就管辖法院达成协议，根据最高法院印发的《第二次全国涉外商事海事审判工作会议纪要》第8条规定，[1]"人民法院根据《中华人民共和国民事诉讼法》的规定仅对主合同纠纷或者担保合同纠纷享有管辖权，原告以主债务人和担保人为共同被告向人民法院提起诉讼的，人民法院可以对主合同纠纷和担保合同纠纷一并管辖，但主合同或者担保合同当事人订有仲裁协议或者管辖协议，约定纠纷由仲裁机构仲裁或者外国法院排

---

〔1〕 法发〔2005〕26号。

他性管辖的，人民法院对订有此类协议的主合同纠纷或者担保合同纠纷不享有管辖权。"据此，应再判断案涉管辖条款所约定的是否是"排他性管辖"。

结合案情，案涉担保合同中约定有管辖协议，但未明确写明他们约定的是"排他性管辖"，此时该如何认定呢？令人遗憾的是，我国并无关于此问题的规定。

关于此问题的认定，国际上主要有两种做法，而美国和欧盟的做法正好相反。在美国，没有这样一种推定，认为法院选择条款所赋予的是一种排他性管辖权。实际上，根据一些案例所反映的情况，在美国，一项法律选择条款被认为仅仅具有许可性（permissive）而非排他性（exclusive），除非其中包含有相反的用语。[1]而根据大多数欧洲国家适用的1988年《关于民商事管辖权和判决执行的卢加诺公约》（以下简称"《卢加诺公约》"）第17条和2000年《欧盟理事会关于民商事管辖权及判决的承认与执行的第44/2001号条例》（以下简称"《布鲁塞尔条例Ⅰ》"）23条的规定，[2]一项法院选择条款被认为是具有排他性的，除非包含相反的意思表示。

2005年6月30日由海牙国际私法会议通过的《选择法院协议公约》采纳了欧盟的做法，该公约第3条对"排他性选择法院协议"（exclusive choice of court agreement）作出了定义：所谓"排他性选择法院协议"是指双方或多方当事人排他性地指定某一缔约国法院或者某一缔约国的一个或多个特定法院，来处理因某一特定法律关系而产生或可能产生的争议。除非当事人明确作出

---

〔1〕 杜涛：《国际私法原理》，复旦大学出版社2018年版，第68页。

〔2〕《卢加诺公约》第17条规定："①如当事人的一方或数方在一个缔约国有住所，协议约定某一缔约国的某一法院或某法院有管辖权以解决因某种特定法律关系而产生的或可能产生的争端，则只有该被指定的法院或各该法院有管辖权。此种协议应符合下列条件之一：（a）书面形式或可以书面形式证明之；（b）以双方当事人业已确立的形式作成；或（c）在国际贸易或商务中，以双方意识到的或应当意识到的惯常形式作成；在此类交易或商务中，这种惯常形式为这种特定交易或商务合同的当事方所熟知或一贯遵守；此类协议当事方都在缔约国无住所时，其他缔约国法院应当对他们之间的争议无管辖权，但被指定管辖的法院或各该法院拒绝管辖不在此限。②由信托文书授予管辖权的缔约国法院或各该法院对委托人、委托人或受益人提起的任何诉讼应当享有排他管辖权，若此类诉讼涉及这些人之间的关系或他们在信托项下的权利、义务；③指定管辖权的协议或信托文书之规定如果违反第12条或第15条的规定，或者其所要排除管辖权的法院根据第16条的规定，应该具有专属管辖权者，则其协议无法律上的效力。④如果指定管辖权的协议只是为了当事人中一方的利益而订立的，则另一方当事人可以保留向本公约规定有管辖权的其他法院提起诉讼的权利；⑤有关私人雇佣合同的事项，指定管辖权的协议仅当缔结于争议发生之后才具有法律上的效力。"《布鲁塞尔条例Ⅰ》第23条作了同样的规定。

相反表示，他们选择法院的协议都将被视为是具有排他性的。排他性选择法院协议必须以书面或其他可以证明的形式订立。[1]

由此可见，这确实是一个富有争议的问题。根据我国司法实践，如果当事人的管辖权协议中明确出现"非排他性"字样，我国法院一般都认为其不能排除我国法院的法定管辖权；如果当事人在管辖协议中没有使用"非排他性用语"，即使使用了"可以"等不明确的用语，我国法院一般也会承认该管辖条款的排他性。[2]如在"杨某与山证国际证券有限公司保证合同纠纷案"中，[3]关于融资借款关系的管辖条款，当事人约定："本协议及其执行均受香港法律管辖。本协议双方均接受香港法院之非专属司法管辖权管辖"；关于保证关系的管辖条款，当事人约定："受香港法律的约束和解释，我/我们接受香港法院的司法管辖。"最高法院认为，上述融资借款关系的管辖条款为非排他性管辖，保证关系的管辖条款应为排他性管辖。

据此，我国司法实践中实际采纳了欧盟的做法，在判断当事人的管辖权约定是否属于排他性管辖时，主要取决于当事人是否作出了明确的相反表示，如果没有就应当视之为排他性管辖约定。结合案情，案涉保证合同中除此条约定外，再无其他涉及管辖权的约定，亦无证据显示双方后来达成了新的管辖权约定，故应当认定案涉条款属于排他性管辖约定。

综上，上海二中院对双方当事人之间的合同纠纷不享有管辖权。

3. 本案是否适用非方便法院原则

我国对于非方便法院原则的规定见于《〈民事诉讼法〉司法解释》第532条，根据该条，我国法院适用非方便法院原则，必须同时满足该条下的6个条件。本案中，高某为大陆公民，案件结果与其利益密切相关，故本案不满足《〈民事诉讼法〉司法解释》第532条规定下的第4项条件，即"案件不涉及中华人民共和国国家、公民、法人或者其他组织的利益"。因此，依据我国相关司法解释，本案没有适用非方便法院原则的余地。

---

〔1〕 杜焕芳："涉外民事诉讼协议管辖条款之检视——兼评最高人民法院（2009）民三终字第4号裁定书"，载《法学论坛》2014年第4期。

〔2〕 杜涛：《国际私法原理》，复旦大学出版社2018年版，第69~70页。

〔3〕 最高法院（2018）最高法民辖终28号民事裁定书。

四、参考意见

最高法院通过《〈民事诉讼法〉司法解释》第 532 条创建了"中国版"非方便法院原则，虽与英美国家下的非方便法院原则具有一定的相似性，但其实内里却大不相同。[1]我们认为，该条司法解释的合理性和科学性值得探讨，在当下及可预见的未来，其适用空间十分有限，原因如下：

第一，我国法院适用非方便法院原则的条件过于严苛，适用空间被大大限缩。根据该条司法解释，只有同时满足 6 项条件，才有可能适用非方便法院原则。这一严苛规定固然有效地防止了法官在司法审判中滥用非方便法院原则，但这反而可能使得法官滥用该条司法解释，即法官可以案件不符合其中任何一项条件为由拒绝当事人基于非方便法院原则提出的管辖权异议，这形成的结果便是大大降低了非方便法院原则的适用机会。这不仅误解了非方便法院原则的本质内涵，也容易引发国外当事人对我国涉外民事管辖权有过度扩张的担忧。[2]

第二，该条司法解释第 4 项条件的合理性存疑。该项条件要求"案件不涉及中华人民共和国国家、公民、法人或者其他组织的利益"。据此，我国法院只有在审理与我国完全没有联系的当事人间的民事案件时，才能适用非方便法院原则。我们认为，这一项条件的合理性令人怀疑，就目前而言，我国法院审理的绝大多数涉外民事案件都不满足此项条件。

尽管我国的民事诉讼制度在不断完善，但整体上仍难称完善。我国律师的国际竞争力并不强，中文也非国际通用语言，且我国法院作出的损害赔偿数额通常远低于发达国家法院。所以，就当前来看，与我国完全没有联系的民事纠纷当事人选择到我国法院起诉的可能性似乎较小；换言之，我国法院审理的涉外民事案件，不涉及我国国家、公民、法人或者其他组织的利益的概率应该相当小。[3]

第三，就第 3、4 项条件而言，两者存在一定的重复。第 3 项条件为"案

---

〔1〕　参见霍政欣：《国际私法学》，中国政法大学出版社 2020 年版，第 297 页。

〔2〕　黄志慧："人民法院适用不方便法院原则现状反思——从'六条件说'到'两阶段说'"，载《法商研究》2017 年第 6 期。

〔3〕　霍政欣：《国际私法学》，中国政法大学出版社 2020 年版，第 297～298 页。

件不属于中华人民共和国法院专属管辖"。而《民事诉讼法》第266条规定的适用于国内与国际民事案件的专属管辖案件类型均牵扯到我国重大利益。因此仅从条文设计的角度来看,我们认为,第3、4项条件实为包含与被包含关系。不过,我们认为,第3项条件是合理的,即使外国法院对我国法院专属管辖的案件作出判决,未来也无法得到我国法院的承认与执行,故该项条件可予以保留,应当做出调整的是第4项条件。

综上,未来有必要对《〈民事诉讼法〉司法解释》第532条做进一步的调整完善,以加强条文设计的逻辑性,增强条文适用的实效性。我们认为,该条司法解释的完善需从非方便法院原则的内涵出发,在排除我国法院专属管辖案件适用该原则的基础之上,以为案件寻求更便利、更合适的管辖法院为目标,着重从审理案件的便利性以及更有利于实现当事人利益两方面进行制度设计,而非只是简单地追求减少诉累。另一方面,我国法院也应当转变思维,不能一概认为凡是牵扯到我国当事人的案件,由我国法院审理才能保障他们的权益。毕竟我国《民事诉讼法》中尚规定有外国法院判决的承认与执行制度,法院大可在判决的承认与执行阶段再行检视外国法院是否有效保障了我国当事人的诉讼权益,不必急于在一开始就争取管辖权。如果案件的主要事实发生在国外,我国法院进行审理反而可能无法为案件证据的收集、保全等提供应有的保障,最终可能不利于当事人利益的实现。

五、思考题

(1) 本案当事人之间订立的管辖条款并未明确到台湾地区下的某一具体法院,会否影响该条款的效力?

(2) 试比较我国的非方便法院原则与英美法下的非方便法院原则。

(3) 对于《〈民事诉讼法〉司法解释》第532条,你有哪些完善建议?

22-3

拓展案例

案例一："兴科科技私人有限公司、新加坡及成有限公司等股权转让纠纷管辖权异议案"

22 - 4

一、基本案情

2016 年，新加坡兴科科技私人有限公司（以下简称"兴科公司"）与新加坡及成有限公司（以下简称"新加坡及成公司"）、珠海市广耀纸品包装有限公司（以下简称"广耀公司"）及昆山力泰翔机械设备有限公司（以下简称"力泰翔公司"）签订了一份《股权收购意向书》，约定由兴科公司收购珠海及成通讯科技股份有限公司（以下简称"珠海及成公司"）。由于各种原因，兴科公司最终以无法达成共识为由结束对珠海及成公司股权的收购。在办理上述股权转让事宜期间，兴科公司曾支付给新加坡及成公司定金 300 万美元和股权转让款 260 万美元，现其欲讨回这两笔款项。但新加坡及成公司、广耀公司和力泰翔公司提出要没收这 300 万美元的定金，仅返还 260 万美元的股权转让款。

各方协商未果，2017 年 1 月，兴科公司向新加坡法院提起诉讼，请求法院判令新加坡及成公司返还该笔定金；同年，上述三家公司以共同原告的身份向珠海中院提起诉讼，请求珠海中院处理它们之间的纠纷。

在法定答辩期间，兴科公司提出管辖权异议，认为：①依据《〈民事诉讼法〉司法解释》第 532 条的规定，珠海中院应驳回新加坡及成公司的起诉；②就同一纠纷，兴科公司已向新加坡法院提起诉讼，案件正在审理之中，根据"一事不再理"原则，珠海中院不应受理新加坡及成公司的起诉。

珠海中院认为，本案当事人兴科公司、新加坡及成公司均为新加坡公司，故本案为涉外股权转让纠纷。珠海中院进一步认为，只有同时符合《〈民事诉讼法〉司法解释》第532条规定下的6项条件，法院才可以驳回原告的起诉。由于本案还涉及我国两家公司即广耀公司、力泰翔公司的利益，且本案股权收购的主要事实发生在我国境内，故珠海中院认为本案不符合该条司法解释的适用标准。珠海中院转而依据《民事诉讼法》第265条的规定，认为其作为合同履行地法院，享有本案的管辖权。就涉及的平行诉讼问题，珠海中院认为，依据《〈民事诉讼法〉司法解释》第533条，我国并不禁止平行诉讼，其可受理本案。据此，珠海中院裁定驳回兴科公司提出的管辖权异议。

兴科公司对珠海中院作出的裁定表示不服，向广东高院提起上诉。其在上诉审中，再次诉称本案应依据非方便法院原则驳回一审原告起诉，并就本案满足《〈民事诉讼法〉司法解释》第533条的各项条件提出以下理由：

第一，本案当事人之间不存在管辖权约定，且本案争议不属于我国法院专属管辖范畴，兴科公司明确提出管辖权异议。

第二，本案争议在于300万美元定金是否应该返还，而该款项的付款方和收款方均为新加坡公司，本案争议不涉及中国国家、公民、法人或者其他组织的利益。

第三，本案争议的主要事实发生在新加坡，且不适用中国法律，中国法院审理本案存在重大困难。

就主要事实发生地的问题，兴科公司称，案涉300万美元由其在新加坡大华银行的账户付至新加坡及成公司在新加坡星展银行的账户。兴科公司认为，300万美元的支付是《股权收购意向书》生效的前提条件，亦是《股权收购意向书》的核心内容，故本案的主要事实发生在新加坡。

就本案的法律适用问题，兴科公司称，根据《法律适用法》第41条的规定，当事人没有选择适用的法律，适用履行义务最能体现该合同特征的一方当事人经常居所地法律或者其他与该合同有最密切联系的法律。兴科公司指出，案涉300万美元的收付款行为发生在新加坡且收付款双方均为新加坡公司，因而新加坡是《股权收购意向书》的最密切联系地，本案争议应适用新加坡法律。

就中国法院审理本案是否存在重大困难的问题，兴科公司称，关于股权转让的谈判主要通过邮件方式进行，且上诉人的邮件皆从新加坡发出，上诉人参与股权转让谈判的员工均为新加坡人，而被上诉人参与股权转让谈判的主要人员的常住地亦不在中国境内，因此，关于获取相关证据及查明本案事实，中国法院将面临极大障碍。

第四，新加坡法院对本案享有管辖权，且审理该案件更为方便。兴科公司称，新加坡是案涉合同的履行地，付款行为发生在新加坡企业之间，故新加坡法院对本案享有管辖权。且关于股权转让谈判所用邮件，主要发生在新加坡。因此，兴科公司认为，新加坡法院在获取本案相关证据及查明案件事实方面，具有比中国法院更明显的便利条件。

经审理，广东高院维持了珠海中院的各项裁判逻辑，裁定驳回上诉，维持原裁定。

二、法律问题

（1）珠海中院对本案当事方之间的股权转让纠纷是否享有管辖权？

（2）本案可否适用《〈民事诉讼法〉司法解释》第532条的规定？

三、重点提示

本案各方当事人因《股权收购意向书》的履行引起纠纷，而涉及合同的国际民事纠纷，我国法院除了可依据"原告就被告"的一般管辖原则享有管辖权外，还可依据《民事诉讼法》第265条规定的多种管辖权依据享有管辖权。本案两级法院均认为案涉合同的履行地是珠海市，故珠海中院享有处理该合同纠纷的管辖权。故这一问题的关键在于：本案各方当事人欲交易的是一家位于我国珠海市的公司之股份，付款行为发生在新加坡，珠海市是否是案涉合同的履行地？

我国法院适用《〈民事诉讼法〉司法解释》第532条的规定需要同时满足该条之下的6项条件。虽然案涉定金的收款方是新加坡及成公司，但是案涉股权转让合同还涉及另两家中国公司转让方，它们和新加坡及成公司共同作为转让方与兴科公司签订了《股权收购意向书》，定金可能在三家公司内部之间进行分配，且股权转让事宜是否顺利也关系到这两家中国公司的切身利益，故应当认定本案为涉及我国法人利益的案件，不满足适用《〈民事诉讼法〉司法解释》第532条的条件。

案例二："中川雄一、大连日研工业有限公司与
齐藤幸男返还原物纠纷"

22 − 5   22 − 6

一、基本案情

齐藤幸男与中川雄一均为日本公民，大连日研工业有限公司（以下简称"日研公司"）系中川雄一独自出资在我国大连市设立的外商独资企业。

2005 年 4 月 5 日，齐藤幸男向中川雄一汇款 300 万日元，委托后者在大连投资建厂，中川雄一收到款项后称将该款项投入到日研公司，随后向齐藤幸男出具"股票"，"股票"上加盖了日研公司的合同专用章。

2011 年 8 月，齐藤幸男到大连考察投资情况，发现日研公司大门上的名称已更换成其他公司，向工商局查询后方才得知中川雄一并未将齐藤幸男登记为日研公司的股东，齐藤幸男凭借持有的"株券"无法向日研公司主张权利，亦无法享受到股东权益。齐藤幸男认为，中川雄一、日研公司的上述行为严重违反了其投资的本意，明显属于恶意欺诈，侵犯了其合法权益，故他于 2013 年向大连经济技术开发区人民法院（以下简称"大连开发区法院"）提起诉讼，请求法院判令中川雄一返还投资款 300 万日元及损失，日研公司承担连带赔偿责任。另查明，位于大连经济技术开发区的一处房屋的所有权人为中川雄一。

中川雄一、日研公司未到庭参加诉讼，大连开发区法院对案件进行了缺席审判。为证明确实存在汇款行为，齐藤幸男在诉讼中提供了一份汇款手续完成书，该完成书上有静冈银行有限公司富士支行的印章和该支行的支行长多良仁志的印章。该汇款手续完成书的内容记载，齐藤幸男于 2005 年 4 月 5 日向中川雄一活期存款 NO.0778691 的账号上汇款 300 万日元，证据出具时间

为 2011 年 12 月 19 日。

大连开发区法院认为，齐藤幸男及中川雄一为日本国籍，故本案为涉外商事纠纷；中川雄一名下的不动产位于大连经济技术开发区辖区内，符合《民事诉讼法》第 265 条规定的情形，因此，本院具有管辖权。

在本案的法律适用问题上，大连开发区法院认为应依据《合同法》第 126 条第 1 款的规定，适用与合同有最密切联系的国家的法律。大连开发区法院进一步认为，由于日研公司的住所地位于我国大连市，齐藤幸男亦同意适用中国法律，故本案应适用中国法律。

据此，大连开发区法院遂依据《合同法》《民法通则》《中华人民共和国公司法》的相关规定，判决中川雄一返还齐藤幸男投资款 300 万日元及利息，日研公司承担连带清偿责任。

宣判后，中川雄一、日研公司不服一审法院判决，上诉至大连中院。中川雄一、日研公司提出多项上诉理由，其中包括"案涉两个关键证据系在国外形成，法院应按照非方便原则处理"。

就本案的法律适用问题，大连中院认为，本案中，齐藤幸男主张由于中川雄一和日研公司的欺诈行为侵犯了其合法权益，故本案属于在涉外商事活动中财产权利受到侵害产生的侵权纠纷。大连中院进一步认为，在侵权行为发生后，双方当事人未协议选择适用的法律，根据《法律适用法》第 44 条"侵权责任，适用侵权行为地法律"之规定，侵权行为地包括侵权行为实施地、侵权结果发生地，本案的侵权结果发生地在中国，故应适用中国法律作为处理本案的准据法。

就上诉人提出的适用非方便法院原则的问题，大连中院认为，一审时，中川雄一及日研公司在答辩期内未对管辖权提出异议，视为放弃对管辖权提出异议的权利。大连中院同时认为，由于本案上诉人日研公司系中国法人，本案亦不满足非方便法院原则的适用条件，不能适用非方便法院原则。

经审理，大连中院认为齐藤幸男虽在原审时提交了加盖日研公司合同专用章的"株券"，但其未能提交证据证明该款项已由日研公司实际使用，故其要求日研公司承担连带责任，事实依据不足。故大连中院判决维持一审法院要求中川雄一返还齐藤幸男投资款 300 万日元及利息的判决项，撤销了日研公司承担连带赔偿责任的判决项。

中川雄一、日研公司不服二审判决，向辽宁高院申请再审。辽宁高院于2016年11月29日作出裁定，指令大连中院再审本案。大连中院依法另行组成合议庭，开庭审理了本案。

中川雄一及日研公司在再审中请求法院撤销二审判决的全部内容，并依据非方便法院原则驳回齐藤幸男的起诉。再审中，中川雄一及日研公司提供了一份出具时间为2016年7月7日的证明，该证明形式上加盖了静冈银行有限公司富士支行的支行长高野英明的印章。该证明显示：静冈银行有限公司富士支行2011年12月19日未向齐藤幸男出具过"送金手续完了书"。中川雄一还提供了三菱东京UFJ银行2016年7月6日出具的证明，主要内容为"NO.0778691不是中川雄一的账号"。

为反驳中川雄一及日研公司所提供的上述证据，齐藤幸男在再审中又提供了一份三菱东京UFJ银行静冈分行出具的证明，主要内容为"该银行未曾出具过2016年7月6日的证明书"。

大连中院认为，在齐藤幸男是否向中川雄一汇款300万日元这一焦点问题上，各方当事人所提供的证据相互否定；又由于上述证据均系在日本形成，故大连中院对于各项证据的真实性、合法性及证明力大小，难以作出准确判断，进而难以对案件基本事实作出准确认定。

对于本案可否适用非方便法院原则的问题，大连中院认为，这一问题取决于本案是否涉及在我国注册的日研公司的利益，而除《〈民事诉讼法〉司法解释》第532条下第4项条件外的另5项条件均已确定满足。

就本案是否满足《〈民事诉讼法〉司法解释》第532条下第4项条件的问题，大连中院认为，虽然案涉"株券"上有中川雄一的个人名章和日研公司的合同专用章，但不足以认定持券人可以向日研公司主张权利。大连中院进一步认为，在齐藤幸男无更充分的证据证明其主张的投资款用于日研公司，中川雄一和日研公司也否认这一事实，原二审判决认定案涉款项日研公司没有还款义务，而在齐藤幸男也没有申请再审的情况下，现有证据不足以认定本案涉及日研公司的利益。

综上，大连中院认为本案符合《〈民事诉讼法〉司法解释》第532条规定的情形，遂支持中川雄一、日研公司关于本案应适用非方便法院原则的再审请求，裁定撤销一二审判决，驳回齐藤幸男的起诉。

二、法律问题

（1）本案纠纷应如何定性？

（2）大连开发区法院对本案是否享有管辖权？

（3）本案可否适用《〈民事诉讼法〉司法解释》第 532 条的规定？

三、重点提示

我国法院适用非方便法院原则需要案件同时满足《〈民事诉讼法〉司法解释》第 532 条下的 6 项条件。试比对各项条件，讨论本案是否完全满足之。

值得强调的是，我国审理的绝大多数涉外案件都牵扯到我国当事人的利益，因此在讨论是否满足该条司法解释下第 4 项条件时需要格外注意。就本案而言，日研公司系在我国注册的外商独资企业，本案是否涉及它的利益将直接影响到法院可否适用非方便法院原则。有一点疑问是，"涉及利益"是否狭隘到只要案件当事人包含我国当事人，就必然与我国当事人存在利益关系？

另外，本案被告未在一审答辩期内提起管辖权异议，二审法院据此否认适用非方便法院原则，再审法院对此未作回应。从《〈民事诉讼法〉司法解释》第 532 条的内容可知，该条未明确被告援引非方便法院原则的时间，其第 1 项要求将被告提出"案件应由更方便外国法院管辖的请求"与"提出管辖异议"并列而置。对于后一种情况，《民事诉讼法》第 127 条对当事人主张管辖权异议作出了明确的时间要求；但针对前一种情况，我国法律并未规定有时间上的要求，可否直接沿用《民事诉讼法》第 127 条对当事人提出管辖权异议的时间要求，我们认为，这尚待明确。

| 专题二十三 |

外国法院判决的承认与执行

🔖 知识概要

"外国法院判决的承认与执行"（recognition and enforcement of foreign judgments）是指一国法院根据本国立法或有关国际条约，承认外国法院的民商事判决在内国的域外效力，并在必要时依法予以强制执行。[1]

各国具有独立的司法管辖权，但是，民商事判决在全球间的流动并不罕见。承认与执行外国法院判决的理论依据主要包括：①国际礼让说；②既得权说；③债务说；④既判力说；⑤互惠说。[2]

承认与执行外国法院判决并不是无条件的，以比较法的视角观之，主要包括以下条件：①原判决国法院必须具有合格的管辖权；②有关的诉讼程序具有必要的公正性；③外国法院判决是确定的判决；④外国法院判决是合法的判决；⑤外国法院判决不与其他有关的法院判决相抵触；⑥原判决国法院适用了适当的准据法；⑦有关国家之间存在互惠关系。[3]

我国《民事诉讼法》第281条与282条是专门调整中国法院承认与执行外国判决的条款。依据这两条规定及相关司法解释，关于向人民法院申请承认与执行外国法院判决的事项，可梳理如下[4]：

第一，关于申请主体，既可以是外国法院判决中的当事人，也可以是作出判决的外国法院。在司法实践中，绝大多数提出申请的主体属于前者，亦

---

[1] 霍政欣：《国际私法学》，中国政法大学出版社2020年版，第314页。

[2] 霍政欣：《国际私法学》，中国政法大学出版社2020年版，第313~314页。

[3] 参见韩德培、肖永平编著：《国际私法学》，人民法院出版社2004年版，第357~360页。

[4] 参见霍政欣：《国际私法学》，中国政法大学出版社2020年版，第323~331页。

即外国诉讼中的胜诉一方当事人。

第二，关于受理申请的法院，应是我国有管辖权的中级人民法院，亦即被执行人住所地或被执行的财产所在地的中级人民法院。

第三，关于承认与执行外国法院判决的条件，主要包括：①必须是发生法律效力的判决或裁定；②外国法院的判决、裁定不得违反我国法律的基本原则或者国家主权、安全、社会公共利益；③我国法院和外国法院均有管辖权的案件，一方当事人在外国法院起诉，而我国法院受理并作出判决后，外国法院申请或当事人请求人民法院承认与执行外国法院对本案作出的判决、裁定的，不予准许，但双方共同参加或订立的国际条约另有规定的除外；④外国与我国有共同缔结或参加国际条约的，按国际条约规定的条件；没有条约的，以互惠原则为基础，但当事人向人民法院申请承认外国法院作出的发生法律效力的离婚判决除外。

第四，关于承认与执行外国法院判决的方式，《民事诉讼法》第 282 条规定："人民法院对申请或请求承认与执行外国法院作出的发生法律效力的判决、裁定，依照我国缔结或参与的国际条约，或者按照互惠原则进行审查后，认为不违反我国法律的基本原则或国家主权、安全、社会公共利益的，裁定承认其效力，需要执行的，发出执行令，依照本法的有关规定进行"。

第五，关于承认与执行外国法院判决的程序，根据《〈民事诉讼法〉司法解释》第 543 条，"申请人向人民法院申请承认与执行外国法院作出的发生法律效力的判决、裁定，应当提交申请书，并附外国法院作出的发生法律效力的判决、裁定正本或者经证明无误的副本以及中文译本。外国法院判决、裁定为缺席判决、裁定的，申请人应当同时提交该外国法院已经合法传唤的证明文件，但判决、裁定已经对此予以明确说明的除外。中国缔结或者参加的国际条约对提交文件有规定的，按照规定办理"。

值得一提的是，2019 年 7 月 2 日，海牙国际私法会议在外交大会上通过了《承认与执行外国民商事判决公约》（以下简称"《执行公约》"），包括中国在内的数十个国家的代表签署确认了公约文本。不过，中国尚未加入《执行公约》，该公约距离生效亦尚待时日。[1]

---

〔1〕　参见霍政欣：《国际私法学》，中国政法大学出版社 2020 年版，第 314 页。

📚 **经典案例**

**"刘某与陶某、童某申请承认与执行
外国法院民事判决案"**

23 - 1

一、基本案情

陶某与刘某于2013年9月22日在美国签订《股权转让协议》一份，约定陶某将其持有的在美国加州注册登记的一家公司50%的股份转让给刘某。刘某先后于2013年9月22日、9月25日向陶某付款12.5万美元。后刘某以陶某及其丈夫童某利用虚假股权转让事由获取其12.5万美元为由，于2014年7月17日向美国加州洛杉矶县高等法院（以下简称"加州法院"）提起诉讼。同年10月7日，美国罗兰（Rolan）送达公司就陶某、童某在美国境内的个人信息、联系地址等出具调查报告。刘某在美国的委托律师按调查报告所载两人地址邮寄送达诉讼资料未果。

2015年1月8日，加州法院法官威廉·斯图尔特（William D. Stewart）作出公告命令，决定该案相关传票、通知通过在《圣盖博谷论坛》（San Gabriel Valley Tribune）上刊登公告方式送达。该送达公告随后于2015年1月15日、1月22日、1月29日和2月5日连续四次在《圣盖博谷论坛》上刊登。2015年7月24日，斯图尔特法官作出缺席判决，该法庭认为陶某和童某已按程序收到传票，而未出庭回应申请人之起诉，构成缺席。因此，加州法院就该案所涉事项判决陶某和童某连带偿还刘某12.5万美元并承担判决前利息20 818美元（自2013年9月25日至2015年5月25日，按日息34.24美元计算），且应支付费用1674美元，判决金额共计147 492美元。刘某在美国的委托律师于判决当日就上述判决办理了判决登记通知手续。

2015 年 10 月，刘某向湖北省武汉市中级人民法院（以下简称"武汉中院"）申请承认与执行该加州法院判决，并追加索赔加州法院判决作出之日起至执行完毕逾期的利息。武汉中院立案受理后组成合议庭，在 2015 年 12 月 25 日、2016 年 3 月 15 日组织听证会对该申请进行了审查。

另一方面，刘某向武汉中院提交了一篇载于《中国法律期刊》的报告。该报告载明，湖北省高级人民法院（以下简称"湖北高院"）作出的湖北葛洲坝三联实业股份有限公司、湖北平湖旅游船有限公司诉美国罗宾逊直升机有限公司产品侵权纠纷案的民事判决，已获美国法院承认与执行。

陶某和童某辩称，加州法院作出的判决在中国境内不具有法律效力，两人亦未收到参加诉讼的通知，且《股权转让协议》真实、合法、有效，故其不应返还刘某股权转让价款。

武汉中院审理后认为，刘某提交的证实美国已有承认与执行我国法院判决的先例确实存在，承认该民商事判决亦不违反我国法律的基本原则或者国家主权、安全、社会公共利益。武汉中院认为，加州法院已通过多种方式对陶某和童某进行了合法传唤，两人所称未能接到参加诉讼通知的理由未能得到法院支持。

至于二人提出的《股权转让协议》真实、合法、有效的抗辩理由，武汉中院认为本案属于司法协助案件，并不涉及对双方实体权利义务关系的审查，在相关外国法院已就此作出判决的情况下，对二人的这一主张不予支持。

据此，武汉中院认为承认与执行该加州法院判决符合我国《民事诉讼法》第 282 条的规定，故作出承认与执行该判决的裁定。但对于刘某主张的 2015 年 5 月 25 日美国法院判决日至执行终结前的逾期利息的诉讼请求，武汉中院认为，这不属于申请承认与执行外国法院判决的范畴，不予支持。

二、法律问题

本案是申请承认与执行外国法院判决案件。刘某与陶某、童某在美国发生股权转让纠纷，刘某在美国加州法院获得胜诉判决后，向武汉中院申请执行美国加州法院的这份判决，下列问题遂成为本案焦点：

（1）美国承认与执行我国法院的判决对本案有何影响？

（2）武汉中院是否应当承认与执行该加州法院的判决？

三、法理分析

1. 美国承认与执行我国法院的判决的影响

我国承认与执行外国法院判决的规定见于《民事诉讼法》第 281 条和第 282 条，依之，由于我国与美国之间没有缔结或共同参加相关的国际条约，只有在互惠原则的基础上我国法院才有可能承认美国法院作出的判决。从司法实践来看，我国法院在"五味晃申请承认与执行日本法院判决案"中已经表明了我国坚持事实互惠而非法律互惠的司法态度，[1] 且需要外国法院先行承认与执行我国法院作出的判决。因此，依据以往的司法政策，如果不存在刘某所提交的美国法院承认与执行我国法院判决的先例，武汉中院不会作出承认与执行加州法院判决的裁定。

2. 武汉中院是否应当承认与执行该加州法院的判决？

本案中，武汉中院认定中美之间已存在互惠关系，故依据《民事诉讼法》第 282 条的规定，在承认与执行该判决不违反我国法律的基本原则或者国家主权、安全、社会公共利益的前提下对该加州法院的判决予以承认与执行。那么，问题的关键在于，中美之间真的存在互惠关系吗？

需要强调，在承认与执行外国判决领域，美国法和中国法存在显著不同。第一，美国包括加州在内的大部分州都不将互惠作为承认与执行外国判决的条件。故美国某一州承认与执行中国判决，并不代表其他州亦会如此，遑论国家层面上两国互惠关系的确立。[2] 第二，美国存在联邦法院和州法院两套法院系统，刘某提交的先例，承认与执行中国法院判决的法院是美国联邦法院加州中部地区法院，属于联邦法院系统，而本案涉及的美国加州洛杉矶县高等法院属于州法院系统。联邦法院与州法院在法院设立、司法管辖权、案件审理、法官任命等方面均存在差异。综上，我们认为，以 2013 年美国加州法院承认与执行湖北高院判决为依据，认定中美两国在国家层面上已建立互惠关系并不准确。进而言之，泛泛谈及美国法关于承认与执行外国判决的法律规定或

---

〔1〕 详见最高人民法院中国应用法学研究所编：《人民法院案例选（1992 年至 1996 年合订本）民事、经济、知识产权、海事、民事诉讼法程序卷（上、下）》，人民法院出版社 1997 年版，第 2170 页。

〔2〕 霍政欣："论承认和执行外国判决的美国法困境——中国的因应与殷鉴"，载《法律科学（西北政法大学学报）》2019 年第 5 期。

美国法院对中国判决的立场，不仅不具实际意义，而且可能导致司法误判。[1]

四、参考意见

《民事诉讼法》第 281 条和第 282 条对互惠原则进行了规定，但未就互惠原则的具体含义予以进一步的明确。但从最高人民法院（2006）民四他字第 45 号复函有关"我国与澳大利亚联邦之间没有缔结或者参加相互承认与执行法院民事判决、裁定的国际条约，亦未建立相应的互惠关系"的表述来看，我国法律体系下的"互惠原则"实为"事实互惠"。

需要指出的是，上文提及的"五味晃申请承认与执行日本法院判决案"是在中国与日本之间不存在彼此拒绝承认与执行对方判决的先例的背景下发生的；换言之，该案表明，中国法院以不存在日本法院承认与执行中国法院的先例为由，认定两国之间不存在互惠关系。显然这种事实互惠的要求，不利于国家间相互承认与执行判决，毕竟对于互惠关系，总有一个国家要先迈出第一步。在该案发生后，日本法院就此认定，中日之间不存在互惠关系，从而拒绝承认与执行中国法院的判决。[2] 职是之故，未来中国关于互惠关系的认定，我们认为，有必要从事实互惠转为法律互惠。

事实上，近年来，最高法院已在多个司法文件中表明将从事实互惠转向法律互惠甚至更为宽松的推定互惠的立场。如《最高人民法院关于人民法院为"一带一路"建设提供司法服务和保障的若干意见》规定：[3] "可以在一带一路沿线一些国家尚未与我国缔结司法协助协定的情况下，综合考虑由我国法院先行给予对方国家当事人司法协助，积极促成形成互惠关系。"2017 年 6 月 8 日，《第二届中国－东盟大法官论坛南宁声明》第 7 条进一步指出："区域内的跨境交易和投资需要以各国适当的判决的相互承认与执行机制作为司法保障。在本国国内法允许的范围内，与会各国法院将善意解释国内法，减少不必要的平行诉讼，考虑适当促进各国民商事判决的相互承认与执行。尚未缔结有关外国民商事判决承认与执行国际条约的国家，在承认与执行对方国家民商事判决的司法程序中，如对方国家的法院不存在以互惠为理由拒绝

---

〔1〕　参见霍政欣：《国际私法学》，中国政法大学出版社 2020 年版，第 328～329 页。

〔2〕　何其生：《比较法视野下的国际民事诉讼》，高等教育出版社 2015 年版，第 327 页。

〔3〕　法发〔2015〕9 号。

承认与执行本国民商事判决的先例,在本国国内法允许的范围内,即可推定与对方国家之间存在互惠关系。"

五、思考题

(1)在承认与执行外国判决方面,中美之间是否已经存在互惠关系?

(2)中国承认与执行美国法院判决,对于美国法院未来承认与执行中国判决是否有实质性影响?为什么?

(3)在审查承认与执行外国判决的申请时,应从哪些方面进行考虑?

(4)在承认与执行外国法院判决方面,你认为中国立法还需要在哪些方面进行完善?

拓展案例

案例一:"Kolmar Group AG 与江苏省纺织工业(集团)进出口有限公司申请承认与执行外国法院民事判决案"

23 – 2

一、基本案情

Kolmar Group AG(高尔集团股份有限公司,以下简称"高尔公司")与江苏省纺织工业(集团)进出口有限公司(以下简称"省纺集团")之间因买卖合同发生纠纷,后双方达成和解协议,省纺集团承诺赔偿高尔集团35万美元。因省纺集团未履行和解协议,高尔集团依据和解协议中的约定管辖条款向新加坡共和国高等法院(以下简称"新加坡高院")提起诉讼。经合法传唤,省纺集团未到庭,新加坡高院于2015年10月22日作出缺席判决,判令省纺集团偿付高尔集团35万美元及利息。省纺集团未履行该判决。因省纺集团及其财产均在中国境内,高尔公司于2016年6月向南京市中级人民法院

（以下简称"南京中院"）起诉，请求法院承认与执行该判决。

南京中院立案后查明，新加坡高院于 2014 年 1 月作出〔2014〕SGHC16 号判决，内容为对我国江苏省苏州市中级人民法院作出的判决进行承认与执行。经审理，法院认为，"中国与新加坡之间并未缔结或者共同参加关于相互承认与执行生效民商事裁判文书的国际条约，但由于新加坡高等法院曾对中国法院的民事判决予以执行，根据'互惠原则'，中国法院可以对符合条件的新加坡法院的民事判决予以承认与执行。经审查，案涉判决亦不违反中国法律的基本原则或者国家主权、安全、社会公共利益，故依照《民事诉讼法》第 282 条的规定，裁定承认与执行新加坡高院作出的民事判决"。

二、法律问题

南京中院是否应承认与执行新加坡高院作出的判决？

三、重点提示

目前，在相关外国与我国不存在国际条约的情况下，我国法院只可能基于互惠关系承认与执行该外国法院判决。从我国司法实践来看，我国要求这种互惠关系为事实互惠。另外，根据《民事诉讼法》第 282 条，我国法院承认与执行外国法院判决时，还需要考虑会否影响到我国的公共秩序。

案例二："艾斯艾洛乔纳斯有限公司（S. L. JONAS LTD）与杨某申请承认外国法院民事判决案"

23 – 3

一、基本案情

艾斯艾洛乔纳斯有限公司（S. L. JONAS LTD，以下简称"艾乔公司"）与杨某在以色列发生债务纠纷，艾乔公司于 2016 年 2 月将杨某诉至以色列耶路撒冷裁判法院（以下简称"耶路撒冷法院"），要求杨某偿还欠款 64 225 以色列新谢克尔。[1]当月 25 日，双方达成《协议和解书》，根据和解书杨某应偿还艾乔公司 50 000 以色列新谢克尔，并于协议书签订之日起 10 日内付款。次月 2 日，艾乔公司将《协议和解书》提交耶路撒冷法院，请求作出裁决。4 月 10 日，以色列耶路撒冷裁判法院裁定《协议和解书》成立，并作为判决的依据。

事后，杨某未履行上述判决，艾乔公司遂于 2017 年初向福州中院提起诉讼，申请承认耶路撒冷法院作出的判决。

福州中院经审查认为，以色列国与我国没有缔结或者共同参加国际条约，也没有互惠关系，不符合我国法律规定的承认外国法院作出的发生法律效力判决的条件，并依照《〈民事诉讼法〉司法解释》第 544 条的规定，裁定驳回艾乔公司的申请。

二、法律问题

（1）我国与以色列国之间是否存在互惠关系？
（2）福州中院可否承认耶路撒冷法院作出的这一判决？

三、重点提示

本案中，福州中院以我国与以色列国之间没有缔结或共同参加有关的国际条约，亦不存在互惠关系为由拒绝承认耶路撒冷法院作出的判决。这再次表明，我国法院在司法实践中一直坚持以事实互惠认定双方是否存在互惠关系。但令人不解的是，福州中院在作出我国与以色列国之间不存在互惠关系的结论前，却没有作出任何说理阐释。

事实上，在 2015 年 10 月，以色列特拉维夫法院曾承认了我国江苏省南通市中级人民法院作出的一份判决。[2]福州中院却忽略了此事实，这颇为遗憾。

---

[1] 以色列新谢克尔是以色列国的法定货币。
[2] 参见霍政欣：《国际私法学》，中国政法大学出版社 2020 年版，第 321~322 页。

| 专题二十四 |

外国仲裁裁决的承认与执行

知识概要

作为国际民商事争议解决的一种方式，国际商事仲裁是指，国际商事交往的当事人通过协议自愿将他们之间的有关争议提交某一临时仲裁机构或某一常设仲裁机构审理，由其依据有关法律或依公平原则作出裁决，并约定自觉履行该项裁决所确定的义务的一种制度。[1]"在国际商事交易中，缔约双方合意选择仲裁作为争议的解决方式，是出于对国际商事仲裁程序价值的肯定，以及仲裁裁决在一百四十多个国家可以获得承认与执行的期待。"[2]

国际商事仲裁胜诉的一方总是希望裁决能够立即得到履行，如果一方当事人不履行仲裁裁决，另一方当事人有权寻求司法救济，即向有关法院提出承认与执行仲裁裁决的申请，依靠国家强制力保障仲裁裁决的法律效力。国际商事仲裁裁决的承认与执行是两个既有联系又有区别的问题。所谓"承认"，是指法院允许该仲裁裁决所确认的当事人的权利与义务在其境内产生可予执行的法律效力，它是执行的前提。所谓"执行"，是指法院在承认某一国际商事仲裁裁决效力的基础上，依照法律规定的执行程序予以强制执行。[3]

各国通常将当事人申请执行的裁决分为内国裁决和外国裁决，并对二者在承认与执行的条件等方面作出不同规定。一般而言，就某一裁决而言，如果裁决作出地国和被申请承认与执行裁决地国是同一国家，被申请承认与执

---

[1] 霍政欣：《国际私法学》，中国政法大学出版社 2020 年版，第 332 页。

[2] 杜新丽："跨国破产与国际商事仲裁的冲突与弥合"，载《比较法研究》2012 年第 1 期。

[3] 杜新丽、宣增益主编：《国际私法》，中国政法大学出版社 2017 年版，第 366 页。

行地国通常认为该裁决属于"内国裁决"（domestic award），除非被申请承认与执行裁决地国依据有关法律或解释，不认为该裁决属于内国裁决。对于如何界定一项裁决是外国仲裁裁决，大体有"领域标准"（territorial test）和"非内国裁决标准"（non-domestic award test）两种。依据"领域标准"，如果裁决是在被申请承认与执行该裁决所在国领域外的国家作出的，该裁决通常被认为属于外国裁决；有些出于特定的原因和考虑，将某些在本国领域内作出的又在本国申请承认与执行的裁决认定为非内国裁决，这种认定方式通常被称为"非内国裁决标准"。[1]

《纽约公约》被誉为"国际仲裁大厦所倚赖的最为重要的支柱"，"可能有资格成为整个商法历史上最有效的国际立法实例"。[2]我国在加入《纽约公约》时作出了互惠保留和商事保留声明：①中国只在互惠的基础上对在另一缔约国领土内作出的仲裁裁决的承认与执行适用该公约；②中国只对依据中国法律认定为属于契约性和非契约性商事法律关系所引起的争议适用该公约。[3]在对外国仲裁裁决的认定的问题上，从《纽约公约》第1条的内容来看，公约兼采了领域标准与非内国裁决标准。[4]

关于外国仲裁裁决在中国的承认与执行，我国《民事诉讼法》第283条规定，国外仲裁机构的裁决，需要我国人民法院承认与执行的，应当由当事人直接向被执行人住所地或者其财产所在地的中级人民法院申请，人民法院应当依照中国缔结或者参加的国际条约，或者按照互惠原则办理。《〈民事诉讼法〉司法解释》第545条规定："对临时仲裁庭在中华人民共和国领域外作出的仲裁裁决，一方当事人向人民法院申请承认与执行的，人民法院应当依照民事诉讼法第283条规定处理。"

因此，我国承认与执行外国仲裁裁决主要分为以下途径：①依据我国参加的1958年《纽约公约》承认与执行；②依据我国缔结的有关双边协定进

---

〔1〕 霍政欣：《国际私法学》，中国政法大学出版社2020年版，第355~356页。

〔2〕 转引自［英］艾伦·雷德芬等：《国际商事仲裁法律与实践》，林一飞、宋连斌译，北京大学出版社2005年版，第472页。

〔3〕 霍政欣：《国际私法学》，中国政法大学出版社2020年版，第360页。

〔4〕 《纽约公约》第1条第1款规定："仲裁裁决，因自然人或法人间的争执而引起的仲裁裁决，在一个国家的领土内完成，而在另一个国家请求承认与执行时，适用本公约。在一个国家请求承认与执行这个国家不认为是本国裁决的仲裁裁决时，也适用本公约。"

行；③对于没有条约关系的，按照互惠原则办理。同时，为确保《纽约公约》在我国的有效实施，最高法院建立了拒绝承认与执行外国仲裁裁决的报告制度。1995 年 8 月 28 日，最高法院发布了《最高人民法院关于人民法院处理与涉外仲裁及外国仲裁事项有关问题的通知》（2008 年修改），依据该通知，凡各级人民法院拟不予执行涉外仲裁裁决、不予承认与执行外国仲裁裁决，均应逐级呈报最高法院审查，在最高法院答复前，不得裁定撤销或不予执行。

📚 经典案例

案例一："利奇食品株式会社、元某秋申请
承认与执行外国仲裁裁决案"

24 - 1

一、基本案情

元某秋与利奇食品株式会社（以下简称"利奇会社"）签订了《主特许经营权合同》，在合同第 19 - 2 条中约定："双方发生与本合同有关的纠纷、分歧、异议或违约事项时，可通过友好协商进行解决。如协商未果，可根据大韩民国法律通过贸易仲裁委员会进行仲裁。"后双方在履行合同的过程中发生纠纷，利奇会社遂向大韩商事仲裁院（以下简称"大韩仲裁院"）申请仲裁。2016 年 5 月 13 日，大韩仲裁院向元某秋通知道：该仲裁案件将依据《大韩商事仲裁院国际仲裁规则》审理；该仲裁案件将由仲裁员一人审理，元某秋可与利奇会社协商确定独任仲裁员人选。由于两人未选择仲裁员，大韩仲裁院秘书处指定了仲裁员，并通知了双方。元某秋及利奇会社全程参与了接下来的仲裁程序。2017 年 4 月 13 日，大韩仲裁院作出第 16113 - 0017 号仲裁裁决。在裁决书中，大韩仲裁院依据韩国法对仲裁协议的效力做了论证，认为该仲裁协议有效。依据该裁决书，元某秋应向利奇会社支付：①损害赔偿金 495 000 000 韩元（折合人民币约 2 950 695 元）；②自 2016 年 5 月 20 日起至全部还清之日的延迟损害金（按年 6% 利率计算）；③仲裁费 13 115 000 韩元（折合人民币约 78 178.52 元）。仲裁裁决中，大韩仲裁院还依据韩国法对仲裁协议的效力进行论述，认为该仲裁协议有效。

因上述裁决已经生效且元某秋未履行义务，利奇会社于 2018 年 1 月向天津市第一中级人民法院（以下简称"天津一中院"）申请承认与执行该仲裁裁决。元某秋发表陈诉意见，请求不予承认与执行该仲裁裁决，并提出如下理由：

第一，大韩仲裁院没有管辖权，其越权管辖构成《纽约公约》第 5 条第 1 款（甲）、（丁）项应不予承认与执行仲裁裁决的情形。元某秋认为，其与利奇会社之间的《主特许经营权合同》中仅约定了可根据韩国法律通过仲裁方式解决争议，并没有约定由哪一个国家、哪一个具体的仲裁机关进行仲裁，不能推断出大韩仲裁院有管辖权。虽然仲裁裁决中特别描述了管辖权问题，但其表述牵强且与事实相悖。

第二，仲裁庭未予当事人指派仲裁员之适当通知，构成《纽约公约》第 5 条第 1 款（乙）项应不予承认与执行仲裁裁决的情形。元某秋认为，大韩仲裁院并未就选定仲裁员的程序事宜向元某秋适当通知，其在首次向元某秋送达的仲裁文书中即直接确定由独任仲裁员审理，缺失了通知当事人约定选定仲裁员程序和进行该程序的必要步骤，严重违反了《韩国仲裁法》第 11 条、第 12 条的有关规定。

第三，2016 年 8 月 9 日之前的所有仲裁程序，均滥用《大韩商事仲裁院国际仲裁规则》，构成《纽约公约》第 5 条第 1 款（丁）项应不予承认与执行仲裁裁决的情形。元某秋认为，仲裁庭于 2016 年 8 月 9 日召开庭前会议时方确定仲裁程序遵循该国际仲裁规则，2016 年 8 月 9 日之前的相关仲裁程序均属于违法。

第四，仲裁庭的组成严重违反《韩国仲裁法》，同时也违反了其适用的国际仲裁规则的规定，构成《纽约公约》第 5 条第 1 款（丁）项不应承认与执行仲裁裁决的情形。元某秋认为，大韩仲裁院直接确定由 1 名仲裁员审理，违反《韩国仲裁法》中，对于如果没有约定，仲裁员的人数应为 3 人的强制性规定，而独任仲裁庭仲裁也违法了其国际仲裁规则的规定。根据该仲裁规则，标的额在 2 亿韩元以下的才可以独任仲裁，而本案是 10 亿韩元的争议，不适用独任仲裁。

第五，承认与执行案涉仲裁裁决将与我国的公共政策相抵触。大韩仲裁院的仲裁剥夺了我国仲裁机构的管辖权，侵犯我国司法主权。案涉仲裁裁决是萨德事件下韩方在司法领域直接限制我国商人合法权益、间接危害我国公共安全之典型事件。大韩仲裁院违反《韩国仲裁法》强制性规定，任意组成仲裁庭的行为，将直接损害中方整体的权益，足以影响我国根本性社会公共利益。

天津一中院认为，本案所涉仲裁裁决由大韩仲裁院在韩国境内作出，由于中国与韩国均为《纽约公约》的缔约国，根据该公约规定，利奇会社作为仲裁裁决的一方当事人可以向我国法院提出承认与执行缔约国仲裁裁决的申请，对于本案申请，亦应当适用《纽约公约》进行审查。经审理，天津一中院认为元某秋提出的各项理由均不成立，故裁定对大韩国际商事仲裁院作出的第 16113 - 0017 号仲裁裁决的效力予以承认与执行。

二、法律问题

本案仲裁裁决在韩国作出，当事人之一利奇会社为外国公司，故本案为申请承认与执行外国仲裁裁决案件。双方在韩因履行《主特许经营权合同》产生纠纷，利奇会社将纠纷提交韩国仲裁机构进行仲裁。在获得有利仲裁裁决后，利奇会社向天津一中院申请承认与执行该仲裁裁决，元某秋对此提出多项抗辩，请求法院根据《纽约公约》第 5 条的规定不予承认与执行该仲裁裁决，下列问题遂成为本案焦点：

（1）案涉仲裁条款是否有效？大韩仲裁院是否享有管辖权？
（2）元某秋是否收到了指派仲裁员或仲裁程序的适当通知？
（3）仲裁庭的组成及仲裁程序是否符合韩国法律的规定？
（4）承认与执行案涉仲裁裁决会否违反我国的公共政策？

三、法理分析

1. 关于仲裁条款是否有效，大韩仲裁院是否具有管辖权的问题

元某秋与利奇会社在案涉《主特许经营权合同》第 19 - 2 条中仅约定纠

纷可向仲裁机构申请仲裁。本书在"外国法查明"的案件中已论述道，未明确约定仲裁机构可能导致仲裁条款无效，但应视各国法律的具体规定而定。根据《法律适用法》第18条，在当事人没有协议选择仲裁协议适用法律的情况下，应适用仲裁机构所在地法律或者仲裁地法律。《仲裁司法审查》第14条进一步规定，人民法院根据《法律适用法》第18条的规定，确定确认涉外仲裁协议效力适用的法律时，当事人没有选择适用的法律，适用仲裁机构所在地的法律与适用仲裁地的法律将对仲裁协议的效力作出不同认定的，人民法院应当适用确认仲裁协议有效的法律。本案中，仲裁机构所在地和仲裁地均位于韩国，故应适用韩国法律审查该仲裁条款的效力。

《韩国仲裁法》并未规定如果仲裁机构约定不明确，会导致仲裁合意或仲裁条款无效的后果。但根据该法第17条第1款，"仲裁庭可以关于自身的权限以及与之相关的仲裁协议的存在与否或者有效性提出的异议作出决定。"本案中，大韩仲裁院依据韩国法对于案涉仲裁协议的效力已经作出决定，并详细论述了决定理由。而元某秋并未举证说明该决定存在违反韩国法的情形，故该仲裁条款应为有效。而大韩仲裁院受理该仲裁申请并作出裁定，根据《韩国仲裁法》第17条第1款确定的仲裁庭权限自裁的规定，可视为其已认为自身具有管辖权。

2. 关于元某秋是否收到了指派仲裁员或仲裁程序的适当通知的问题

根据案情，大韩仲裁院在受理仲裁申请后向元某秋发送了通知，明确告知案涉仲裁将由仲裁员一人审理，元某秋可与利奇会社协商确定独任仲裁员人选。大韩仲裁院秘书处是在双方没有选择仲裁员的情形下，才指定仲裁员审理的。秘书处于2016年7月8日将这一情况通知了元某秋。元某秋全程参加了仲裁程序，在仲裁审理过程中并不存在影响其申辩的情形，应认定大韩仲裁院已经进行了适当通知。

3. 关于仲裁庭的组成及仲裁程序是否符合韩国法律规定的问题

《韩国仲裁法》第11条（仲裁员的人数）规定："①仲裁员的人数通过当事人之间的合意确定；②不存在第1项的合意的，仲裁员的人数为3人。"《大韩商事仲裁院国际仲裁规则》第11条规定："根据本规则的仲裁案件，原则上由独任仲裁员进行审理。但是如果各方当事人商定要通过3名仲裁员进行审理或者秘书处考虑当事人的意向、争议金额、争议的复杂性等因素认为由 3 名仲裁员进行审理比较合适的，可决定由 3 名仲裁员进行审理。"

天津一中院认为，上述《韩国仲裁法》与《大韩商事仲裁院国际仲裁规则》在仲裁庭的人数规定上略有不同，但《韩国仲裁法》并未禁止独任仲裁庭的存在，因此，该法第 11 条的规定不应认定为是强制性规定。[1] 在实践中，每个仲裁机构都制定有自己的仲裁规则，规定有相应的仲裁程序。《大韩商事仲裁院国际仲裁规则》第 3 条第 1 款第 2 项规定，"当事人通过书面合意同意根据仲裁院的裁决来解决争议，而相关仲裁又属于国际仲裁时，适用该国际仲裁规则"。大韩仲裁院于 2016 年 5 月 13 日发送给元某秋的通知中，也已经明确表明该仲裁案件将适用该国际仲裁规则。

进一步而言，根据《韩国仲裁法》第 20 条第 2 款的规定："当事人不存在确定仲裁程序的合意的，仲裁庭可以依据本法以适当的方式开展仲裁程序。"在此情况下，仲裁程序应优先适用《大韩商事仲裁院国际仲裁规则》的规定，大韩仲裁院根据案件情况决定由独任仲裁庭进行审理，符合该机构仲裁规则的规定，不应认为此决定违反了《韩国仲裁法》。另一方面，元某秋在独任仲裁庭组成后，全程参与了仲裁程序，并无证据表明元某秋曾在此过程中对仲裁庭的人数提出过异议。因此，在仲裁裁决作出后，元某秋以仲裁庭人数问题作为拒绝承认仲裁裁决的理由依据不充分，这一抗辩理由不能成立。

4. 关于承认与执行案涉仲裁裁决是否违反我国公共政策的问题

元某秋认为，"大韩仲裁院的仲裁剥夺了我国仲裁机构的管辖权，侵犯我国司法主权。案涉仲裁裁决是萨德事件下韩方在司法领域直接限制我国商人合法权益、间接危害我国公共安全之典型事件。大韩仲裁院违反韩国仲裁法强制性规定，任意组成仲裁庭的行为，将直接损害中方整体的权益，足以影响我国根本性社会公共利益"。

就大韩仲裁院管辖权异议、仲裁庭组成的问题，前已做解答，我们认为不能成立。就该仲裁裁决间接危害我国公共安全的问题，我们认为，双方因履行《主特许经营权合同》产生纠纷，如果天津一中院承认与执行该仲裁裁决，其影响范围仅限于合同当事人之间，无证据显示会对我国的法律基本原则或社会公共利益产生损害。故该仲裁裁决的承认与执行未涉及我国的公共

---

〔1〕　参见天津市第一人民法院（2018）津 01 协外认 1 号裁定书。

安全，元某秋的这一抗辩理由亦不能成立。

四、参考意见

本案被申请人元某秋提出的一项抗辩理由为仲裁庭的组成及仲裁程序不符合韩国法律规定。从对仲裁庭人数的规定来看，《韩国仲裁法》与《大韩商事仲裁院国际仲裁规则》之间确有冲突之处。就仲裁法与仲裁规则的关系而言，如果当事人的约定或者仲裁规则的规定与应当适用的仲裁法律规则发生冲突时，仲裁规则或者当事人的约定不能对抗法律规定；如果当事人或者仲裁规则未能对争议事项作出规定或规定不明确的，可以通过相关国家的国内仲裁立法加以补充与完善。[1]另外，依据《纽约公约》第5条第1款（丁）项的规定，只有在仲裁庭的组成不符合当事人的协议的情况下可归于无效，不符合仲裁地国仲裁法的规定不是可以拒绝承认与执行外国仲裁裁决的理由。

在上海一中院审理的一起案件中，该法院认为，在当事人明确选定了大韩商事仲裁院作为仲裁机构的情况下，仲裁程序应优先适用《大韩商事仲裁院国际仲裁规则》的规定，故即使仲裁规则与《韩国仲裁法》关于仲裁庭人数存在不同规定，大韩商事仲裁院根据案件情况决定本案由独任仲裁庭审理，符合其国际仲裁规则的规定，不应认为此种决定违反了《韩国仲裁法》的规定。[2]

然而，本案与前述案件不同的是，根据双方之间的仲裁条款，他们并没有选定仲裁机构，更没有选定应适用的仲裁规则。故对于《大韩商事仲裁院国际仲裁规则》的适用，以及当事人间是否形成了关于仲裁庭组成方式的合意存有一定疑问。退一步而言，在当事人之间未就仲裁庭的组成明确达成协议的情况下，即使仲裁机构要对此作出决定，其也应当尽可能遵从仲裁地的法律。从《韩国仲裁法》第11条的文字内容来看，如未有证据显示当事人间就仲裁庭人数达成合意，则该条关于仲裁庭应由3名仲裁员组成的规定是否

---

[1] 参见赵秀文："论仲裁规则的性质及其与仲裁法之间的关系"，载《河北法学》2008年第6期。

[2] 参见上海市第一中级人民法院，(2016) 沪01 协外认12号。

属于针对在韩国进行的仲裁程序的强制性规定，实际上也存在一定的解释空间。[1]

五、思考题

（1）人民法院受理的申请确认仲裁协议效力案件以及申请承认与执行外国仲裁裁决案件，均可能涉及对涉外仲裁协议效力作出审查认定的情况，这两类案件在认定准据法方面适用的冲突规范是否相同？为什么？

（2）仲裁规则与仲裁法之间具有什么关系？

24－2

案例二："明晨公司申请宜兴乐祺纺织集团有限公司承认与执行外国仲裁裁决案"

24－3

一、基本案情

2005 年，宜兴乐祺纺织集团有限公司（以下简称"乐祺集团"）与 Bright Morning 有限公司（以下简称"明晨公司"）签订了一份《斜纹布合资合同》，约定设立新乐祺公司。其中，该合同第 20 条"管辖法律"约定："本合同的

---

〔1〕　参见上海国际仲裁中心国际商事仲裁研究中心："中国法院承认和执行外国仲裁裁决的最新实践"，载《上海法学研究》（集刊）2019 年第 17 卷。

签署、效力、解释、履行、修改和终止以及本合同项下的争议解决均应受中国法律管辖；如果中国法律对某一事项未作规定，则应适用国际法律原则和惯例。"合同第21.2条"仲裁"约定："仲裁应由新加坡国际仲裁中心在新加坡进行；仲裁程序应以中英文进行；仲裁庭应根据仲裁之时仲裁中心有效的仲裁规则进行仲裁。"

2006年4月12日，乐祺集团与DV公司签订《牛仔布合资合同》，设立乐威公司。2006年6月10日，新乐祺公司、乐威公司分别与盖利（Galey）集团签订《技术协议》，由盖利集团向新乐祺公司、乐威公司提供技术协助和技术。2006年6月10日，新乐祺公司与BP公司及乐祺纺织实业（无锡）有限公司（以下简称"老乐祺公司"）、乐威公司与BP公司分别签订《营销协议》，约定由新乐祺公司、老乐祺公司向BP公司供应斜纹布等纺织品，乐威公司向BP公司供应牛仔布纺织品。

各方在履行上述合同的过程中发生争议，明晨公司于2011年11月14日针对乐祺集团就《斜纹布合资合同》下的争议提交新加坡国际仲裁中心仲裁。明晨公司请求仲裁庭作出如下裁决：①裁定被申请人向申请人支付其因违约和其他不当行为造成的所有金钱损害赔偿；②裁定被申请人向申请人支付其因非法侵占和非法强占申请人在新乐祺公司的利益造成的金钱损害赔偿；③命令被申请人偿还新乐祺公司被侵占，或在无公平对价作为交换的情况下以其他方式转移出新乐祺公司的所有资金和资产，且命令被申请人、其主要负责人和关联方交出从此等不正当行为中获取的全部利润；④禁止被申请人采取任何违反《斜纹布合资合同》的进一步行动；⑤命令被申请人支付申请人产生的与本仲裁有关的所有法律费用、仲裁员费用、管理费和其他成本与开销；⑥命令被申请人支付上述所有金钱损害赔偿的合理利息损失；⑦作出在此等情形下仲裁庭可能认为公正与适当的其他救济。

被申请人乐祺集团请求的救济如下：（1）就明晨公司的主张，仲裁庭应宣告：①驳回申请人的全部主张；②《斜纹布合资合同》和相关合同（即《营销协议》和《技术协议》）于2008年9月16日或（作为替代）本裁决作出之日终止。（2）被申请人的反请求：被申请人请求仲裁庭作出如下救济：①申请人应支付被申请人因申请人违约而遭受的损失；②申请人应支付被申请人所有法律费用和本次仲裁费用；③就裁定被申请人所获得的任何金钱救济和/或费用，申请人应以仲裁庭认为合适的利率和在仲裁庭认为合适的期间支付利息；④仲裁庭可能认为合适的任何其他救济、命令或宣告。

此外，仲裁庭的仲裁员之一斯密斯（Smith）先生披露，其在 1995 年 ~ 2011 年间其曾任洛克希德·马丁公司的副总裁和法律总顾问。在此任职期间，MWE 律师事务所担任其法律服务工作。本案明晨公司委托的律师事务所也是 MWE 律师事务所。

2012 年 10 月 31 日，新加坡国际仲裁中心做出了 2011 年第 130 号仲裁案之《部分裁决（一）［修正］》裁决，就乐祺集团在新乐祺公司中必须采取的措施作出包括为配合明晨公司查阅而提供合资公司账簿和记录、财务资料和文件、董事登记及内部审计经理任命、召开特别董事会议、费用延迟作出等在内的 6 项裁决。明晨公司随后向无锡中院申请承认与执行该部分裁决。2013 年 9 月 5 日，无锡中院作出裁定，承认并执行该部分裁决。

2015 年 8 月 26 日，新加坡国际仲裁中心作出最终裁决：①乐祺集团违反了《斜纹布合资合同》；②《斜纹布合资合同》终止；③乐祺集团应向明晨公司支付其违反《斜纹布合资合同》的损害赔偿金 3840 万美元；④在本裁决作出之日起的 14 日内，乐祺集团公司应向明晨公司支付损害赔偿金 3840 万美元。当乐祺集团公司全数支付前述金钱损害赔偿，及有书面确认该赔偿已汇入明晨公司指定的位于中国以外（除香港外）的银行后，《斜纹布合资合同》应立即终止，且明晨公司（i）应被禁止主张其在新乐祺公司的任何权利（不论何种权利），包括其在《斜纹布合资合同》项下的任何权利，且（ii）应作出乐祺集团公司就明晨公司在合资公司中所剩余的股权所合理要求的任何行动（包括，如乐祺集团公司如是要求，将该等股权无偿转让给乐祺集团公司或乐祺集团公司选定的第三方）。为避免歧义，乐祺集团公司支付前述金钱款项的义务是绝对和无条件的且不取决于其他任何事件、事实或情况；⑤明晨公司承担全部仲裁费用；⑥就法律和专家费用、实际支付开支和垫付费用，乐祺公司有权从乐祺集团处获得上述费用的 100%。仲裁裁决中还对赔偿数额确定以及依据做了说明。

明晨公司于 2016 年向无锡中院申请与执行该最终裁决。无锡中院受理案件后，乐祺集团发表陈述意见称案涉仲裁裁决应不予承认与执行，并提出如下理由：（1）无人就《营销协议》履行过程中出现的严重问题通知乐祺集团，明晨公司对事态发展也应承担责任；（2）该最终裁决存在《纽约公约》第5条规定的不予承认与执行的情形：①裁决所处理之争议非为交付仲裁之标的或不在其条款之列，或裁决载有关于交付仲裁范围以外事项之决定者，但交付仲裁事项之决定可与未交付仲裁事项划分时，裁决中关于交付仲裁事项之决定部分得予承认及执行；②仲裁机构之组成或仲裁程序与当事人间之协议不符，或无协议而与仲裁地所在国法律不符者；③依该国法律，争议事项系不能以仲裁解决者；④承认或执行裁决有违该国公共政策者。

乐祺集团还认为，仲裁庭仲裁员之一杨某龙有两项没有披露的内容：其所在事务所曾代理过盖利集团的案件；盖利公司与宝丽来公司同属一家母公司，在宝丽来与 RCM 公司的诉讼中，杨某龙所在的律师事务所代理了 RCM 公司。

天津一中院认为，本案系申请承认与执行新加坡国际仲裁中心在新加坡境内作出的仲裁裁决案件。由于我国和新加坡均为《纽约公约》的成员国，根据《民事诉讼法》第283条的规定，对本案的审查应当适用该公约的相关规定。

经审理，就乐祺集团提出的案涉仲裁裁决存在超裁的问题，天津一中院认为，案涉仲裁裁决第②和第④项具有《纽约公约》第5条第1款（丙）项规定的情形，而不能被承认与执行；该两项裁决与其他交付仲裁事项的决定可以划分，故可以承认与执行该仲裁裁决的其他内容。

就乐祺集团提出的仲裁庭的组成违反仲裁规则的问题，天津一中院认为，该异议已在仲裁过程中提出，仲裁庭已作审查并认为符合规定，且乐祺集团提供的证据不能证实存在其所提出的问题。

就乐祺集团提出的裁决事项不可仲裁解决的问题，天津一中院认为该主张与事实不符合；就乐祺集团提出的该裁决侵犯中国司法主权，违背中国公共政策的主张，天津一中院未予采纳。

鉴此，天津一中院裁定承认与执行新加坡国际仲裁中心作出的该仲裁裁决的第①③⑤及⑥项，不予承认与执行第②和第④项。

二、法律问题

本案仲裁裁决为新加坡国际仲裁中心于新加坡作出，故本案为国际商事仲裁裁决的承认与执行案件。乐祺集团与明晨公司签订了一份《斜纹布合资合同》，后双方因合同履行发生争议，明晨公司向新加坡国际仲裁中心申请仲裁。在仲裁庭作出仲裁裁决后，明晨公司向我国法院申请承认与执行该仲裁裁决，乐祺集团提出多项抗辩理由，下列问题遂成为本案焦点：

（1）本案最终裁决是否具有《纽约公约》第 5 条第 1 款（丙）项规定的情形？

（2）本案最终裁决是否具有《纽约公约》第 5 条第 1 款（丁）项规定的情形？

（3）承认与执行该仲裁裁决是否违反我国公共政策？

三、法理分析

1. 关于本案最终裁决是否具有《纽约公约》第 5 条第 1 款（丙）项规定的情形

《纽约公约》第 5 条第 1 款（丙）项规定："裁决所处理之争议非为交付仲裁之标的或不在其条款之列，或裁决载有关于交付仲裁范围以外事项之决定者，但交付仲裁事项之决定可与未交付仲裁之事项划分时，裁决中关于交付仲裁事项之决定部分得予承认及执行。"

本案中，乐祺集团主张最终裁决的第①至④项超出了双方当事人仲裁条款的范围，以下逐一分析之：

最终裁决第①项的裁决内容为：乐祺集团违反了《斜纹布合资合同》。我们认为，明晨公司在申请仲裁时所提出的第一点请求即为"裁定被申请人向申请人支付其因违约和其他不当行为造成的所有金钱损害赔偿"。虽然该请求中未明确提到"违约"的字眼，但该损害赔偿是以确认存在违约情形为前提条件的，故仲裁庭在认定乐祺集团应作出赔偿前确认其存在违约行为并不超出仲裁范围。

最终裁决第②项裁决内容为：《斜纹布合资合同》终止。我们认为，明晨公司请求获得损害赔偿金，乐祺集团提出的反请求亦为获得损害赔偿金，故该仲裁案中双方的争议焦点均是对方是否违约及违约造成的法律后果，仲裁庭应就该问题作出裁决。至于《斜纹布合资合同》是否应该终止，与上述问题并无必然关联，仲裁庭亦不应排除当事方继续合作的可能。据此，我们认为，最终裁决的第②项裁决属于超裁，不应被承认与执行。

最终裁决第③项的裁决内容为：乐祺集团应向明晨公司支付3840万美元的违约损害赔偿金。我们认为，仲裁庭在作出确认乐祺集团违约的判断后，确定赔偿数额符合逻辑。该仲裁案本身就是围绕"双方中哪一方存在违约，哪一方需要赔偿以及赔偿数额为多少"三个问题展开，该项仲裁裁决未超出仲裁范围。

最终裁决第④项裁决内容依然包括"终止合同"的内容，并且对明晨公司在新乐祺公司中股东权利行为作了限制。我们认为，这超出了仲裁范围。"终止合同"的部分前已有论述，不再重复。就限制明晨公司股东权利的问题，我们认为，仲裁庭解决的争议仅限于《斜纹布合资合同》项下的争议，而不能延伸到因合同设立的合资公司——新乐祺公司。

据此，最终裁决的第②④项裁决内容确实存在超裁的现象，那么对于存在超裁情形的仲裁裁决应如何处理？依据《纽约公约》第5条第1款（丙）项的规定，[1]此时需视超裁的内容可否与仲裁裁决的其他内容分开，如果可以分开，则法院应承认与执行仲裁裁决的其他部分。

从仲裁裁决的内容来看，第①项认定乐祺集团违约，第②项终止双方之间的合同，第③项确定了乐祺集团应承担的损害赔偿金数额，第④项再次确定终止合同并对明晨公司在新乐祺公司的股东权利作了限制。可以看出，第①③项与第②④项之间并不具有不可分割的关联性。据此，可对②④项单独不予承认与执行。

2. 关于本案最终裁决是否具有《纽约公约》第5条第1款（丁）项规定的情形

乐祺集团辩称仲裁庭的组成违反仲裁规则，导致仲裁庭不具有中立性、独立性，违反《纽约公约》第5条第1款（丁）项的规定。对于该问题，乐祺集团应承担举证责任。结合案情可知，这一主张的依据来自两点：①案涉仲裁员之一斯密斯先生在曾供职的单位任职期间，为该公司提供法律服务的律师事务所与明晨公司委托的律师事务所为同一家；②仲裁庭仲裁员之一杨

---

〔1〕《纽约公约》第5条第1款（丙）项规定："裁决所处理之争议非为交付仲裁之标的或不在其条款之列，或裁决载有关于交付仲裁范围以外事项之决定者，但交付仲裁事项之决定可与未交付仲裁之事项划分时，裁决中关于交付仲裁事项之决定部分得予承认及执行。"

某龙所在的律所曾代理过盖利集团的案件，且在与盖利集团同属一家母公司的宝丽来公司与 RCM 公司的诉讼中代理了 RCM 公司。我们认为，仅凭这两点内容，就认定仲裁庭的中立性与独立性受到了影响实属牵强，律师事务所的服务经历不能盖然归于具体的个人，乐祺集团亦未提出更多证据，故我们认为，最终裁决不具有《纽约公约》第 5 条第 1 款（丁）项的情形。

3. 关于承认与执行案涉仲裁裁决是否违反我国公共政策的问题

乐祺集团提出，承认与执行该仲裁裁决将违反我国的公共政策，我们认为这一点主张也不能成立。双方之间因履行《斜纹布合资合同》《营销协议》和《技术协议》发生争议，其影响范围仅限于各合同主体之间，未因某种因素及于公众或国家利益，本案中亦不存在可能影响我国法律制度、社会制度之情形。据此，我们认为，承认与执行该仲裁裁决不会违反我国的公共政策。

四、参考意见

国际私法上的公共秩序保留（public order），英美法上称为"公共政策"（public policy），是指一国法院依其冲突规范本应适用外国法时，因其适用会与法院地国的重大利益、基本政策、道德的基本观念或法律的基本原则相抵触而排除其适用的一种保留制度。[1]不同时代、不同国家，甚至同一国家、同一时代的学者对公共秩序都有不同的理解与解释。[2]一般来说，国际私法上的公共秩序所涵盖的内容更为狭窄，构成条件也更为苛刻，只有重大的国内公共秩序，才能构成国际私法上的公共秩序。

司法实践中，在我国法院审理的承认与执行仲裁裁决案件里，被申请人一方会穷尽一切理由提出抗辩，公共政策条款便是当事人所援引的主要理由，但却鲜有援引公共政策成功的案例。[3]自最高法院实行拒绝承认与执行外国仲裁裁决的报告制度以来，目前共有两起外国仲裁裁决以违反公共政策为由被拒绝承认与执行。[4]

"济南永宁制药股份有限公司申请对国际商会仲裁院仲裁裁决拒绝承认及

---

〔1〕 霍政欣：《国际私法学》，中国政法大学出版社 2020 年版，第 132 页。

〔2〕 霍政欣：《国际私法学》，中国政法大学出版社 2020 年版，第 136 页。

〔3〕 宋建立："公共政策在仲裁司法审查中的适用"，载《人民司法（应用）》2018 年第 1 期。

〔4〕 截至 2020 年 4 月 1 日。

执行案"是我国法院对外国仲裁裁决拒绝承认与执行的第一案，最高法院〔2008〕民四他字第 11 号复函中认为，在中国有关法院就济南永宁制药股份有限公司与合资公司济南——海慕法姆制药有限公司之间的租赁合同纠纷裁定对合资公司的财产进行保全并作出判决的情况下，国际商会仲裁院再对济南永宁制药股份有限公司与合资公司济南——海慕法姆制药有限公司之间的租赁合同纠纷进行审理并裁决，侵犯了中国的司法主权和中国法院的司法管辖权，符合《纽约公约》第 5 条第 2 款（乙）项之规定。

"帕尔默海运公司、中牧实业股份有限公司申请承认与执行外国仲裁裁决案"是我国第二起以违反公共政策为由不予承认外国仲裁裁决的案例。[1] 该案中，帕尔默海运公司在它与中牧实业股份有限公司之间的仲裁条款已经被法院确定无效的情况下，仍依据仲裁条款在伦敦提起仲裁，并在仲裁裁决作出后向天津海事法院申请承认与执行该仲裁裁决。天津海事法院认为，该仲裁裁决的承认与执行案件，隐含了执行地国法院对裁决依据之仲裁条款存在和效力的肯定态度。该法院进一步认为，在中国法院已对当事人之间仲裁条款的存在及效力作出否定性判断的前提下，承认及执行基于上述仲裁条款作出的仲裁裁决，其结果是在同一法域针对相同的事实作出了截然相反的司法判断。据此，天津海事法院认为，承认及执行案涉仲裁裁决构成《纽约公约》第 5 条第 2 款（乙）项规定之情形，不予承认与执行该仲裁裁决。

从上述两例因违反我国公共政策而不予承认与执行外国仲裁裁决案中，可以发现我国法院在援引公共政策时保持着非常克制的态度，仅有的两个案例都与侵犯我国司法主权相关。这既是我国法院谨慎使用公共政策条款的表现，更是我国"支持国际商事仲裁"理念，提倡多元争端解决机制的体现。在履行《纽约公约》的过程中，法院严格审慎地适用公共秩序保留条款，这有利于展现我国开明的司法态度，打消各商事主体的疑虑，打造富有活力、法治昌明的营商环境。

五、思考题

（1）本案中，仲裁庭是否有权作出股权转让这种特定形式的救济？其法

---

〔1〕 天津海事法院（2017）津 72 协外认 1 号民事裁定书。

律依据是什么？

（2）如何判断一起仲裁案件的争议焦点？

（3）天津一中院并未审查乐祺集团所提出的仲裁庭认定与事实不符的主张，是否合理？为什么？

24－4

案例三："Fairdeal 公司与山西煤炭进出口集团有限公司申请承认与执行外国仲裁裁决案"

24－5

一、基本案情

Fairdeal 物资供应有限公司（以下简称"Fairdeal 公司"）系一家印度公司，山西煤炭进出口集团有限公司（以下简称"山西煤炭集团"）系一家中国公司。二者之间发生了国际货物买卖合同纠纷，该纠纷提交国际商会仲裁院（International Chamber of Commerce，ICC）进行仲裁。在仲裁程序进行中，山西煤炭集团使用的地址一直是"中国山西省太原市新建路 39 号乡海大厦 707 号房间"。独任仲裁员简·威廉（Jane Willems）女士于 2008 年 1 月 31 日作出最终裁决。根据仲裁裁决书，山西煤炭集团须赔偿 Fairdeal 公司551 250 美元。另外，仲裁裁决书上载明的山西煤炭集团的地址为"中国山西省太原市新建路 39 号乡海大厦 707 号房间"。2 月 1 日 ICC 向双方邮寄仲裁裁决书，其中山西煤炭集团的邮寄地址为"中国山西省太原市南内环街 168 号盛伟大厦 F 室"。同日，ICC 还向双方邮寄另一份内容为提示双方"案件已经结案，双方提交的任何文件将被销毁"的文件，其中山西煤炭集团的邮寄地址为"山西省太原市新建路 39 号乡海大厦 707 号房间"。

Fairdeal 公司分别于 2010 年 1 月 21 日、22 日，2010 年 2 月 1 日和 2017 年 1 月 13 日发给山西煤炭集团题为"关于国际商会国际仲裁院 NO. 14760/JEM 案仲裁裁决履行"（一）、（二）、（四）的《律师函》及其公证书，以及传真发送报告、EMS 详情单、回执及查询结果。其后，Fairdeal 公司多次要求山西煤炭集团执行仲裁裁决，但山西煤炭集团一直表示未收到仲裁裁决书，拒绝 Fairdeal 公司的要求。2015 年 11 月 9 日，应 Fairdeal 公司的申请，ICC 出具了山西煤炭集团已于 2008 年 2 月 14 日收到该份仲裁裁决书的证明。2017 年 1 月 13 日，Fairdeal 公司再次向山西煤炭集团寄送要求履行仲裁裁决的《律师函》。但山西煤炭集团还是未执行该仲裁裁决。次年，Fairdeal 公司向太原中院申请承认与执行这一仲裁裁决。

山西煤炭集团提出了多项抗辩，主要包括：①被申请人未收到 ICC 作出的仲裁裁决书；②申请人未提供《纽约公约》第 4 条所要求的书面仲裁协议，其申请缺乏必要的形式要件；③申请人与被申请人之间并无有约束力的书面协议，依据《纽约公约》第 5 条第 1 款（甲）项之规定应不予承认与执行仲裁裁决；④在 ICC 仲裁程序中，独任仲裁员未能公正给予双方当事人平等的仲裁机会，被申请人没有适当的机会对案件进行答辩；⑤仲裁庭之组成以及仲裁程序与申请人提供的所谓"协议"约定内容不符；⑥申请人未在我国法律规定的期限内申请承认与执行本案。

经审理，太原中院认为，按照《最高人民法院关于民事诉讼证据的若干规定》（以下简称"《民事诉讼证据规定》"）第 11 条第 1 款的规定，[1]"当事人向人民法院提供的证据系在中华人民共和国域外形成的，该证据应当经所在国公证机关予以证明，并经中华人民共和国驻该国使领馆予以认证，或者履行中华人民共和国与该所在国订立的有关条约中规定的证明手续。"但 ICC 于 2015 年 11 月 9 日出具的山西煤炭集团已经收到仲裁裁决书的证明未经相关

---

[1]《最高人民法院关于民事诉讼证据的若干规定》于 2019 年 10 月 14 日由最高人民法院进行了修正，文中内容现规定于第 16 条第 1 款。

公证、认证程序，其效力因此无法得到法院的认可。

太原中院认为，ICC 于 2008 年 2 月 1 日同日寄出的两份文件却寄往两个不同的地址，难以认定该仲裁裁决书已送达山西煤炭集团，且无法认定该仲裁裁决书在境外确已发生法律效力。据此，太原中院依据《民事诉讼法》第283 条及《〈民事诉讼法〉司法解释》第 548 条裁定，驳回 Fairdeal 公司的申请。

二、法律问题

本案仲裁裁决为外国仲裁机构作出，故本案为申请承认与执行外国仲裁裁决案件。Fairdeal 公司与山西煤炭集团在履行国际货物买卖合同的过程中产生纠纷，该纠纷被提交 ICC 进行仲裁。Fairdeal 公司获得有利裁决，在要求山西煤炭集团履行仲裁裁决无果后向太原中院申请承认与执行这一仲裁裁决，山西煤炭集团辩称其从未收到该份仲裁裁决。下列问题遂成为本案焦点：

（1）Fairdeal 公司提供的证据效力如何？

（2）该仲裁裁决是否已经生效？

（3）该仲裁裁决可否得到我国法院的承认与执行？

三、法理分析

1. Fairdeal 公司所提供证据的效力

根据《民事诉讼证据规定》第 16 条第 1 款，"当事人提供的公文书证系在中华人民共和国领域外形成的，该证据应当经所在国公证机关证明，或者履行中华人民共和国与该所在国订立的有关条约中规定的证明手续。"本案中，Fairdeal 公司向法院提交的仲裁裁决书已经进行了公证，具有证据效力。但是，Fairdeal 公司提供的 ICC 于 2015 年 11 月 9 日出具的证明山西煤炭集团已经收到仲裁裁决书的文件未经过认证、证明程序，不具有证据的效力。

2. 该仲裁裁决是否已生效

2008 年 2 月 1 日，ICC 寄出的两份文件的邮寄地址不一致；且仲裁裁决书的寄往地址与仲裁裁决书上载明的以及山西煤炭集团在仲裁过程中使用的地址不同。太原中院据此认为，无法认定仲裁裁定书是否已经送达山西煤炭集团，无法认定该仲裁裁决书在境外确已发生法律效力，从而驳回了 Fairdeal

公司的申请。

太原中院作出上述裁判的依据来自《〈民事诉讼法〉司法解释》第548条。该条规定："承认和执行外国法院作出的发生法律效力的判决、裁定或者外国仲裁裁决的案件，人民法院应当组成合议庭进行审查。人民法院应当将申请书送达被申请人。被申请人可以陈述意见。人民法院经审查作出的裁定，一经送达即发生法律效力。"从该条法规的内容出发，承认与执行一外国仲裁裁决确以该仲裁裁决已生效为前提，但是太原中院认定案涉仲裁裁决没有生效的逻辑是否恰当呢？

关于商事仲裁的生效时间，我国《仲裁法》第57条规定："裁决书自作出之日起发生法律效力。"不过，由于案涉仲裁裁决由ICC作出，在双方无特别规定的情况下，应考察《国际商会仲裁院仲裁规则》对此的规定。颇为遗憾的是，《国际商会仲裁院仲裁规则》并没有此方面的明确规定。但其28条第6款规定："凡裁决书对当事人均有约束力。通过将争议提经本规则仲裁，各当事人负有毫无迟延地履行裁决的义务……"从条文措辞来看，虽然没有"仲裁裁决书一经作出即生效"的表达，但是《国际商会仲裁院仲裁规则》亦肯定了仲裁裁决书对当事人的效力，且没有施加任何限制。

另一方面，根据商事仲裁一裁终局的特点，虽然接收仲裁裁决书是当事人的权利，但由于不存在上诉、再裁的可能性，是否接收到仲裁裁决书并不会改变仲裁裁决的结果。同时，当事人已实际参与仲裁过程，ICC亦在其仲裁规则第28条第2款中规定当事人可随时向其要求提供仲裁裁决书的复印本。

据此，我们认为，太原中院以无法确定山西煤炭集团已经收到仲裁裁决书为由认为无法确定该仲裁裁决书是否已经生效的做法值得商榷。我们认为，依据我国《仲裁法》第57条的规定，仲裁裁决书一经作出即生效；《国际商会仲裁院仲裁规则》亦强调了仲裁裁决书对当事人的约束力，且不存在仲裁裁决书是否送达的限制情形。

3. 该仲裁裁决可否得到我国法院的承认与执行

本案中，太原中院以无法认定该仲裁裁决是否已经生效为由驳回了Fairdeal公司的诉讼请求。倘若太原中院认为该仲裁裁决已经生效，法院会否对其予以承认与执行？

依据我国《民事诉讼法》第239条，"申请执行的期间为2年。申请执行时效的中止、中断，适用法律有关诉讼时效中止、中断的规定。前款规定的期间，从法律文书规定履行期间的最后一日起计算；法律文书规定分期履行的，从规定的每次履行期间的最后一日起计算；法律文书未规定履行期间的，从法律文书生效之日起计算。"本案中，早在 2008 年 1 月 31 日 ICC 就已作出仲裁裁决，但山西煤炭集团一直声称未收到过仲裁裁决书，Fairdeal 公司最早于 2010 年 1 月 21 日向山西煤炭集团主张权利，应从哪个时间点开始计算申请执行的 2 年期限呢？

在最高法院 2001 年 4 月 23 日关于麦考·奈浦敦有限公司申请承认和执行仲裁裁决一案请示的复函中载明，[1]"关于申请人提出的承认及执行申请是否符合立案受理条件的问题。根据我院 1987 年《关于执行我国加入的〈承认和执行外国仲裁裁决公约〉的通知》第 5 条的规定，申请承认及执行的期限为 6 个月，[2]该期限应从法律文书规定的履行期限的最后 1 日起计算。具体到本案，因裁决书没有关于履行期限的内容，但应给当事人一个合理的履行期限，故从仲裁裁决送达当事人第二日起计算较为合理，而不应从仲裁裁决作出之日起计算申请承认及执行的期限。"

从上述复函可知，对未含有履行期限的国际商事仲裁裁决，最高法院不同意以仲裁裁决作出之日起开始计算执行期限。该复函还载明"因裁决书没有关于履行期限的内容，但应当给当事人一个合理的履行期限"。从这一表述可知，最高法院认为法院在确定申请承认及执行的期限起点时拥有一定的酌定权。从本案裁定书来看，本案当事人未曾提及仲裁裁决书中含有履行期限的内容，可推测该仲裁裁决书中无此规定。我们认为，就 Fairdeal 公司与山西煤炭集团的纠纷而言，既然山西煤炭集团一直声称未收到仲裁裁决书，那么从 Fairdeal 公司要求山西煤炭集团履行仲裁裁决的第 2 日起计算申请执行期限较为合理。

结合案情，Fairdeal 公司最早于 2010 年 1 月 21 日要求山西煤炭集团履行

---

[1]　法民二〔2001〕32 号。

[2]　此处提及的 6 个月期限是依据 1982 年《民事诉讼法（试行）》第 169 条的规定得出的，该条规定："申请执行的期限，双方或者一方当事人是个人的为 1 年；双方是企业事业单位、机关、团体的为 6 个月。前款规定的期限，从法律文书规定履行期限的最后一日起计算；法律文书规定分期履行的，从规定的每次履行期限的最后一日起计算。"现行《民事诉讼法》第 239 条规定的执行期限为 2 年。

仲裁裁决，其后又分别于 2010 年 2 月 1 日、2017 年 1 月 13 日提出履行要求。[1]如果从 2010 年 1 月 21 日次日开始计算申请执行的 2 年期限，该期限又于次月 1 日中断重新计算，Fairdeal 公司在 2017 年 1 月 13 日再次主张权利时，已然超期，且山西煤炭集团已经对此提出了抗辩。如果本案不存在其他中断、中止申请执行期限的情形，在被申请人提出抗辩的情况下该仲裁裁决将无法得到执行。

四、参考意见

为了保证《纽约公约》在我国的有效实施，最高法院建立了拒绝承认与执行外国仲裁裁决的报告制度。根据该制度，凡各级人民法院拟拒绝承认与执行外国仲裁裁决，应逐级呈报最高法院审查，在最高法院答复前，不得裁定撤销或不予执行。但是，本案的审理法院依据《〈民事诉讼法〉司法解释》第 548 条的规定，认为仲裁裁决的承认与执行应以仲裁裁决的生效为前提，从而驳回原告的申请，对于是否承认与执行该仲裁裁决的问题避而不谈，亦借此绕开了内部报告制度。这一做法，显然与最高法院建立这一制度的初衷存在偏差，具有明显的"地方保护主义"色彩。

本案中，ICC 对于仲裁裁决书的送达确实存在瑕疵。但是，这一瑕疵在多大程度上影响了该仲裁裁决的效力，法院对此未做详细说明。商事仲裁具有一裁终局的特点，我国《仲裁法》亦规定，仲裁一经作出即生效。ICC 的仲裁规则虽然没有对仲裁裁决的生效时间作出明确规定，但是强调了仲裁裁决书对当事人的约束力，其仲裁规则中没有条文提及会因送达问题而削弱或消除这种约束力。因此，我们认为，法院据此认定无法判断仲裁裁决已经在境外发生法律效力的做法值得商榷。

五、思考题

（1）太原中院未承认与执行该仲裁裁决的理由是否属于《纽约公约》第 5 条规定的情形？

---

〔1〕 Fairdeal 公司只提供了向山西煤炭集团发送第（一）（二）（四）《律师函》的证据，故本书在此只以这三次《律师函》的时间作为要求履行的时间。

（2）太原中院驳回 Fairdeal 公司的申请后，Fairdeal 公司若想继续执行案涉仲裁裁决，应如何做？

（3）商事仲裁一裁终局的制度设计有何利弊？

拓展案例

案例一："世安株式会社、天津市天锻压力机有限公司申请承认与执行外国仲裁裁决案"

24－6

一、基本案情

2015 年 12 月 30 日，世安株式会社（以下简称"世安会社"）与天津市天锻压力机有限公司（以下简称"天锻公司"）签订了一份《购买协议》，约定世安会社向天锻公司购买锻造液压机并由后者负责安装，双方若发生争议应提交 ICC 进行仲裁。双方在履行合同的过程中发生争议，天锻公司遂于 2017 年 5 月 22 日向 ICC 申请仲裁。

根据双方协商，ICC 在新加坡审理该仲裁案件，并于 2018 年 2 月 2 日作出仲裁裁决。根据仲裁裁决，天锻公司应向世安会社支付 61 472.73 美元。世安会社于同年向天津一中院申请承认与执行该仲裁裁决。

天锻公司发表陈述意见，认为基于以下原因法院应不予承认与执行该仲裁裁决：①天锻公司认为案涉仲裁裁决严重违反平等原则，如果承认并执行该裁决将影响我国的公共秩序；②仲裁庭关于项目延期的责任认定错误，项目延期并非是天锻公司所致，而是世安会社造成的；③天锻公司交付的货物不存在质量问题，世安会社拖延验收时间导致合同无法继续履行；④案涉仲裁裁决书如果得到承认与执行，将对我国公共政策造成影响。

天津一中院认为，本案所涉仲裁裁决由 ICC 在新加坡境内作出，由于中国与新加坡均为《纽约公约》缔约国，根据该公约的规定，世安会社作为仲裁裁决的一方当事人可以向我国法院提出承认与执行缔约国仲裁裁决的申请。经审理，天津一中院认为：天锻公司提出的前三点理由不属于人民法院对申请承认与执行仲裁裁决案件的审查范围；仲裁庭审理的是合同争议，属于商事纠纷，并未涉及公共政策问题。据此，天津一中院作出裁定，对ICC作出的该仲裁裁决予以承认与执行。

二、法律问题

（1）天津一中院承认与执行该仲裁裁决会否影响我国的公共秩序？

（2）天锻公司在审理过程中辩称世安公社存在违约情形对本案有什么影响？

（3）天津一中院可否承认与执行该仲裁裁决？

三、重点提示

我国与新加坡均是《纽约公约》的缔约国，我国法院应当适用《纽约公约》对该仲裁裁决进行审查，以决定可否承认与执行之。该公约第5条规定了可以拒绝承认与执行的情形，实体问题不在其列。在讨论承认与执行某仲裁裁决会否影响我国公共政策时，需要考虑该仲裁裁决的影响范围，对我国制度、公序良俗观念等会否形成冲击。必须说明的是，这种影响或冲击必须达到足够明显的程度才能被认为违反我国公共政策。

案例二："来宝资源国际私人有限公司诉上海信泰国际贸易有限公司申请承认与执行外国仲裁裁决案"

24-7

一、基本案情

2014 年 10 月 29 日，印度来宝资源国际私人有限公司（以下简称"来宝公司"）与上海信泰国际贸易有限公司（以下简称"信泰公司"）通过电子邮件签订了《铁矿石买卖合同》，约定来宝公司销售 170 000 吨铁矿石给信泰公司，合同价格为 CFR 中国青岛，78.50 美元/千吨。该合同之后还附有《标准铁矿石贸易协议》（以下简称"《标准协议》"）。在《标准协议》第 2 部分第 16 条"争议"中规定："因交易和/或本协议引起的或与其有关的任何争议和索赔，包括与其存在、有效性或终止有关的任何问题，应根据当时有效的新加坡国际仲裁中心《仲裁规则》提交新加坡仲裁，该等规则视为经引述被并入本条款。仲裁庭应由 3 名仲裁员组成。仲裁语言为英语。"

后双方在合同履行过程中发生争议，来宝公司于 2015 年 1 月 14 日向新加坡国际仲裁中心提交了针对信泰公司的仲裁申请，同时申请仲裁程序按照快速程序进行。新加坡国际仲裁中心予以受理。2 月 17 日，新加坡国际仲裁中心致函双方当事人，该中心主席已经批准了来宝公司提出的申请，决定对该案根据快速程序由独任仲裁员仲裁。2 月 27 日，信泰公司针对上述函件致函新加坡国际仲裁中心，表明："我方坚持反对简易程序，并要求组成三人仲裁庭。根据争议合同的规定，仲裁庭应该由 3 名仲裁员组成。考虑到公正性，我方坚持反对独任仲裁员……如果新加坡国际仲裁中心一味地同意申请人的提议并忽略我方提议的话，我方对此认为是不公平的。在这种不公平的情况下，我方只能拒绝接受新加坡国际仲裁中心的仲裁。"

3 月 3 日，新加坡国际仲裁中心致函双方当事人，称双方并未就此案件快速程序下谁任独任仲裁员达成合意，仲裁中心主席将任命独任仲裁员。同日，来宝公司致函信泰公司，表示其可以同意由 3 人组成的仲裁庭审理该案，但是鉴于 3 人仲裁庭的高昂费用以及信泰公司虽经多次提醒仍未支付首期费用的这一事实，应以新加坡国际仲裁中心能够确保信泰公司支付三人仲裁庭的费用为前提。3 月 5 日，来宝公司致函新加坡国际仲裁中心，称其给信泰公司限定的期限已经届满，信泰公司没有答复，其附条件的同意三人仲裁之要约已经失效，请仲裁中心按独任仲裁继续推进仲裁程序。4 月 20 日，新加坡国际仲裁中心指定丹某担任独任仲裁员审理该案。后信泰公司缺席该案的审理。

仲裁庭于 2015 年 8 月 26 日作出仲裁裁决，信泰公司应立即向来宝公司支付违约赔偿金 1 603 100 美元，并承担仲裁费用和来宝公司的律师费用。上述裁决作出后，信泰公司未履行该裁决项下的义务。来宝公司于 2016 年 2 月向上海一中院申请承认与执行该仲裁裁决。信泰公司发表陈述意见称，新加坡国际仲裁中心就该案组成的仲裁庭与仲裁条款之约定不符，属于《纽约公约》第 5 条第 1 款（丁）项规定的不予承认与执行仲裁裁决的情形。

经审理，上海一中院认为，由于双方当事人已在仲裁条款中明确约定应由 3 名仲裁员组成仲裁庭，且未排除该组成方式在仲裁"快速程序"中的适用。因此，适用"快速程序"进行仲裁不影响当事人依据仲裁条款获得 3 名仲裁员组庭进行仲裁的基本程序权利。新加坡国际仲裁中心在仲裁条款约定仲裁庭由 3 名仲裁员组成且信泰公司明确反对独任仲裁的情况下，仍然采取独任仲裁员的组成方式，违反了案涉仲裁条款的约定，属于《纽约公约》第 5 条第 1 款（丁）项所规定的"仲裁机关之组成或仲裁程序与各造间之协议不符"的情形。据此，上海一中院裁定不予承认与执行该仲裁裁决。

二、法律问题

（1）仲裁庭的组成方式是否有效？

（2）上海一中院可否承认与执行该仲裁裁决？

三、重点提示

来宝公司与信泰公司约定了仲裁解决彼此间的合同纠纷，但因仲裁庭的组成方式产生了分歧。在仲裁庭作出仲裁裁决后，来宝公司向上海一中院申请承认与执行该仲裁裁决。由于我国与新加坡均是《纽约公约》的缔约国，我国法院应当依据《纽约公约》的有关规定对该仲裁裁决进行审查，以决定可否承认与执行之。公约第 5 条第 1 款（丁）项特别规定了仲裁庭组成方式如不符合各当事人之间的约定，法院可以拒绝承认与执行该仲裁裁决。本案需要结合案情，讨论仲裁庭的组成程序、过程是否符合当事人间的约定，再判断法院应否承认与执行该仲裁裁决。

案例三："蒙艾多拉多有限责任公司、浙江展诚建设集团股份有限公司等申请承认与执行外国仲裁裁决案"

24 – 8

一、基本案情

2003 年 7 月 31 日，蒙艾多拉多有限责任公司（以下简称"蒙艾多拉多公司"）与蒙古国耀江有限责任公司（以下简称"蒙古耀江公司"）签订《建筑施工合同》，其中"担保方代表"栏盖有浙江耀江建设集团股份有限公司（后更名为浙江展诚建设集团股份有限公司，以下简称"浙江展诚公司"）合同专用章，合同约定由蒙古耀江公司承建位于乌兰巴托市巴彦商勒区的住宅、服务为一体的工程结构建筑。履行合同的过程中，蒙艾多拉多有限公司与蒙古耀江公司产生纠纷，双方协商不成，蒙艾多拉多公司将纠纷提交蒙古国工商会下设的蒙古国国际及国内仲裁委员会申请仲裁，该仲裁中心随即组成仲裁庭审理该案件。

2007 年 8 月 1 日，该仲裁庭作出裁决。蒙艾多拉多公司于 2009 年 2 月 20 日向浙江省绍兴市中级人民法院（以下简称"绍兴中院"）提出申请，请求承认与执行该仲裁裁决。绍兴中院认为，本案为申请承认及执行外国仲裁裁决案件，由于案涉仲裁裁决系蒙古国仲裁机构作出，而我国和蒙古国均为《纽约公约》的成员国，根据《民事诉讼法》第 283 条及《纽约公约》第 1 条的规定，对案涉仲裁裁决承认及执行的审查，应适用《纽约公约》的相关规定。经审理，绍兴中院发现在仲裁程序的通知送达问题上，包括"决议程序及仲裁听证会日期"的编号为 1681469×××的快件并未送达浙江展诚公司，导致浙江展诚公司未能出庭陈述意见。鉴此，绍兴中院认定，本案符合《纽约公约》第 5 条第 1 款（乙）项得以拒绝承认及执行的情形，裁定对该仲裁裁决不予承认与执行。

二、法律问题

（1）仲裁程序的通知未送达对本案有什么影响？

（2）绍兴中院可否承认与执行该仲裁裁决？

三、重点提示

我国与蒙古国均是《纽约公约》的缔约国，我国法院应当适用《纽约公约》对该仲裁裁决进行审查，以决定可否承认与执行之。依据该公约第5条第1款（乙）项规定，若未适当通知当事人指派仲裁员或仲裁程序，法院可不承认与执行该仲裁裁决。本案中，在仲裁程序的通知问题上确有瑕疵，须讨论这种瑕疵是否使得仲裁程序没有适当通知到当事人，影响其参与仲裁程序，以判断是否符合公约第5条第1款（乙）项的情形。